北大国际经贸丛书

Peking University international economics
and trade collection

王跃生◎主编

全球化下的中国对外贸易：
理论与实证

China's Foreign Trade in the Globalization Context:
Theory and Evidence

陶　涛◎著

中国发展出版社

CHINA DEVELOPMENT PRESS

图书在版编目（CIP）数据

全球化下的中国对外贸易：理论与实证/陶涛著 . —北京：
中国发展出版社，2012.7

（北大国际经贸丛书/王跃生主编）

ISBN 978-7-80234-804-2

I. ①全…　II . ①陶…　III . ①国际贸易—教材　IV . ①F74

中国版本图书馆 CIP 数据核字（2012）第 137638 号

书　　　名：全球化下的中国对外贸易：理论与实证
著作责任者：陶　涛
出 版 发 行：中国发展出版社
　　　　　　（北京市西城区百万庄大街 16 号 8 层　100037）
标 准 书 号：ISBN 978-7-80234-804-2
经 销 者：各地新华书店
印 刷 者：北京广益印刷有限公司
开　　　本：700mm×1000mm　1/16
印　　　张：19
字　　　数：300 千字
版　　　次：2012 年 7 月第 1 版
印　　　次：2012 年 7 月第 1 次印刷
定　　　价：40.00 元

联 系 电 话：(010) 68990630　68990692
网　　　址：http://www.develpress.com.cn
电 子 邮 件：bianjibu16@ vip.sohu.com

总　序

在当今的经济全球化时代，任何国家的经济发展都与外部世界息息相关。一方面，一国的经济发展很大程度上受着世界其他国家和地区经济发展的影响，而本国的经济发展，也或大或小地影响着世界经济的发展，一损俱损，一荣俱荣；另一方面，一国经济发展是否顺利，又取决于其是否能够积极、合理地利用外部条件（诸如全世界的资源、市场、资金、技术等等）服务于自身经济发展，同时尽量避免外部因素对自己的不利影响。在与外部世界的这种合作与竞争中，趋利避害做得好，可以集全球之力造福于本国经济与人民，否则就可能坐失良机，或者南辕北辙。这实际上就是对外开放利益之所在。开放宏观经济学的福利效应分析已经从理论上证明了这种开放利益的存在，而中国改革开放30年的经验，以及中国在亚洲金融危机和此次全球金融与经济危机中的表现，更从实践上证明了对外开放、趋利避害的要义。

要在全球化的开放世界中进退自如、趋利避害，当然要了解和掌握对外经济活动的知识与思想；要走上世界经济舞台参与国际竞争，更要懂得国际经营与国际竞争的原理与方法，否则将如"盲人骑瞎马，夜半临深池"，碰得头破血流。这也就好像要走上武林的江湖，必须先隐身名山，苦苦修炼武学秘籍和各派功法一样。

实际上，一个国家参与国际经济活动，加入经济全球化竞争的绩效，正是由其理解和掌握相关思想、原理、知识和方法的状况决定的。一些国家，盲目对外开放，不顾自身情况在短期内开放资本市场、开放资本项目、开放离岸业务，似乎这样做才是符合开放经济学思想的。殊不知，这只是对开放经济学的一知半解，并未懂得其真义。因为，任何市场的开放，都是有条件和基础的。不具备这些条件和基础，盲目开放，无异于自杀。也有一些企业，盲目走出去实现国际化，似乎只有走出去才表明自己的时代眼光。这也是知其然而不知其所以然。因为，根据直接投资原理，一个企业的国际化是有着明确条件的，诸如核心竞争力、垄断优势等等。不具备这些条件就一味走出去，只能是血本无归，不断交学费。我们在历次金融危机中都不难发现上述那样国家的影子，我们在当今中国企业国际化的热潮中也经常能够看到上述那样企业的例子。而我国之所以能在历次大小金融风暴中基本保持稳定，也与我们没有在不具备条件时就盲目开放有关。

然而，在全球化时代，开放是迟早的事。我们庆幸没有不顾条件过早开放，避开了金融危机，并不等于说我们不开放资本项目、资本市场，不尝试人民币的国际化和汇率自由化，不鼓励企业参与国际竞争就是对的。实际上我们也由于不开放而失去了许多。譬如，在全球经济不平衡当中，作为发展中国家的我们却充当国际债权人，把辛辛苦苦流血流汗换来的外汇廉价地借给别人；我们也让外资在我们这里安稳地赚取至少双位数的平均利润，而把我们的钱投到国际资本市场获取2%~3%的利益，甚至赔得血本无归。

因此，在经济全球化和一体化的大趋势中，任何国家和企业都不可避免地迟早要加入这一进程。而要想在对外开放中趋利避害，立于不败之地，学习和掌握开放经济下国际经济、贸易、投资、营销等等方面的知识、原理、思想和方法是必不可少的。开放经济学有一整套系统完整的理论和方法，有许多专门知识和原理，诸如"国际经济学"、"国际投资与资本流动"、"国际贸易理论与实务"、"跨国公司与跨国经营"、"国际市场营销"等等，无论对于一国的宏观经济开放，还是对于微观企业的国际化和国际经营，都有极其重要的意义。某些时候，一旦掌握这些原理与方法，可以收到立竿见影之效。

北京大学国际经济与贸易系及其前身北京大学经济系世界经济专业，设立于1959年，是在当时的周恩来总理亲自关怀与指示下成立的，是国内大学中最早设立的有关世界经济和开放经济的系科，今年正逢成立50周年。50年来，本系培养了一大批懂得国际经济知识、掌握开放经济原理的人才，这些人才实际上也为30年前我国对外开放准备了最初的人才基础。最近十几年来，我们在教学研究和参与社会实践过程中，深感社会对于国际经贸知识和开放经济理论的强烈需要。特别是近10年来，随着中国加入WTO，中国经济全面对外开放，成为世界经济中最重要的部分之一，中国企业也面临走出去实现国际化的迫切任务。社会各界对国际经贸理论、思想、原理和方法产生了巨大需求，迫切需要了解和掌握基本的国际经贸原理与方法，为从事国际经济活动服务。正是基于对社会需要的认识，北京大学国际经济与贸易系与中国发展出版社合作，编写出版这套《北大国际经贸丛书》，服务于我国对外开放和经济发展大业。

本丛书的各位作者，都是现任教于北京大学国际经济与贸易系的教授、讲师和毕业于本系的经济学博士。他们多年从事各自学科的教学研究，对相关理论和原理理解透彻，研究卓有建树。同时，他们也积极参与国际经贸方面的社会实践，对相关领域的实际情况非常熟悉。在丛书撰写中，针对社会各界的不同需要，我们特别强调理论与实践的结合，原理与案例的结合。避免采用过于艰深的理论表述和模型推演，注重以平实、通俗的语言，深入浅出地介绍相关学科最主要、最基本的原理，并将这些原理用于解释国际经贸现实，让读者易读好懂、具有实感，用最少的时间和精力获得最大的收益。

当然，限于时间、精力，以及各位作者的偏好不同、风格各异，丛书的水平和风格也肯定会参差不齐，有所差异，各位作者对相关问题的观点也可能不尽相同。我们觉得，这应该不妨碍本套丛书基本目标的实现。而且，保留这种观点与风格的差异，更有助于读者获得多样性的感受，满足多样性的需求。这也是符合北大所一贯秉承的"思想自由、兼容并包"学风的。

最后，要特别感谢中国发展出版社在本丛书策划、出版中所给予的帮助与支持。

王跃生
于北京大学燕北园

目 录

前　言

在经济全球化进程中，由于国际分工的不断深化有力地促进了中国对外贸易的发展，2007 年，中国货物出口超过美国，成为仅次于德国的第二大出口国，2009 年又超过德国，跃居为世界第一大出口国，使中国成为名符其实的"世界工厂"。但是，这个"世界工厂"还只是一个世界的"加工厂"，中国要想像美国和德国那样，既是出口大国又是制造强国，其道路可谓是漫漫而修远。

为了有助于深入地认识中国对外贸易的发展路径与发展模式，进而探究这一模式的形成机制与其所产生的影响，本书的研究力求回答以下问题。

1. 国际分工体系如何影响中国的对外贸易模式与格局

自改革开放以来，中国的发展模式就是在中国逐步加入经济全球化过程中基于国内的禀赋条件和发达国家主导的国际经济体系形成的。中国拥有大量廉价的劳动力与资源，而东亚新兴经济体在承接了发达国家的资本密集型产业之后需要向外转移劳动密集型产业，这就决定了中国进行劳动密集型产品加工出口的国际分工地位，中国出口导向型发展模式由此形成，并深深地内嵌于国际经济体系之中。加入 WTO 之后，随着中国在国际经济中的角色越来越重要，中国的对外贸易及经济发展方式不可避免地、而且是更加深入地为国际经济体系所影响。

上世纪 80 年代，东亚劳动密集型产业开始向中国转移，90 年代欧美及东亚的资本与技术密集型产业的劳动加工生产环节也向中国转移。到了本世纪，发达国家的信息技术产业和服务业的低技术环节也开始外包给中国，自始至终将中国牢牢地锁定在产品链中极为低端的加工环节上，这正是中国对外贸易结构难以升级的外部条件。

2. 中国对外贸易的基础与结构是否改变

基于廉价劳动力的比较优势是中国参与国际贸易的基础，同时也是中国出口竞争力形成的重要来源。这一比较优势使中国能够在短期内突破国内技术条件和资本约束的瓶颈，在始终保持劳动密集型出口商品竞争力的同时不断推动出口商品结构的持续升级。目前，中国的出口商品中制成品的比重已超过了95%，高技术产品的出口比重则超过了30%，可见，中国的出口技术复杂度超过了其自身的发展水平，并与高收入国家比较接近。但考虑到加工贸易、外资企业贸易以及政策因素的作用，中国的出口技术含量可能被大大高估了。中国在其出口的高技术产品的生产中实际贡献的只是其中低技术的加工环节。所以在总体上，对外开放30多年以来，中国对外贸易的基础以及中国进口相对高技术产品、出口低技术产品的贸易格局并没有发生根本性变化。

3. 直接投资是否促进了中国对外贸易及经济发展

外资企业依然主导中国对外贸易，特别是加工贸易，成为中国贸易利得的主要获取者。在开放性激励政策的作用下，中国一直是全球吸引对外直接投资的"明星"。外资企业在中国对外贸易中的卓越表现在很大程度上说明了外资在中国的投资动机主要是资源与要素导向型的，即将中国作为制造与出口平台；而在进口方面，很大程度上是"为出口而进口"，所以外商直接投资对中国的对外贸易有着根本性推进作用。

随着中国外汇贮备的日益丰足和中国企业不断地做大做强，中国对外直接投资也将呈现出不可阻挡之势。但中国对外直接投资的基础、动机与可能的收益，无论在理论上还是实践中都还存在着困惑，依然是待解的问题。

4. 对外贸易是否促进中国经济增长与发展

对外贸易是经济增长的"发动机"。促进经济增长和提高人均收入水平是中国参与国际分工的基本初衷之一。研究表明，20 世纪 90 年代之后，中国出口每增长 10% 就能推动 GDP 增长 1%。这种增长效应实现的路径包括：第一，对外贸易的扩张扩大了中国的就业规模，尤其是从无到有的加工贸易吸纳了大量的农村剩余劳动力，通过要素投入型的经济扩张，刺激了经济增长。第二，对外贸易有利于资本积累。中国虽然人口众多，但在发展初期由于人均购买力不足，使国内市场规模受到限制。在这种情况下发展对外贸易（尤其是出口）可以克服需求的局限性，最大限度地实现规模经济。中国正是通过"小步快走"的形式进行要素积累，也快速地提升了自身的禀赋结构。第三，对外贸易有利于促进技术进步和提高生产效率。出口的学习效应有助于中国提高生产率，而进口除了给中国的经济发展提供必需的资本品和技术外，还能够给企业形成强大的竞争压力，从而有利于市场中的优胜劣汰和效率竞赛。第四，对外贸易能够促进制度演进和经济转型。通过对外贸易，中国不断接触外部世界的新知识、新理念与新技术，并将其不断转化为改变自我的强大动力。

但是，中国的对外贸易模式与结构的一些负面性也影响了中国的可持续发展。比如，对外贸易扩大了不同类型劳动力之间的收入差异，特别是技能劳动力与非技能劳动力之间的差别，凸显了中国收入不平等的问题；另外，"中国制造"这个"荣誉光环"的背后是资源消耗与环境污染的巨大代价；再者，集中于低端加工环节的生产模式抑制了人力资本积累和技术创新的动力，不利于自主创新的养成机制。

5. 中国在国际经济结构及体制中的角色

中国在承接着发达国家及新兴工业国家产业转移的同时，也承接了这些国家对发达国家的贸易顺差，使得中国对外贸易成为世界经济不平衡中的重要因素。中国的贸易不平衡，一方面彰显了中国在世界贸易和国际经济中的不可动摇的重要地位，另一方面也凸显了中国深受国际经济影响和制衡的不利因素。国际经济的动荡与危机不仅重创了中国的对外贸易和投资，还将深深影响着中国经济的发展与转型。至于中国在多边贸易体系和区域贸易合作中的突进，在不断增强中国在国际经济中的地位与角色的同时，究竟能给中国带来怎样的福祉，尚未可断言。

6. 结论

尽管 30 多年来，中国的对外贸易无论是在规模上还是在世界地位上已经发生了天翻地覆的变化，但是对外贸易发展的基本轨迹依然没有改变，尤其是当其负面性已经对中国经济的转型与发展影响越来越深时。如今，中国已经进入了大国之列，并跨入了上中等收入国家的"俱乐部"。为了实现跻身高收入国家的目标，中国需要继续适应各种制度，完善市场，提升要素结构，构建长效的机制，并能灵活应对不可预知的各种急剧变化。为了做到这一点，有必要对过去的经验进行理论和实证的检验与评价，从中汲取有益的教训。

本书正是为此做出的努力。

陶　涛

2012 年 7 月

第1章
全球化、世界贸易与中国

经济全球化（Economic Globalization）既反映了世界贸易的发展趋势，又推进了世界贸易的发展。中国正是在第二次全球化浪潮的后半段开始对外开放，积极参与国际分工，在30年的时间里快速地实现了贸易扩张，并一举成为世界最一大出口国。

1.1 贸易全球化

经济全球化（Economic Globalization）既反映了世界贸易的发展趋势，又推进了世界贸易的发展。

什么是全球化？迄今为止并没有权威定义。通常指商品与资本、劳动力及技术等要素的国际流动越来越频繁的趋势，也就是各国在经济上相互依存不断加深的历史过程。从这一解释来看，全球化并非是二战之后才首次出现的趋势。自19世纪中期以来至少有两轮全球化过程①。第一轮全球化自19世纪中期开始，结束于第一次世界大战爆发；第二轮始于第二次世界大战结束，持续至今②。在这两轮全球化进程中，都表现出国际贸易和产出的急速扩张以及经济规模的剧变。区别在于，在第一轮全球化，大规模的移民表现得较为突出，而第二轮次全球化，除了商品和劳动力的跨国流动外，资本跨国流动更为密集。参见表1.1。

---

① Baldwin, R. and Martin, P., "Two waves of globalization: superficial similarities, fundamental differences", in Globalization and Labour, Tubingen: J. C. B. Mohr for Kiel Institute of World Economics: 3 - 59, 1999.

② WTO: *World Trade Report* 2008。

表 1.1	两轮全球化的主要指标			
	1850~1913	1950~2007	1950~1973	1974~2007
人口增长率	0.8*	1.7	1.9	1.6
实际 GDP 增长率	2.1*	3.8	5.1	2.9
人均 GDP	1.3*	2.0	3.1	1.2
实际贸易增长率	3.8	6.2	8.2	5.0
净移民（百万）				
美、加、澳、新西兰累积	17.9*	50.1	12.7	37.4
美、加、澳、新西兰年均	0.42*	0.90	0.55	1.17
日本以外工业国累积				64.3
			1982	2006
FDI 流出存量与 GDP 的比重			5.2	25.3

注：* 为 1870~1913 年的数据。

资料来源：WTO，*World Trade Report* 2008。

参照对全球化的解释，不妨将贸易全球化理解为商品流动的范围、规模和程度不断加强的过程。主要表现在两个方面：国际贸易的增长率高于世界生产总值增长率；各国的贸易依存度高。

1.1.1 贸易全球化的表现

如表 1.2 所示，上世纪 60 年代以来，世界货物出口的年均增长速度始终高于产出的增长速度，二者之差呈现出不断扩大之势，尤其在 80 年代之后。三类产品中，工业制成品出口的增长速度高于产出增长速度更为明显。正是这种超过产出扩张的增速效应，让我们看到了 80 年代以后国际贸易规模的急速扩张。出口增速扩张的一个重要原因是跨国公司大力发展带来的全球生产和公司内贸易。

表 1.2	世界贸易和产出增长率（年均,%）						
	1963~1973	1970~1979	1980~1985	1985~1990	1990~2000	2000~2007	2006	2007
世界产品出口	9.0	5.0	2.0	6.0	7.0	5.5	8.5	6.0
农产品	14.0	4.5	1.0	2.0	4.5	4.0	6.0	4.5
矿产品	7.5	1.5	−2.5	5.0	4.0	3.5	3.5	3.0
工业制成品	11.5	7.0	4.5	6.5	7.5	6.5	10.0	7.5

续表

	1963 ~ 1973	1970 ~ 1979	1980 ~ 1985	1985 ~ 1990	1990 ~ 2000	2000 ~ 2007	2006	2007
世界产品产出	6.0	4.0	1.5	3.0	2.5	3.0	3.0	4.0
农产品	2.5	2.0	2.5	2.0	2.0	2.5	1.5	2.5
矿产品	5.5	2.5	-2.5	3.0	1.5	1.5	1.0	0.0
工业制成品	7.5	4.5	2.5	3.0	2.5	3.0	4.0	5.0
世界 GDP					2.0	3.0	3.5	3.5

资料来源：1990 年以前的数据摘自阿普尔亚德和菲尔德《国际经济学（原书第 3 版）》第 2 页表 1.1；1990 年以后的数据来自世界贸易组织《国际贸易统计》，www. wto. org。

　　贸易快于生产增长带来了贸易全球化的另一个主要表现是贸易依存度高。贸易依存度指的是一国或地区的进出口总额与该国国内生产总值的百分比，反映了一国对国际贸易的依赖程度。表 1.3 列示了发达国家在两个全球化时期代表年份的贸易依存度，表中的贸易依存度是用进出口平均值而非进出口总值来计算的。两个时期各国贸易依存度的水平大体相当，大部分国家在第二个全球化时期后段的水平要高于第一个时期，但也有一些国家（澳大利亚、丹麦、日本和英国）第一轮的贸易依存度（1913 年）甚至高于第二轮。在每一个全球化时期，贸易依存度基本呈上升趋势，但在第二轮的 1990 年，显示了下降之势。在绝对水平上，欧洲国家的贸易依存度始终处于较高水平，尤其是北欧国家。日本和美国则处于较低水平。贸易依存度的长期上升趋势表明，贸易在世界各国经济发展中的作用越来越重要。可以说，除极个别国家外，世界各类国家都卷入了世界分工和贸易体系之中，对外贸易成为世界各国经济增长越来越重要的发动机。

表 1.3　　　　　　　货物贸易[①]与现价 GDP 的比值（%）

国　家	1890	1913	1960[③]	1970	1980	1990[④]
澳大利亚	15.7	21.0	13.0	11.5	13.6	13.4
加拿大	12.8	17.0	14.5	18.0	24.1	22.0
丹麦	24.0	30.7	26.9	23.3	26.8	24.3
法国	14.2	15.5	9.9	11.9	16.7	17.1
德国	15.9	19.9	14.5	16.5	21.6	24.0
意大利	9.7	14.4	10.0	12.8	19.3	15.9
日本[②]	5.1	12.5	8.8	8.3	11.8	8.4

续表

国　家	1890	1913	1960③	1970	1980	1990④
挪威	21.8	25.5	24.9	27.6	30.8	28.8
瑞典	23.6	21.2	18.8	19.7	25.0	23.5
英国	27.3	29.8	15.3	16.5	20.3	20.6
美国	5.6③	6.1④	3.4	4.1	8.8	8.0

注：①货物贸易是进出口的平均值。②1890～1960年是三年平均值。③此为1889年商品出口对GNP的比值数据。④是商品出口对GNP的比值。

数据来源：Feenstra，"Integration of Trade and Disintegration of Production in the Global Economy"，the *Journal of Economic Perspectives*，12，4：31－50，1998

　　用一国进出口平均值来计算贸易依存度反映的还是一国对贸易总规模的依赖程度，要了解一国对出口或进口的依赖情况，还需要分别计算出口依存度和进口依存度，即一国出口总额或进口总额与其国内生产总值的比值。表1.4列示了主要贸易国的出口依存度和进口依存度。从时间上来看，2003年各国两个依存度比1990年都有所上升，其中发展中国家上升的幅度更大，中国尤为突出。美国和英国的出口依存度明显低于进口依存度，澳大利亚的出口依存度略低于进口依存度，而其他国家都是出口依存度更高。

表1.4　　　　进出口依存度（货物出口或进口/GDP）

	出口依存度		进口依存度	
	1990	2003	1990	2003
澳大利亚	12.8	13.7	13.5	17.1
加拿大	22.2	31.8	21.5	28.6
法国	17.8	22.0	19.3	22.2
德国	25.2	31.1	21.3	25.0
意大利	15.4	19.9	16.5	19.8
日本	9.5	11.0	7.7	8.9
英国	18.7	17.0	22.5	21.8
美国	6.8	6.6	9.0	11.9
中国	17.5	30.9	15.0	29.2
韩国	24.6	32.0	26.5	29.5
印度	5.7	9.3	7.4	11.8

数据来源：根据《世界发展指标2005》相关数据计算得出。www.worldbank.org.

从国家类别来看，发展中国家的贸易依存度明显高于发达国家的贸易依存度。根据世界银行的统计，2002 年，世界货物和服务出口占世界国内生产总值的比重为 23.9%，发达国家为 22.2%，中等收入国家为 31.7%，低收入国家为 25.0%；同年，世界货物和服务进口占世界国内生产总值的比重为 23.3%，发达国家为 22.2%，中等收入国家为 28.3%，低收入国家为 25.4%。显然，无论从出口依存度还是从进口依存度来看，发展中国家均高于发达国家。究其原因，应该是发达国家人均收入水平普遍较高，国内市场需求较大，出口相对于内销的比例较低，故而出口依存度偏低。同时，发达国家的国内生产较为发达，国内消费对进口的依赖程度要低一些。与发达国家相反，发展中国家的人均收入低，国内需求相对低，产品销售对国际市场的依赖程度高。

上述方法计算的贸易依存度似乎比我们印象中的要低，譬如一般印象中美国和日本都是贸易依赖程度高的国家，但是数字显示这两个国家的贸易依存度都不高，是上述发达国家中最低的。原因可能在于没有考虑 GDP 中的产业结构。因为第三产业中很大一部分属于非贸易品，如果一国第三产业比重高，那么按上述方法计算的贸易依存度就偏低。为此，研究者对计算方法进行了修正，计算可贸易品的依存度，即进出口额与工农业增加值或工业增加值的比值，实际上反映的是可贸易品的对外开放程度或对外依赖程度。表 1.5 列示了一些国家的可贸易品的贸易依存度，与表 1.3 相比，依存度的数值明显高出许多。

表 1.5　　　　货物贸易①与工业增加值②的比值（%）

国　　家	1890	1913	1960③	1970	1980	1990④
澳大利亚	27.2	35.6	24.4	25.6	32.4	38.7
加拿大	29.7	39.4	37.6	50.5	65.6	69.8
丹麦	47.4	66.2	60.2	65.9	90.0	85.9
法国	18.5	23.3	16.8	25.7	44.0	53.5
德国	22.7	29.2	24.6	31.3	48.5	57.8
意大利	14.4	21.9	19.2	26.0	43.1	43.9
日本	10.2	23.9	15.3	15.7	25.8	18.9
挪威	46.2	55.2	60.0	73.2	70.9	74.8

续表

国　　家	1890	1913	1960③	1970	1980	1990④
瑞典	42.5	37.5	39.7	48.8	72.9	73.1
英国	61.5	76.3	33.8	40.7	52.6	62.8
美国⑤	14.3	13.2	9.6	13.7	30.9	35.8

注：①进出口的平均数。②美国的工业增加值包括农业、矿业和制造业，其他国家的工业增加值还包括建筑业和公共事业。③澳大利亚是 1962 年数据，加拿大是 1961 年数据。④加拿大是 1988 年，德国是 1989 年，英国是 1987 年。⑤1890 年列下美国是 1889 年的数据；1889 年和 1913 年计算的是商品出口对工业增加值的比值。

数据来源：Feenstra，"Integration of Trade and Disintegration of Production in the Global Economy"，the *Journal of Economic Perspectives*，12，4：31 – 50，1998

世界银行在 2005 年的《世界发展指数》中也采用类似方法计算了各国进出口与货物 GDP（goods GDP）的比值，如表 1.6。各国进出口依存度水平普遍高于表 1.4 中的水平。

表 1.6　　　　进出口依存度（商品出口或进口/商品 GDP）

	出口依存度		进口依存度	
	1990	2003	1990	2003
澳大利亚	38.8	47.2	41.0	58.8
加拿大	63.5	–	61.3	–
法国	52.4	81.5	56.7	82.3
德国	61.5	103.8	51.9	83.5
意大利	40.7	64.2	43.4	63.9
日本	23.1	35.4	18.9	28.7
英国	50.6	60.6	60.9	77.8
美国	22.8	26.4	29.9	47.6
中国	25.4	46.1	21.8	43.5
韩国	–	84.3	–	77.7
印度	9.6	19.0	12.6	24.0

注：商品 GDP 是按行业分的 GDP 中减掉服务业增值，即农业增值加上工业增值。

数据来源：根据《世界发展指标 2005》相关数据计算得出。www.worldbank.org。

1.1.2　贸易全球化的衡量指标

为了比较和分析各国贸易全球化的程度，OECD 建立了经济全球化的衡量指标体系①，其中贸易全球化的衡量指标包括三大类：参考指标、补充指标和实验指标。参考指标是使用最频繁、获取程度相对容易的一类指标；补充指标是用来补充信息的，通常包括那些理论上可能存在、但实际获取程度较大或成本较高的指标；实验指标是指研究价值很大但相关统计概念和方法还有待探讨的指标。

（1）参考指标

参考指标一共有 8 项，前 4 项衡量一国的贸易全球化程度，后 4 项测量了外资公司在东道国贸易中的作用。

出口总额占 GDP 的比重。该指标从总量和增量的角度显示国内厂商对国外市场的依赖程度。如果一个小国在某些产品上形成高度专业化分工，出口规模也许并不是很大，但是出口额占 GDP 的比重却可能较大；而一个大国可能出口规模很大，但出口总额占 GDP 的比重却较低，这是因为大国的国内需求庞大，GDP 中国内需求的比重很高。

进出口平均数与 GDP 的比重。衡量一国国际货物贸易额与该国经济总量的比重。需要注意的是，该指标并不反映一国对外贸易的开放度，比如两个贸易限制程度不同的国家，这一指标的值可能是相同的。

进口满足国内最终需求的份额。指的是一国通过进口所满足的国内最终需求在总需求中的比重。这一指标的值与国家的规模相关，与大国相比，一个资源匮乏的小国可能倾向于专业化生产和出口，因而需要进口其他产品来满足国内最终需要。

与国内相关的出口额占 GDP 的比重。与国内相关的出口额指的是从出口额中刨去直接及间接的投入品进口额，反映一国出口当中由本国加工生产出来的部分对 GDP 的贡献率。

外资公司出口额占一国出口总额的比重。反映外资公司的出口对一国总出口的贡献情况。分析外资公司对一国国际贸易的影响有助于分析一国

① OECD：《衡量全球化：OECD 经济全球化指标体系》，蔡春林等译，中国财政经济出版社 2007 年版。

的整体全球化水平。

外资公司进口额占一国进口总额的比重。衡量外资公司的进口对一国总进口的贡献情况。在很多国家，外资公司的出口倾向和进口倾向一般要高于全国平均水平。

货物总出口中外资公司的内部出口贸易额。反映跨国公司在东道国的子公司与其母公司及其他国外子公司间商业联系的紧密程度。

货物总进口中外资公司的内部进口贸易额。反映跨国公司在东道国的子公司与其母公司及其他国外子公司间商业联系的紧密程度。

（2）补充指标

考虑到参考指标不能全面反映一国贸易全球化的程度，OECD 又增加了一些补充指标，以便尽可能全面、精确地考察一国货物贸易的全球化程度。这些指标又可分为 5 类。

第一类是反映一国贸易全球化程度的指标，包括行业出口倾向、满足国内需求的进口渗透率和外国商品渗透率。

行业的出口倾向是某一行业的出口量占该行业的总产量之比，反映了行业的贸易密集度。

考察满足国内需求的进口渗透率需要区分一些更为具体的概念。国内总需求（DT）分为中间产品需求（DI）和最终需求（DF），进口也可以被视为满足这两种需求的进口：满足中间需求的进口（MI）和满足国内最终需求的进口（MF）。满足中间需求的进口渗透率（Penetration of imports for intermediate demand）的计算公式为：$PMI = MI/DI$，该指标反映了生产的国际一体化程度和国内产业的垂直一体化程度。满足最终需求的进口渗透率（Penetration of imports for final demand）的计算公式为：$PMF = MF/DF$，该指标反映了国内最终需求由进口满足的程度。进口渗透率（import penetration）可以通过对上述两个渗透率的调整得到。一种调整方法的公式是：$PM = (MI + MF) / (DI + DF)$，另一种调整方法的公式是：$PM = PMI \times \dfrac{DI}{DT} + PMF \times \dfrac{DF}{DT}$，后一种调整方式将中间需求和最终需求的比重作为权重，对满足中间需求的进口渗透率和满足最终需求的进口渗透率进行了加权，更为准确地反映了进口与一国国内需求之间的联系。

为了进一步反映外国对国内需求的影响，还需要考虑外国公司在本国的生产及销售，即外国商品渗透率。外国商品渗透率（P_R）是用外资公司的当地销售额（S_F）减去外资公司的出口额（X_F）、加上该国的总进口额（M）、再比上国内最终需求：$P_R = (S_F - X_F + M) / DF$。如果外资公司在东道国从事进口加工，它们为加工生产投入而进口的商品并不用于东道国当地居民的最终需求，在计算外国商品渗透率时应该予以剔除，因而公式还需调整为：$P_R = (S_F - X_F + M - M_{FP}) / DF$，其中 M_{FP} 指外资公司为满足自己生产而进口的总额。外国商品渗透率与进口渗透率结合起来，更能表现一国外资公司在满足东道国国内最终需求上的作用。

第二类补充指标反映与母公司相关的贸易全球化程度，一国国内的母公司包括外资控制及由国内资本控制的所有母公司。具体指标包括出口总额中母公司出口的份额、进口总额中母公司进口的份额、总出口中母公司的公司内部出口额、总进口中母公司的公司内部进口额。这些指标反映母公司在一国总进口和总出口中所占的比重以及母公司从事的公司内部贸易在一国总进出口的份额。

第三类补充指标反映与跨国公司相关的贸易全球化程度，包括总出口中跨国公司出口所占的比重、总进口中跨国公司进口所占的比重、总出口中跨国公司的公司内部出口额、总进口中跨国公司的公司内部进口额。

第四类补充指标反映生产和分销过程中的国际一体化程度，包括生产中投入的进口量、出口中投入的进口量、GDP 中再出口的比重、货物出口中中间产品的比重、货物进口中中间产品的比重、区域内和区域外进出口所占的比重。生产中投入的进口量及出口中投入的进口量体现了一国生产和出口对进口的依赖程度，也显示出贸易国之间的生产一体化程度。随着国际间贸易方式日渐成熟，一些国家逐渐演变成国际分销中心，一国 GDP 中再出口的比重可以反映一个国家在国际分销体系中的地位。另外，随着国际分工的不断深入发展，一个最终产品的各个零部件的生产或者各道生产程序可能分别在不同国家或地区生产。一国货物进出口中中间产品所占的比重可以体现一国生产参与国际合作的程度。随着地区经济一体化程度不断提高，区域内贸易的比重越来越高。所以也需要相应的指标来反映区域化一体化对区域性贸易变化趋势的影响，区域内和区域外进出口所占的比重就是这样的指标。

第五类补充指标反映贸易地理方向多元化的程度，如总出口和总进口的赫芬德尔指数。出口赫芬德尔指数是一国对各贸易对象国的出口额占总出口比重的加总，公式为：$H = \sum_{t=1}^{n} \left(\dfrac{X_i}{\sum_{1}^{n} X_i} \right)$，其中 X_i 指一国对 i 国的出口额，n 为出口对象国的个数。该指标反映一国贸易的地理多元化程度和集中度，如果一国对其他国家的出口额完全均等，则该指数最小，等于 $1/n$，如果对各国的出口额有一定差距，则指数大于 $1/n$，出口额差距越大，偏离 $1/n$ 就越大。同样，我们还会发现，一国的贸易对象国越多，该指标数值越低。类似的，进口赫芬德尔指数是指一国来自各贸易对象国的进口额占其总进口比重的加总。

（3）实验指标

实验指标包括三个方面，分别是资本所有权基础上的贸易差额、新形式的贸易关系衡量和行业内贸易衡量。

传统贸易流量衡量的是货物和服务的跨国流量，而外商直接投资的发展提供了不需要跨越国界就能将产品输往他国的途径，所谓资本所有权基础上的贸易差额就是试图考察和评估基于资本所有权而非一国居民基础上的贸易流量，如外国关联公司在东道国进行的货物和服务采购活动等等。

电信技术的快速发展推动国际贸易买卖双方及生产者三方面的关系发生变化，形成了一些新形式的贸易关系，如国际分包、分销和电子商务，因而需要建立一些新的指标用于衡量这些新型贸易关系及其在全球化中的角色。

行业内贸易既有相同产品不同类型的"水平差别"产品贸易，也有按质量和价格区分的"垂直差别"产品贸易。目前已经一些指标衡量产业内贸易的程度，如行业内贸易指数（Index of Intra – industry Trade），该指数通常的计算公式为 $IIT = 1 - \dfrac{|X - M|}{|X + M|}$，其中 X 和 M 分别代表一个行业（或同类产品）的出口额和进口额。行业内贸易指数也有另一种计算方法：$IIT = \dfrac{|X - M|}{|X + M|}$。根据前一种方法，$IIT$ 的值越大表明行业内贸易的程度越高，根据后一种计算方法，IIT 的值越大表明行业内贸易的程度越低。无论哪一种方法都可以反映行业内贸易的程度，研究者可根据研究需要选择使用。

1.1.3　贸易全球化的推动力

哪些因素推进了贸易全球化的进程呢？《World Trade Report 2008》指

出，贸易全球化的发展是经济、政治和技术变迁合力的结果。表 1.7 列示了二战以来这三个领域有助于贸易全球化的重大事件。

表 1.7   全球化年表

	经济	政治	技术
1940s	新国际货币体系布雷顿森林体系建立（1944 ~ 1971） GATT1948 年 1 月生效 苏联成立经互会（CMEA）推动社会主义国家的经济合作（1949 ~ 1991）	联合国成立（1945） 马歇尔计划启动（1948 ~ 1957） 欧洲经济合作组织成立（1948） 非殖民化开始（1948 ~ 1962），印度、印尼、埃及等独立 中国成为社会主义共和国（1949）	塑料和纤维产品繁荣，如女性尼龙袜（1940） 中东发现巨型油田，尤其是沙特阿拉伯（1948）
1950s	根据罗马条约成立欧共体（1957）。EC 和欧洲自由贸易协议（1959）推动西欧一体化 主要货币成为可转换货币（1958 ~ 1964）	朝鲜战争（1950 ~ 1953） 苏伊士危机（1956） 非洲非殖民化运动，15 国独立（1958 ~ 1962）	欧洲和日本更多使用中东石油 丰田实行"及时生产方式" 空运更多使用喷气发动机（1957 ~ 1972）
1960s	石油输出国组织（OPEC）成立（1960） 伦敦欧洲美元市场的发展扩大了国际流动性 GATT 第 6 回合谈判（肯尼迪回合，1964 ~ 1969） 北方汽车和高速公路开始扩张加速燃料消费的需求和转变（由煤转为石油） 东亚国家的出口政策由进口替代转向出口导向 EC 内部完全取消关税（1968）	修葺柏林墙（1961）和古巴导弹危机（1962），东西方之间最尖锐的对立	太空第一人（尤里·加加林，1961）和月球第一人（尼尔·阿姆斯特朗，1969） 集成电路用于商业（1961） 海洋石油和天然气生产大发展 绿色革命：发展中国家农业生产变革（60 年代起） 日本第一条高速铁路线（新干线）（1964） 勃朗峰公路隧道（1965） 海洋运输中广泛使用集装箱（1968 年起）

续表

	经济	政治	技术
1970s	美元汇率不再与黄金挂钩（1971） GATT 东京回合（1973～1979） 两次石油危机（1973～74，1979） 亚洲新兴工业国家兴起 中国经济改革（1978）	第四次中东战争（1973）触发油价上涨 EU 扩大到 9 个成员国（1973）	第一个单芯片微处理器（英特尔 4004）
1980s	美联储成功消解美国的通货膨胀 发展中国家债务危机 墨西哥开始市场改革，1986 年加入 GATT 卢浮宫协议促进主要汇率的稳定（1987）	EU 扩大到 12 个成员国 推倒柏林墙（1989）	IBM 发明第一台个人电脑（1981） 微软 windows 启用（1985）
1990s	1991 年印度启动经济改革 北美自由贸易区（1994） 亚洲金融危机（1997） WTO 成立（1995），乌拉圭回合谈判（1986～1994） 1999 年 11 个欧洲国家使用欧元	1991 年苏联解体 马斯特里赫特条约签订（1992）	1994 年英法海底隧道开通 基于数字技术的 2G 网络发展推动移动电话广泛使用 芬兰推出第一个 2G－GSM 网络（1991） 发明万维网（1989），1991 年第一个网站在线。使用因特网的人数 2000 年上升到 300 万
2000s	网络公司危机 中国加入 WTO（2001） 多种纤维协议废止	EU 扩大到 27 个成员国	集装箱船运超过海洋运输总价的 70% 2005 年使用因特网的人数上升到 8 亿

资料来源：WTO：*World Trade Report* 2008。

全球化的主要驱动因素毫无疑问还是经济政策，如放松了国际贸易和金融交易的管制，货币成为可转换货币，收支平衡限制被放宽等。实际上，在二战结束后相当长的时间里，限制贸易的最主要因素是货币和支付限制，而不是关税等贸易壁垒。

　　政治发展对全球化的影响较为复杂。冷战期间，世界经济被割裂，随着中国经济改革、两德统一和苏联解体，全球经济一体化的主要政治障碍基本上消除了。

　　技术因素主要指提高运输和通讯的速度以及降低其成本的技术革新，包括喷气引擎的开发及其广泛应用，集装箱在国际货运中的使用，信息通讯技术革新带来了微处理机、个人电脑、移动电话和互联网的规范使用，大大加速了社会政治和经济关系的转变。技术革新还包括生产方式的变革，如创造出可贸易的新产品（如塑料产品），扩大了食品的全球生产（绿色革命），提高了生产效率（及时生产方式）。工业化国家主要投入的燃料从煤到石油再到天然气的转变也是推进全球化的重要一步，这种转变使得更多更廉价的能源资源可用于经济增长，并把中东的石油输出国拉进了全球化进程。

专栏 1.1　　全球产业价值链与生产的国际化

　　过去 30 多年，是全球化快速推进的阶段。经济全球化与信息技术革命相结合，给世界经济带来了诸多深刻的变化，其中最引人注目的一个变化，是全球产业价值链（Global Production Value China）的形成。全球价值链是指一个产业不同价值环节在全球范围内的展开，这是区别于以往一个产业主要局限在一个国家之内的生产布局形态的。之所以形成全球产业价值链，有着深刻的原因。

　　首先，经济全球化日益深化，大大消除了跨国生产布局的制度性障碍。几百年来资本主义的发展，在大多数发达国家内部形成了统一的市场，生产要素可以自由流动。但在国际之间，关税、非关税壁垒、投资限制等各种制度性安排，成为阻碍生产要素跨境流动的制度性障碍，导致企业只能局限在一国之内优化资源配置。随着全球化的日益深入，贸易投资自由化、便利化进程不断推进，货物贸易、服务贸易、跨境投资的制度性障碍被大大消除，而且，在投资领域，各国从以往的限制政策转向鼓励政策，大大推动了跨境投资。由于货物、服务、资本、技术、信息等产品与要素跨境流动成本的大幅下降，同时劳动力要素跨境流动的制度性障碍反而上升，跨国公司为降低成本提供竞争力，开始大规模从发达国家向发展中国家进行产业转移，以往只在发达国家之间存在的产业内分工，越来越多地在发达国家与发展中国家之间出现。

其次，信息技术革命大大推动了全球产业价值链的形成。信息技术革命带来两个重大变化，一是导致信息跨境流动的成本大大下降，由于信息技术革命导致跨境国际长途的费用下降为 30 年前的数百分之一，特别是由于网络技术的迅猛发展，国际通讯的边际成本几乎为零。这就使得跨国公司总部可以像在一个国家之内甚至一个城市之内来管理其分布在全球的生产运营活动。另一个变化是信息技术推动了传统产业的模块化。信息技术在传统产业的日益渗透，对传统产业的流程、管理与运营产生了革命性的影响，在大幅度提高传统产业劳动生产率的同时，推动传统产业的生产与服务活动的模块化，这就使一个企业以往不可分离的生产与服务环节，完全可以在空间上分离而不影响其衔接与运作的效率，为降低成本提高竞争力，企业日益专注于其核心竞争力的价值活动，而尽可能地将其他价值活动外包给其他企业，特别是向发展中国家转移。

第三，运输技术的进步大大降低了货物跨境流动的成本。以大型集装箱船为代表的运输技术的进步、信息化带来的全球物流管理效率的大幅度提升，使跨境运输成本大大降低，全球产业价值链带来的成本节省可以轻易弥补运输成本的增加，也是推动全球生产价值链形成的重要原因。

具体来讲，全球产业价值链可分为三大环节：其一是技术环节，包括研发、创意设计、提高生产加工技术、技术培训等环节；其二是生产环节，包括采购、系统生产、终端加工、测试、质量控制、包装和库存管理等分工环节；其三是营销环节，包括销售后勤、批发及零售、品牌推广及售后服务等分工环节。当国际分工深化为增值过程在各国间的分工后，传统产业结构的国际梯度转移也因此演变为增值环节的梯度转移。就增值能力而言，以上三个环节呈现由高向低再转向高的 U 形状，或曰"微笑曲线"状（见图 1.1）。价值链不同环节所创造的附加值是不同的，获得的经济租多少也是不一样的。靠近 U 形曲线中间的环节，在价值链中创造出较低的附加值，因而获得较低的经济租，靠近 U 形曲线两端的环节，在价值链中创造出较高的附加值，因而可以获得更多的经济租。

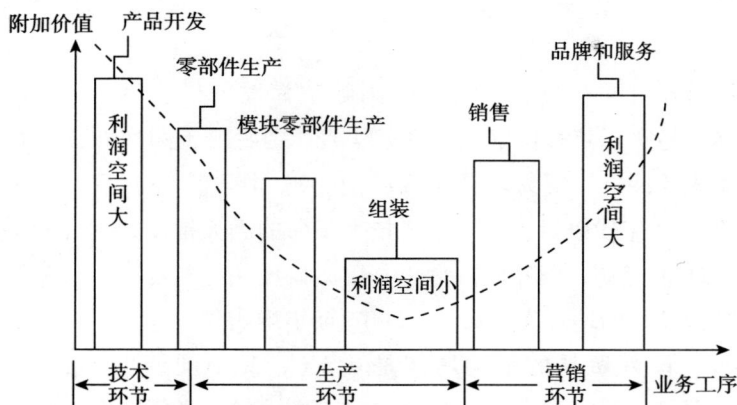

图 1.1 微笑曲线

面对迅速形成的全球市场和迅速发展的全球化潮流，跨国公司原有的发展战略、管理结构以及经营理念均逐步实现了转变。越来越多的跨国公司把过去的国发展战略调整为全球发展战略。全球经营已经成为企业经营的常态：他们或者在全球最适宜的地点设置采购中心、制造组装中心、研究开发中心、财务结算中心，以营销服务中心完善全球产业链；或者把价值链的若干环节进行外包，通过业务外包或公司内部的垂直一体化生产在全球范围内安排产品的生产环节，充分利用其他企业、其他国家的资源；或者通过与其他企业建立战略联盟以及并购其他企业，吸纳整合全球最优资源，打造全球产业链和完善全球产业系统。以 IBM 公司为例，作为全球一体化企业其已经形成生产国际化[①]。IBM 现在全球 17 个行业拥有 6 万人的专家资源，形成全球整合的知识资产储备；遍布全球的 IT 基础设施充分支持 IBM 全球一体化运行的技术需求；业务遍及 174 个国家和地区，员工超过 38.5 万，并且其中有将近 60% 的员工、56.9% 的收入产生于美国以外。这其中亚太地区的发展在 IBM 全球一体化整合中扮演着重要角色。很多发展中国家纷纷实行出口导向战略，主动加入全球价值链的生产分工之中。

---

① 资料来源：根据《IBM 全球整合之路》编写。

⋮⋮⋮ 1.2 世界贸易发展

在第二轮贸易全球化进程中，国际贸易发展极为迅速。1950～1973年，国际贸易实际年增长率达到8%以上，之后由于两次石油危机及随后的通货膨胀的冲击，贸易增长速度放慢。20世纪80年代后，贸易增长又开始加快。90年代以后，由于信息技术革命的巨大推动，国际贸易再次快速扩张。21世纪初，因互联网危机，用出口反映的贸易增长稍有下降，之后始终维持较高的增长率，2000～2007年年均增长率达6%。整个1950～2007年间，国际贸易的平均增速是6.2%，高于同期生产的增长速度。2008年爆发全球性金融危机，贸易增速有所下降，当年的增速只有2.5%，2009年为负增长（-12.0%），2010年有大幅回升到14.0%的增速①。

从各主要年份来看，如图1.2，1960年全世界的货物贸易出口额不过1300亿美元，1970年增长了近两倍上升为3170亿美元，1980年突破2万亿美元，1990年上升到3.4万亿美元，2000年几乎翻倍达6.5万亿美元，2008年突破16万亿美元，受金融危机影响，2010年的贸易规模为14.85万亿美元。图中我们也可以看到国际贸易的三大主要区域为北美、欧盟和亚洲。

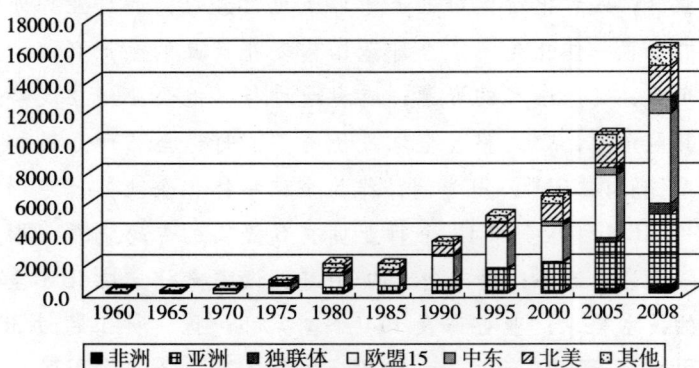

图1.2　世界及各地区的出口规模变化（10亿美元）

注：欧盟2005年和2008年为欧盟27国数据。独联体1990年之前没有数据。

数据来源：www.wto.org。

---

① 以上数据来源：WTO：*International Trade Statistics*，www.wto.org。

世界货物贸易中，农产品以及燃料和矿产品的比重趋于下降，与之相对，工业制成品的比重不断上升，其中主要是机械和交通设备产品出口比重增长的结果。80 年代以后这一趋势尤为明显，如表 1.8，工业制成品成为世界货物贸易的主导产品，其中又以机械产品和交通设备产品为主。

表 1.8　　　　　　　世界货物贸易出口的商品结构（％）

	1980 年	1990 年	2000 年	2008 年
农产品	14.7	12.2	9.0	10.9
食品	11.0	9.3	7.2	8.7
原材料	3.7	2.9	1.9	2.1
燃料和矿产品	27.6	14.3	13.1	9.8
矿砂和其他矿产品	2.1	1.6	1.0	2.5
燃料	23.0	10.5	10.2	6.0
有色金属	2.5	2.1	1.9	1.3
工业制成品	53.9	70.5	74.9	74.8
钢铁制品	3.8	3.1	2.3	1.6
化学制品	7.0	8.7	9.3	14.0
其他半成品	6.7	7.8	7.3	5.8
机械和交通设备	25.8	35.8	41.5	42.5
（交通设备）	6.5	9.4	9.2	16.8
（办公通信设备）	4.2	8.8	15.2	11.1
（其他机械）	15.2	17.6	17.1	15.1
纺织品	2.7	3.1	2.5	1.0
服装	2.0	3.2	3.2	0.3
其他制成品	5.8	8.8	8.8	9.6

数据来源：WTO：International Trade Statistics，www.wto.org。

世界货物出口的主要区域是欧洲、北美、亚洲和中东。如表 1.9，欧洲和北美出口占世界贸易的比重达 50％ 以上，21 世纪之后，该比重趋于下降。主要原因是中国经济的增长和独联体国家的复苏，以及最近几年因世界价格上涨，以出口原材料为主的非洲、中东、中南美地区出口比重也增加了。

表 1.9 世界货物出口的地区构成

	1950	1960	1970	1980	1990	2000	2008	2010
非洲	7.1	5.5	5.1	6.0	3.1	2.3	3.5	3.4
亚洲	16.3	13.4	13.3	15.9	23.0	28.5	29.2	31.6
日本	1.3	3.1	6.1	6.4	8.3	7.4	4.9	5.2
中国	0.9	2.0	0.7	0.9	1.8	3.9	8.9	10.6
欧盟 15 国	31.0	37.5	41.1	37.1	43.7	35.9	36.7*	34.7*
中东	2.9	3.0	3.1	10.4	4.0	4.2	6.5	6.0
北美	22.3	20.9	19.4	15.3	16.3	19.0	12.7	13.2
美国	16.6	15.8	13.6	11.1	11.4	12.1	8.1	8.6
独联体	–	–	–	–	1.7	2.3	4.4	4.0

注：＊为欧盟 27 国数据。

资料来源：WTO：Statistics Database，www.wto.org。

在世界贸易中，亚洲出口的比重不断上升。从 50 年代中期开始，日本大力发展外向型经济，出口规模不断扩大。数十年间日本出口在亚洲一直处于领跑地位。直到 90 年代后，由于东亚经济体和中国的竞争压力，日本的贸易比重明显下降。从 60 年代前期开始，东亚经济体（香港、马来西亚、韩国、新加坡、台湾和泰国）推行外向型政策成功，商品出口不断扩张，占世界出口的比重从 1963 年的 2.4% 上升到 1983 年的 9.7%。中国出口在 80 年代以后持续扩张，90 年代后增势更为强劲，1990～2007 年间在世界贸易中的比重增长了三倍。2007 年货物出口额跃居世界第二位，2009 年跃居世界第一。在 21 世纪后，中国取代日本，成为亚洲出口的领头羊。

世界货物贸易进口的地区构成与出口类似。其中北美尤其是美国的进口比重在 70 年代以后明显高于出口比重，这与美国长期贸易逆差的状况是一致的。

表 1.10 世界商品进口的地区构成 （%）

	1950	1960	1970	1980	1990	2000	2008	2010
非洲	7.0	6.1	4.5	4.7	2.8	1.9	2.8	3.1
亚洲	14.2	15.1	14.1	16.9	21.5	25.0	27.7	29.9
日本	1.5	3.3	5.7	6.8	6.6	5.6	4.6	4.6
中国	0.9	1.9	0.7	1.0	1.5	3.3	6.9	9.3

续表

	1950	1960	1970	1980	1990	2000	2008	2010
欧盟 15 国	36.5	38.9	42.7	40.8	43.9	35.7	38.2*	35.5*
中东	2.3	2.5	2.4	4.9	2.9	2.5	3.5	3.7
北美	20.8	17.3	18.0	16.5	19.3	25.1	17.7	17.8
美国	15.0	12.0	12.9	12.4	14.6	18.7	13.2	13.1
独联体	–	–	–	–	1.9	1.2	3.0	2.7

注：＊为欧盟 27 国数据。

资料来源：WTO：*Statistics Database*，www.wto.org。

1.3　世界贸易中的中国

自改革开放以来，中国在世界贸易中的地位日益上升，已经成为世界瞩目的贸易大国。

1.3.1　贸易规模

90 年代之后，中国出口的增长速度加快。2001 年中国加入 WTO，之后贸易规模更是急速扩张，货物出口规模在世界贸易中的排位逐年上升。2007 年，货物贸易出口超过美国，成为仅次于德国的第二大出口国。2009 年货物贸易出口超过德国，成为第一大出口国。但 2009 年属于非正常年份，因为受世界性经济危机影响，各国贸易规模普遍下降。

表 1.11　　　　　　　　　中国货物出口规模及世界排位

	中国出口额（亿美元）	占世界出口的比重（%）	位次
1990	621	1.8	15
1991	719	2.0	13
1992	849	2.3	11
1993	917	2.5	11
1994	1210	2.9	11
1995	1488	3.0	11
1996	1511	2.9	11

	中国出口额（亿美元）	占世界出口的比重（%）	位次
1997	1827	3.3	10
1998	1837	3.4	9
1999	1949	3.6	9
2000	2492	4.0	7
2001	2661	4.3	6
2002	3256	5.1	5
2003	4382	5.9	4
2004	5933	6.5	3
2005	7620	7.3	3
2006	9689	8.0	3
2007	12178	9.0	2
2008	14307	8.9	2
2009	12016	9.6	2
2010	15779	10.5	1

数据来源：国家统计局：《中国贸易外经统计年鉴2009》，中国统计出版社。

从图1.3可以看到，20世纪以后世界主要贸易国的货物出口都在快速扩张，但是中国扩张速度最快，不断超过其他主要货物出口大国的规模。

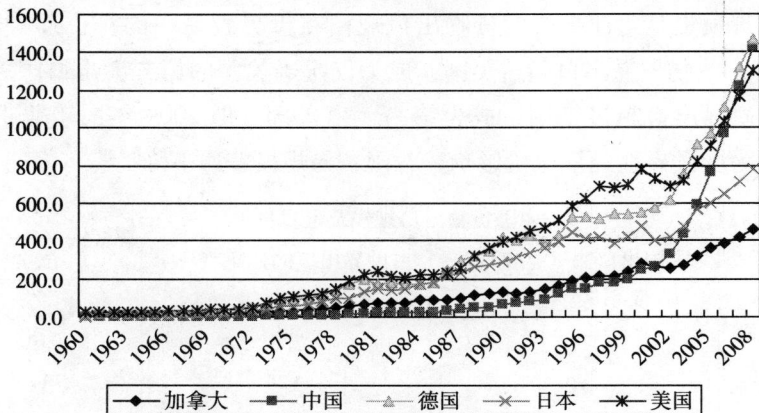

图1.3 世界主要货物出口大国的贸易规模

数据来源：www.wto.org.

相对货物贸易出口，中国服务贸易出口扩张的速度相对滞后，占世界总服务贸易的比重直到2008年还不到4%，而2008年中国货物出口占世界总出口的比重已达 8.9%。2010 年中国服务贸易出口占世界比重上升到 4.6%。

表 1.12　　　　　　　　　**主要贸易地区服务贸易的比重（%）**

国家/地区	1990 年	2000 年	2005 年	2008 年	2010 年
美国	17.0	19.1	14.6	13.8	14.0
欧盟	47.1	40.2	47.0*	46.4*	–
日本	5.3	4.8	4.1	3.9	3.8
中国	0.7	2.1	3.0	3.9	4.6
香港	2.3	2.9	2.6	2.4	2.9
韩国	1.2	2.0	1.8	2.0	2.2
新加坡	1.6	1.9	2.1	2.2	3.0
台湾	0.9	1.4	1.0	0.9	1.1

注：* 为欧盟 27 国数据。

数据来源：WTO：International Trade Statistics，www.wto.org。

另外，中国货物贸易出口的快速扩张得益于以外商投资企业为主导的加工贸易的大力发展。图 1.4 显示，90 年代以来，加工贸易以与一般贸易同等的速度在快速扩张，成为中国对外贸易的半壁江山。

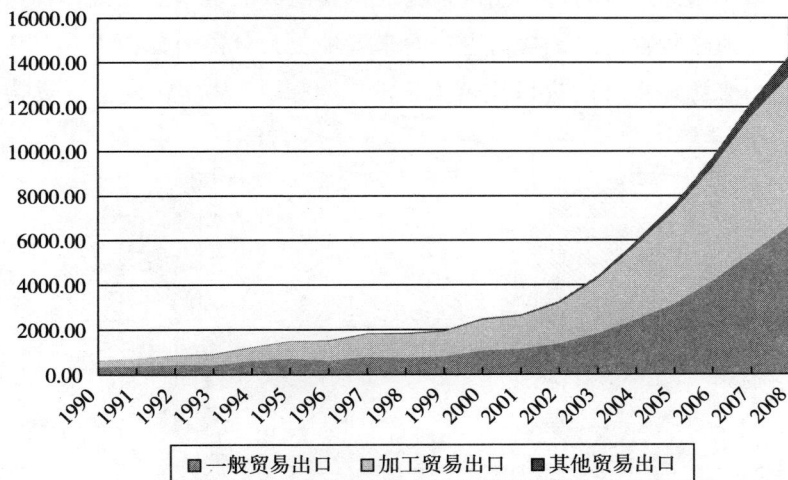

图 1.4　不同贸易方式下中国的货物贸易出口（亿美元）

数据来源：国家统计局《中国统计年鉴 2009》。

1.3.2 货物贸易的地区结构

中国货物贸易出口的主要地区是美国、欧盟、日本及东亚其他地区。2000 年，最大的出口对象国是美国，2008 年为欧盟 27 国。从趋势上看，出口地区越来越分散，如图 1.5，对主要出口地区之外的出口由 2000 年的23% 增加到 2008 年的 33%。

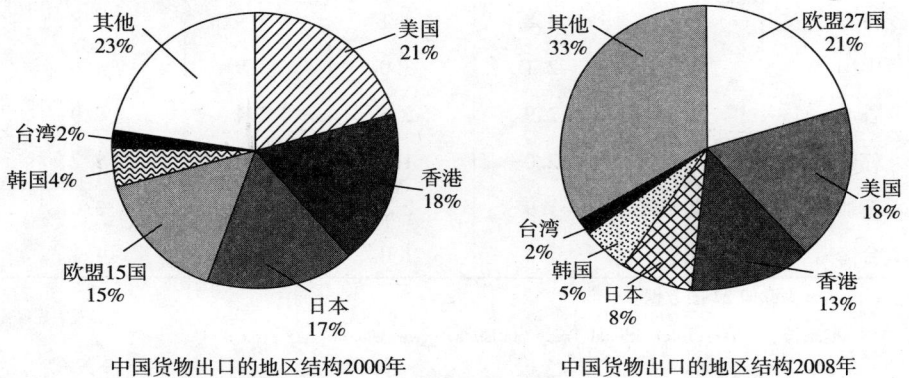

中国货物出口的地区结构2000年　　中国货物出口的地区结构2008年

图 1.5　中国货物贸易出口的地区结构

数据来源：WTO：*International Trade Statistics*，www.wto.org。

日本是中国最大的货物进口来源地，其他依次是欧盟、台韩、美国和香港。相对于货物出口，货物进口的来源地更为分散。如图 1.6，2000 年主要进口来源地之外的进口比例为 32%，2008 年为 48%，将近货物总进口的一半。

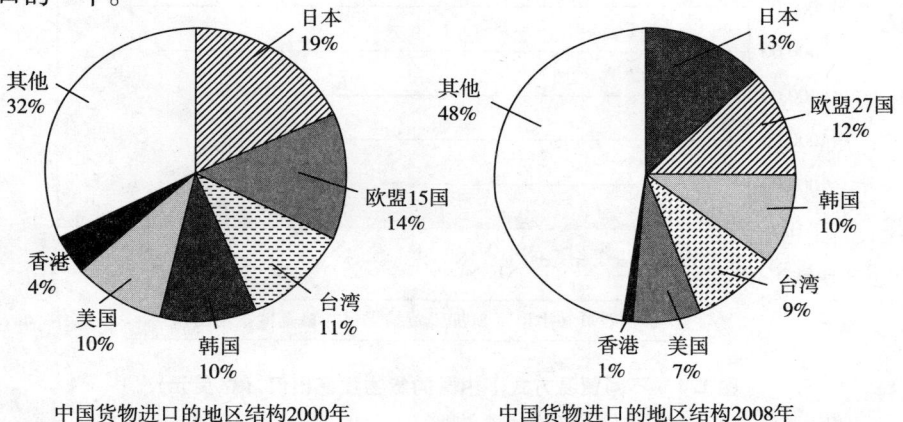

中国货物进口的地区结构2000年　　中国货物进口的地区结构2008年

图 1.6　中国货物贸易进口的地区结构

1.3.3　货物贸易的商品结构

从货物出口的商品结构上看，中国农产品和矿产品的出口比重趋于下降，工业制成品比重不断上升，尤其是 90 年代以后，扩张速度明显加快，高于表 1.8 中所示的世界平均水平。其中机械和交通设备产品、尤其是办公和电信设备产品出口的大力扩张是工业制成品出口比重上升的主力，这与世界整体贸易结构变化的路径一致。与此同时，中国具有传统优势的纺织品和服装出口的比重相对下降。

表 1.13　　　　　　　　　**中国货物出口的商品结构**

商品类别	1980	1985	1990	1995	2000	2005	2008
农产品	24.2	22.8	16.3	10.1	6.6	3.8	3.0
食品	17.3	15.6	12.7	8.3	5.5	3.2	2.5
燃料和矿产品	27.4	28.4	10.6	5.7	5.0	4.1	3.8
燃料	–	–	8.2	3.6	3.2	2.3	2.2
工业制成品	48.1	36.3	71.3	84.0	88.3	91.9	93.0
钢铁制品	1.3	0.4	2.1	3.5	1.8	2.5	5.0
化学制品	6.3	0.0	6.0	6.1	4.9	4.7	5.5
机械和交通设备	4.7	–	17.4	21.1	33.1	46.2	47.1
（汽车）	0.3	–	0.4	0.4	0.6	1.3	2.0
（办公和电信设备）	0.4	0.4	5.0	9.7	17.5	29.7	26.7
纺织品	14.0	13.5	11.6	9.3	6.5	5.4	4.6
服装	9.0	9.0	15.6	16.1	14.5	9.7	8.4

资料来源：根据 WTO 贸易统计数据库的数据计算得出，www.wto.org。

表 1.14 显示，中国对欧美出口的商品更明显集中于工业制成品，对香港的出口大多转口欧美，所以出口结构基本相似。对日韩台的出口中，农产品和矿产品的出口比重稍高。

表 1.14　　2008 年中国对主要贸易伙伴货物出口的商品结构（%）

货物类别	欧盟 27 国	美国	日本	香港	韩国	台湾
农产品	2.4	2.2	6.9	1.8	4.5	2.9
食品	1.8	1.9	6.1	1.7	3.9	2.1
原材料	0.6	0.4	0.8	0.1	0.5	0.8
燃料和矿产品	2.2	1.8	6.0	4.3	9.7	8.4
矿砂及其他矿产品	0.4	0.2	0.6	0.0	0.8	0.9
燃料和矿产品	0.9	0.9	4.0	2.4	4.8	4.4
有色金属	1.0	0.7	1.4	1.8	4.1	3.1
工业制成品	95.4	95.9	86.4	93.8	85.9	88.4
钢铁制品	3.3	3.0	2.7	0.9	19.9	7.7
化学制品	4.5	3.9	6.5	2.3	6.7	13.0
其他半成品	7.8	8.2	6.3	3.2	6.3	5.7
机械和交通设备	50.8	48.0	39.0	63.5	39.3	46.8
办公和电信设备	31.3	30.7	18.9	45.6	25.1	26.0
交通设备	5.7	4.1	4.0	2.9	3.1	3.6
其他机械	13.8	13.2	16.1	15.0	11.0	17.1
纺织品	3.0	2.7	3.1	4.4	2.8	1.5
服装	10.3	7.3	15.2	4.1	4.5	1.5
其他制成品	15.6	22.9	13.6	15.4	6.3	12.1

数据来源：WTO：*International Trade Statistics* 2009，www. wto. org。

中国进口商品中，农产品的比重明显下降，燃料和矿产品的进口比重上升较快。工业制成品的进口比重也呈现上升之势，尤其是机械和交通设备产品。相较出口结构，不难发现中国在机械产品上已出现明显的行业内贸易。

表 1.15　　　　　　　　　　中国货物进口的商品结构

货物类别	1980	1985	1990	1995	2000	2005	2008
农产品	32.8	11.2	14.8	12.3	8.7	6.9	7.7
食品	16.3	4.4	8.7	7.0	4.0	3.3	4.4
燃料和矿产品	5.2	6.0	5.3	8.4	15.2	18.2	27.2
燃料	–	–	2.4	3.9	9.2	9.7	15.0

续表

货物类别	1980	1985	1990	1995	2000	2005	2008
工业制成品	61.9	82.8	79.9	79.4	76.1	75.0	65.1
钢铁制品	11.3	17.8	5.4	5.2	4.3	4.0	2.4
化学制品	14.5	–	12.6	13.2	13.5	11.8	10.6
机械和交通设备	26.6	–	40.5	40.1	41.2	44.1	47.1
（汽车）	3.7	–	3.4	2.0	1.7	2.1	2.6
（办公和电信设备）	2.8	8.4	7.6	10.9	19.9	24.4	20.5
纺织品	5.6	5.1	10.0	8.3	5.7	2.4	4.6
服装	0.2	0.0	0.1	0.7	0.5	0.2	8.4

资料来源：根据 WTO 贸易统计数据库的数据计算得出，www.wto.org。

综上所述，全世界国际贸易的快速发展不是一个连续的过程，经历了两次全球化。在二战之后的第二次全球化进程中，国际贸易有了更为突飞猛进的发展，贸易对 GDP 的比率上升显示了贸易依存度的提高。就贸易的产品结构而言，制造业贸易的增长最快，近期服务贸易也开始快速增长，初级品贸易的比重趋于下降。主导贸易产品是计算机、汽车、石油、纺织品等，主要贸易方是美国、德国、中国和日本。在不同的收入集团，贸易依存度差距非常大，高收入国家的贸易依存度大于低收入国家。一半以上的贸易发生在发达国家之间，只有 12% 的贸易发生在发展中国家之间。出口商品的种类与一国的人均收入水平有关，人均收入越低的国家，出口商品结构越单一，并且出口商品主要为初级产品。另外，相邻的国家之间贸易较多。全球生产分割的主要原因是贸易与 FDI 的扩张，约 1/3 的国际贸易是企业内部贸易。从企业层面来看，即便是在具有很大竞争优势的出口行业，也只有少数企业出口。通常出口企业的生产率要高于非出口企业。随着中国经济的崛起，中国在世界贸易中的地位不断上升，目前已经成为世界第一大出口国。尽管中国的人均收入与发达国家还有着巨大差距，但中国的出口结构与世界出口结构基本相似，然而这并不意味着中国产品的竞争力已经向发达国家看齐。

第 2 章
比较优势与中国的加工贸易

在劳动力上的比较优势是中国参与国际分工与国际贸易的基础。加工贸易是中国参与国际分工的基本形式，由此也决定了中国在国际分工中的地位与角色。

2.1　比较优势与比较优势贸易理论

2.1.1　比较优势

直到最近，世界上大多数的贸易结构还是由比较优势予以解释的。比如中国的对外贸易结构。因为中国人口众多，劳动力便宜，所以中国在劳动密集型产品的生产上有比较优势，主要出口劳动密集型产品。

什么是比较优势？顾名思义，就是相较而言的优势、即相对优势。生活中，比较优势的例子比比皆是。一位律师做了母亲之后必然面临这样的选择：是退职在家照顾孩子，还是继续工作、雇一个保姆照顾孩子？毫无疑问，相较保姆，律师在职业上拥有绝对优势，其月薪可达万元，而保姆的月薪只有千元左右。假设律师是一个称职的母亲，在照顾孩子方面当然也比保姆好得多。且不论孩子的感受以及母亲照顾孩子的亲情享受，从经济学的角度来看，律师雇佣保姆照顾孩子是明智之举，因为律师在职业上的优势更大。就是说，律师在职业上具有比较优势，她在照顾孩子上虽然也处于绝对优势，但是相对优势小，故而处于相对劣势的地位。简言之，比较优势就是两优取其最优、两劣取其次劣。

比较优势是经济学中最为基础的理念之一。在国际贸易理论中，对比较优势的定义是，一国生产一种商品的相对成本低于另一国生产同种商品的相对成本。举个简单的例子来说明：美国生产 1 吨大米需要投入 10 个工人，而中国需要投入 18 个工人；美国生产一件衬衫需要投入 2 个工人，而中国需要投入 3 个工人。相对于生产一件衬衫，美国大米的相对生产成本为 5，中国大米的相对生产成本为 6，美国大米的相对生产成本低于中国大米的相对生产成本，表明美国大米的生产具有比较优势。反过来，美国衬衫的相对生产成本为 1/5，中国衬衫的相对生产成本为 1/6，中国衬衫的相对生产成本低于美国衬衫的相对生产成本，表明中国在衬衫的生产上具有比较优势。与比较优势相对的概念是绝对优势。指的是一国生产某种商品的成本绝对地低于另一国。在上面的例子中，美国生产大米与衬衫的成本都低于中国，因而美国在这两种商品的生产上都具有绝对优势。其中，美国在大米生产上的绝对优势大于在衬衫生产上的绝对优势。实际上，绝对优势大的商品就是美国的比较优势水平，而绝对优势小的商品是其比较优势劣势商品。对于中国而言，绝对劣势小的商品（衬衫）是其比较优势商品，绝对劣势大的商品是其比较劣势商品。

就像律师因为在职业上拥有比较优势而选择出去工作同时雇佣保姆照顾孩子更有利一样，一国分工生产自己具有比较优势的产品出口换取自己比较劣势的产品，比自给自足更为有利。接下来需要进一步解释的是，什么原因导致一国在某些商品上具有比较优势？

2.1.2　技术水平不同带来的比较优势

古典经济学家李嘉图认为技术水平的不同是各国存在比较优势的原因。李嘉图的这一结论是在一系列假设条件下得出来的，如市场完全竞争，不存在交易成本，商品生产具有规模报酬不变的特征，各国资源禀赋固定不变以及国际间生产要素不能自由流动等等，这些都是古典经济学的基本假设。另外，李嘉图还假设劳动力是生产过程中的唯一投入品，如此一来，生产技术就体现为商品生产所需投入的劳动时间。单位商品生产所需劳动时间少、或者说一单位劳动可以生产更多的商品意味着技术水平高，单位商品生产所需劳动时间长、或者说一单位劳动投入生产出的商品数量少意味着技术水平低。

想象一个简单的世界经济，只有中国和美国两个国家，生产任何商品都只投入唯一的生产要素——劳动力，两国都只生产两种同质商品：钢铁和棉花。同质意味着每一种商品在两国是完全一样的。美国生产两种商品的技术都高于中国，意味着美国投入一单位劳动力得到的钢铁和棉花产量都比中国要大，很明显，美国在两种产品上都具有绝对优势。但是优势的程度可能不同，假设美国在钢铁生产上的技术优势更大，在棉花生产上的优势相对较小。根据前述比较优势的定义，美国在钢铁生产上有比较优势，在棉花生产上处于比较劣势。相对地，中国在棉花生产上有比较优势，在钢铁生产上有比较劣势。明确了各自的比较优势产品之后，李嘉图认为两国应该专业化生产并出口自己具有比较优势的商品，进口自己比较劣势的商品，要比两国同时生产两种商品进行自给自足更有利。其中，两国的贸易结构为美国出口钢铁进口棉花，中国出口棉花进口钢铁。

中国专业化生产自己劣势相对较小的棉花，进口成本更低的钢铁，自然受益了。问题是，美国放弃成本更低的棉花生产，从中国进口成本更高的棉花，岂不亏了吗？其实不然。借助一些简单的数字很容易说明贸易带来的互利。

假设两国的要素规模相同，都有 7200 个工人。中国生产 1 吨钢铁需要 120 个工人，生产 1 吨棉花需要 100 个工人，美国生产 1 吨钢铁需要 40 个工人，生产 1 吨棉花需要 80 个工人。显然，美国生产两种商品的劳动生产率都比中国高，生产钢铁的劳动生产率是中国的 3 倍，生产棉花的劳动生产率是中国的 1.25 倍，美国在钢铁的生产上具有更大的技术优势。如果贸易被禁止，两国都只能自给自足，中国国内的交换价格是 1 吨钢铁换 1.2 吨棉花，或者 1 吨棉花换 5/6 吨的钢铁，美国国内的交换价格是 1 吨钢铁换 0.5 吨棉花、或者 1 吨棉花换 2 吨的钢铁。如果两国开放贸易，根据李嘉图的比较优势理论，中国将专业化生产棉花，美国专业化生产钢铁。假设交换价格是 1∶1，即中国出口 1 吨棉花可以换回 1 吨钢铁，而中国自给自足时 1 吨棉花只能换取 5/6 吨钢铁；美国出口 1 吨钢铁可以换回 1 吨棉花，而自给自足时 1 吨钢铁只能换取 0.5 吨棉花。显然，通过专业化生产并互换产品，两国都能够消费更多的商品。

两国在贸易中互利的程度与交换价格（国际价格）有关。在上例中，美国获利的程度大于中国，这是因为贸易价格与美国自给自足时的价格差距更大。如果国际价格与一国自给自足时的价格一致，贸易就不会带来任何收益。所以尽管两国存在国际贸易的基础——在不同的产品上有比较优势，但如果不满足一定的价格条件，贸易也不会发生。在这种情况下，还需要进一步讨论国际交换价格是如何决定的。

2.1.3　要素禀赋不同带来的比较优势

李嘉图假设劳动力是生产过程中唯一的投入要素。在这一假设下，比较优势唯一的来源就是两国劳动生产率的不同。现实经济中，商品生产通常需要投入多种要素，比如资本、土地、能源、人力等等。而且，不同商品所需投入的要素结构也是不同的，农产品主要投入的是土地资源，钢铁生产需要更多地投入资本，而飞机制造除了需要投入大规模的资本，还需要尖端技术。这时，如果两个国家拥有的要素规模有差异，他们在生产同种产品上的优势是不一样的。比如一个土地资源丰富的国家在农产品上的生产优势必定大于一个石油储量丰富的国家。于是，国家之间不同的资源禀赋决定了各自的比较优势，各国自给自足时的价格水平因此而有所不同，这就是国际贸易的基础。

要素禀赋理论就是基于要素禀赋差异的比较优势理论，是由两名瑞典经济学家赫克歇尔和俄林提出来的，因而又被称为赫克歇尔—俄林模型。赫克歇尔—俄林模型假设了一个两个国家、两种商品和两种生产要素的简单经济世界，与李嘉图比较优势理论不同的是，多考虑了一个生产要素——资本。两个国家的区别在于它们拥有不同的要素禀赋，比如中国和美国，中国拥有相对更多的劳动力，美国拥有相对更多的资本。需要注意的是，这一模型中的比较优势依然是相对的概念，美国资本和劳动力的绝对数量也许都比中国多，但是资本相对更多，这时我们可以定义为美国是相对资本充裕的国家，中国是相对劳动力充裕的国家，尽管中国劳动力的绝度数量可能低于美国。

赫克歇尔—俄林认为，两种商品的区别在于生产过程中投入要素的相对比例不同，钢铁的生产中需要投入相对更多的资本，棉花的生产中需要投入相对更多的劳动力。一种商品生产中投入的资本和劳动力的相对比例被称为商品的要素密集度，当然，要素密集度依然是个相对概念。从绝对量上来说，钢铁生产中投入的资本和劳动可能都比棉花生产中投入的要多，但是资本相对投入的可能更多，即资本—劳动投入比高于棉花生产中资本—劳动投入比，就可以称钢铁是资本密集型商品。换个角度看，棉花生产中劳动—资本投入之比要高于钢铁生产中的劳动—资本投入之，所以棉花是劳动密集型产品。

有了上述假定，结论就显而易见了，资本相对充裕的美国必然在资本密集型产品钢铁的生产有优势，劳动力充裕的中国必然在劳动密集型产品棉花的生产上有优势。因为这个优势是相对的，所以是比较优势。赫克歇尔—俄林模型认为，两国基于比较优势分工生产，美国出口钢铁进口棉花，中国出口棉花进口钢铁，双方都将从贸易中获益。

赫克歇尔—俄林模型说明，一个国家倾向于生产和出口密集使用其相对丰裕要素生产出来的产品。本章开始提到的一些贸易现象都可以由该模型解释，如巴西出口咖啡豆、美国出口飞机，再如中国出口服装、鞋类等轻工业品、德国出口精密仪器、日本出口汽车等等。

上述逻辑缜密的结论是建立在一些极端假设基础上的，比如只有两种生产要素、生产技术完全相同、需求相同、完全竞争和没有贸易成本等，这些极为苛刻的假定使定理的适用性成为问题。对赫克歇尔—俄林理论的适用性研究从上世纪 40 年代就开始了，里昂惕夫利用美国 1947 年的投入产出表对赫克歇尔—俄林理论进行了验证，表 2.2 的结果表明，美国进口品的资本—劳动投入之比与其出口品的资本—劳动投入之比相比，高出大约 30%。考虑到战争刚结束的外部影响因素，里昂惕夫又对 1951 年的数据进行了验证，结论基本一致。这些数据表明美国进口的是劳动密集型商品，出口的是资本密集型商品。因此，里昂惕夫得出结论，美国参加国际分工是建立在劳动密集型生产的专业化基础上，而不是建立在资本密集型生产的专业化基础上。而人们通常认为美国是世界上资本相对充裕的国家，根据赫克歇尔—俄林理论，美国应出口资本密集型商品，进口劳动密集型商品。可见，美国现实的贸易结构与理论预测正好相反，这就是著名的"里昂惕夫悖论"。

表 2.1　　　　　　　美国进出口货物中投入的资本—劳动比率

年份	100 万美元货物贸易	使用资本（千美元）(1)	使用劳动（年）(2)	资本—劳动比率（美元/年）(3) =（1）/（2）
1947	出口	2550	182	14011
	进口	3091	170	18182
1951	出口	2257	174	12977
	进口	2303	168	13726

资料来源：Leontief, Wassily, W., "Domestic Production and Foreign Trade: The American Capital Position Re-examined," *Proceedings of the American Philosophical Society*, 97, September, 1953, pp. 332-349.

里昂惕夫本人并没有质疑赫克歇尔—俄林原理的解释力，他认为美国劳动者的生产率比较高，大约是其他国家的 3 倍，如果以其他国家劳动者的生产率来折算，美国劳动者的数量应该扩张 3 倍。这样一来，美国就成了劳动充裕的国家，所以美国出口劳动密集型产品。但是里昂惕夫的检验结果还是引发了大量的后续研究，从不同角度讨论为何赫克歇尔—俄林原理的解释力低。首先一点，只考虑两个国家、两种产品和两个生产要素，对现实世界的刻画显然过于简单话了。后来的经济学家研究了几乎所有可能的情形——相同数量产品和生产要素，产品数量大于要素数量，生产要素数量大于产品数量，以及有 C 个国家、N 个产品和 M 种生产要素。大量研究的结果和观点虽有细微差别，但总的来说，在更大范围内比较优势的基本结论还是成立的，就是说，赫克歇尔—俄林模型在一般意义上可以成立。斯托帕—萨缪尔森定理和雷布津斯基定理在纯粹意义上可以成立，但是并不能在更广泛的范围内适用。

Sachs and Shatz（1994）利用 1990 年的中美贸易数据对赫克歇尔—俄林理论进行了验证。根据赫克歇尔—俄林理论，中美之间的贸易模式取决于两国的要素禀赋。美国人力资本和技术相对丰富，非熟练劳动力缺乏，而中国拥有大量非熟练劳动力，所以美国应该向中国出口熟练劳动力密集型商品，而中国应该向美国出口非熟练劳动力密集型商品。他们将 131 个样本产业分为十组，如表 2.2，按行业的技术含量高低排列，第一组产业的技术含量最高，第十组的技术含量最低。

表 2.2　　　　　　　　　　　中美贸易结构

组号	技术组	中国对美国出口的百分比	美国对中国出口的百分比
1	杂志、办公与计算机设备	4.8	7.7
2	客机及零部件、工业无机物	2.6	48.8
3	机械、涡轮机、油脂和石油	3.9	21.3
4	水泥、非电力探测锤和加热设备	11.5	4.3
5	手表、计时器、玩具和运动品	18.9	6.3
6	木制品、鼓风炉、生铁	8.2	1.3
7	造船和修船、家具和设备	4.1	2.8

组号	技术组	中国对美国出口的百分比	美国对中国出口的百分比
8	香烟、摩托车、钢铁铸造	5.2	1.8
9	编织、羊毛、皮革加工和制成品	17.2	0.4
10	童装、非橡胶鞋	23.5	5.2

资料来源：Jeffrey Sachs and Howard Shatz, 1994, "Trade and Jobs in U. S. Manufacturing." *Brookings Papers on Economic Activity*, I.

美国对中国的出口明显集中在技术含量高的行业，前三组的出口占美国对中国总出口的77.8%；而中国对美国的出口则主要是技术含量低的行业，后两组的出口占中国对美国总出口的40.7%。中美贸易结构基本符合赫克歇尔—俄林理论的结论。

2.2 比较优势、国际贸易与技术溢价

2.2.1 斯托帕—萨缪尔森定理

要素禀赋决定的贸易结构对贸易双方带来什么影响呢？在劳动充裕的国家，因劳动力的价格相对较低形成了劳动密集型产品的价格优势。该国在自给自足时只生产满足本国需求的产品数量，参与国际贸易后，它将不断扩大劳动密集型产品的生产以满足出口。在此过程中，生产要素从资本密集型产转向劳动密集型产业，由于劳动密集型产业需要相对更多的劳动力，而资本密集型行业转出的资本相对更多，导致要素市场上的供求失衡：劳动的供不应求和资本的供过于求。于是，劳动的相对价格上升、资本的相对价格下降。可见，随着贸易的扩张，劳动充裕国家的劳动力优势逐渐减弱，两国劳动力价格的差距不断缩小。同理，资本充裕国家随着资本密集型产品生产和出口的扩张，资本的价格趋于上升，劳动力的价格趋于下降。最终，两国的要素价格趋同。这就是所谓的要素价格均等化原理：贸易使两国要素价格趋同。

这是一个很有意思的结论，两国因为要素价格差异进行的国际贸易，

结果却是要素价格趋同。要素价格一旦趋同，商品价格也就没有优势或劣势可言，两国也就不再有进一步拓展的贸易空间；除非另有原因。当然，在现实经济中，由于存在运输成本等原因，我们并没有看到各国的要素价格因国际贸易而完全趋同。但是贸易造成要素价格的变化还是实实在在存在的。

要素价格的变化必然影响到要素所有者的收入，进而影响一国的收入分配。斯托帕—萨缪尔森定理表明，一国贸易后充裕要素所有者的实际收入水平会提高，稀缺要素所有者的实际收入水平会下降。简单地说，就是在劳动充裕的国家，贸易将改善劳动者的实际收入，而使资本所有者的实际收入恶化。在资本充裕的国家，贸易改善的是资本所有者的实际收入，使劳动者的实际收入恶化。这一结论极具震撼力。因为贸易理论告诉我们说贸易是双赢的，贸易双方的福利都会得到改进。而斯托帕—萨缪尔森定理说的是，尽管每个国家总体上是获益的，但并不是人人都从贸易中获益，只有某些人得到好处，同时还有另一些人的利益是受损的。认识到这一点，就不难理解为何存在各种贸易保护了，毕竟，有人在自由贸易中受损了。

以劳动充裕的国家为例，对外开放后，该国将增加劳动密集型商品的生产，长期内要素将从资本密集型行业向劳动密集型行业流动，要素市场上对劳动的需求增加，推动工资水平上涨。于是，两个行业中都将出现资本对劳动的替代。资本投入相对增加将使两个行业劳动的边际生产力提高、资本的边际生产力降低。与此同时，劳动相对价格的上升导致劳动密集型商品的相对价格上涨。因为一个行业的工资水平取决于该行业劳动创造的边际产品的价值，即劳动的边际生产力与产品价格的乘积，所以劳动密集型商品的价格上升与劳动的边际生产力提高，意味着长期内劳动密集型行业的工资水平上升。而在资本密集型行业，虽然劳动的边际生产力上升，但资本密集型产品的价格下降，所以资本密集型行业的工资水平变动方向不确定。再来看资本的收入——利润率。资本密集型商品价格下降的同时资本的边际生产力降低，所以，长期内资本密集型行业的利润率水平必定下降。而在劳动密集型行业，商品价格上升的同时，行业资本的边际生产力下降，所以劳动密集型行业的利润率水平变动也不确定。但我们知道，在完全竞争的要素市场上，劳动和资本在行业间的自由流动必定带来工资和利润率水平在长期内相等。贸易后如果劳动密集型行业工资水平上升，则资本密集型行业的工资水平最终也将上升，即劳动生产力上涨对工资的影响大于资本密集型商品价格下跌对工资水平的影响，所以长期内充裕要素的价格——工资水平上升。同样，如果贸易后资本密集型行业的资本收益下降，那么长期内劳动密集型行业的资本收益也将下降，所以长期内一国稀缺要素的价格将下降。

在劳动密集型行业，工资水平上升是由劳动密集型商品价格上涨以及劳动生产力提高共同带来的，所以工资水平的上涨幅度必然大于劳动密集型商品价格的上涨幅度。所以用劳动密集型视频价格衡量的实际工资水平是上升的。另一方面，资本密集型商品的价格是下降的，所以资本密集型商品衡量的实际工资水平也是上升的。同样，利润率水平的下降是资本密集型商品价格下降与资本生产力降低共同造成的，所以利润率下降的幅度大于资本密集型商品价格下降的幅度，而劳动密集型商品的价格是上升的，所以无论用资本密集型商品还是用劳动密集型商品来衡量，资本的实际收益都是下降的。劳动价格上涨的幅度大于劳动密集型商品价格上涨的幅度，资本价格下跌的幅度大于资本密集型商品价格下降的幅度，这种相关性被称为放大效应（magnification effect），即贸易后，一种要素价格变化的百分比大于密集地投入这种要素所生产出的产品的价格变动百分比。

贸易对要素所有者收入的不同影响导致了他们对待贸易的态度不同。充裕要素所有者会支持自由贸易，而稀缺要素所有者则反对自由贸易。美国的农业生产者以及资本和技术密集型行业的所有者总是倾向于自由贸易，而劳动者则要求实行贸易保护。

2.2.2 技术溢价

熟练工人（skilled labor）工资与非熟练工人（unskilled labor）工资的比率被称为技术溢价，一般用具有大学学历工人的平均工资与只具有高中学历工人平均工资的比率衡量这一指标反映。上世纪80年代以来，美国制造业生产工人（非熟练工人）与非生产工人（熟练工人）工资差距不断拉大。与此同时，美国制造业生产工人与非生产工人的相对就业比率也呈上升之势，供给因素显然不是造成工资差距不断扩大的原因。

围绕需求因素如何影响了美国的技术溢价，在上世纪90年代，经济学家们展开了大论战，劳动经济学、贸易经济学以及更多领域的学者都卷入了其中，尤以 Leamer（1993，1994）与 Krugman（1995）之间的争论最为激烈。以 Leamer 为代表的研究者认为在过去的 20 年间新兴工业国出口的增长是美国工资差别扩大以及西欧失业的主要原因。Wood（1985）计算了发达国家出口品和进口品熟练工人与非熟练工人的使用量，发现贸易导致发达国家对非熟练工人的需求降低了 22%。Leamer（1996）利用 20 世纪80 年代美国 450 个 4 位数商品分类的行业产品价格、技术进步和初始要素比例，计算了贸易模式变化对要素价格变化的影响，发现贸易对非熟练工人相对工资下降影响的贡献度高达 40%。Sachs 和 Shatz（1994）利用美国1978～1989 年的行业数据分析发现，贸易提高了美国熟练劳动密集产品相对价格，进而提高了美国的工资差距。

　　然而，从 90 年代开始，学者们发现国际贸易无论在解释发达国家还是发展中国家的技术溢价问题时都遇到了困难。在发达国家，这一理论应用的困难在于，一些学者提出发达国家进口产品中发展中国家产品较小的进口渗透率似乎不能解释其技术溢价的重大变化，虽然发展中国家对发达国家的工业制成品出口额从绝对量上有很大增长，但是相对于发达国家 GDP的规模而言依然微不足道。比如 1990 年所有 OECD 国家从发展中国家进口的工业制成品总额占其 GDP 的比重仅为 2%。如此小的进口渗透率似乎很难对发达国家的工资结构产生重大影响。Krugman（1995）利用一个简单的赫克歇尔—俄林一般均衡模型发现，2.2% 的进口渗透率只能使美国熟练工人的相对工资上升 3%。而在发展中国家，如果斯托帕—萨缪尔森定理适用，国际贸易将减小这些国家熟练工人和非熟练工人的收入差距。但事实正好相反。从 90 年代开始，不仅在中国，在墨西哥、哥伦比亚、阿根廷、巴西、智利和印度等大部分发展中国家都出现了熟练工人与非熟练工人收入差距与贸易扩张 "齐头并进" 的情况。Xu and Li（2008）的测算表明中国熟练工人与非熟练工人间的相对工资比率在上世纪 90 年代以后持续增长，1993 年仅为 1.17，2005 年已上升到 2.44，1993～2005 年间工资差距的年均增长速度为 11%。

　　而以 Krugman 为代表的大部分经济学家则认为工业国从低工资国家进口的非石油产品仅占工业国 GDP 的 3%，所以贸易不可能是过去 20 年美国非熟练工人真实工资大幅下降的主要原因，贸易可能加速了旨在节约劳动的创新，但对工资差距的直接影响并不大，其影响率不过10%~15%；技术进步才是最重要的原因，如很多工作的自动化和计算机化导致对非熟练工人需求的大幅下降。Acemoglu（1998，2003）均明确指出认为技术偏向型的技术进步是解释美国技术溢价上升、发展中国家技术溢价上升的主要原因。

Feenstra and Hanson（1996）发展的外包模型引入了资本流动，解释了发达国家与发展中国家共同存在技术溢价的现象。每个企业都雇佣熟练工人和非熟练工人，从事一系列技术密集度不同的生产任务。在技术较为发达的国家，熟练工人的从相对成本较低，所以技术发达国家主要分工技术密集型生产环节，而劳动力充裕的国家分工劳动密集型生产环节。这时，如果资本从技术发达国家向技术落后国家流动，在技术落后国家组织生产，意味着一部分生产环节从技术发达国家外包到技术落后国家，两个国家对熟练工人的相对需求都增加，均会出现技术溢价。该模型认为贸易和投资使工业化进程中的国家不断从事越来越技术密集型的生产环节，进而加大了对熟练工人的相对需求，提高了技术溢价。Feenstra and Hanson（1997）的经验研究发现，1979~1990年间美国技术溢价的提升中有20%~35%可以由电脑的使用解释，而有15%~25%则可以由跨国公司和外包生产形式的发展解释。唐翔（2009）提出了一个南北加工贸易的一般均衡模型，认为南北加工贸易在事实上实现了生产要素的跨国流动，从而打破了传统的赫克歇尔—俄林国际贸易模型，富于创造性地证明了较小的进口渗透率可以对北方工资结构产生重大影响。Hsieh and Woo（2005）分析了香港1976~1996年间相对工资差距与外包活动的关系，分析结果也表明，香港熟练工人与非熟练工人之间相对工资差距的扩大主要归因于对中国大陆的外包活动。

在技术溢价的"贸易论"和"技术论"之外，另一些学者从国际贸易的技术溢出效应的视角出发，分析贸易自由化带来的研发激励、技术进步对技术溢价的影响。Pissarides（1997）利用一个一般均衡模型的分析指出，国际贸易的研发溢出是偏向熟练工人的，这使得发展中国家提高了对熟练劳动的相对需求，扩大了相对工资差距。Robbins and Gindling（1999）对哥斯达黎加的研究发现物质资本设备的进口促进该国的技术进步，进而增加了对熟练劳动的需求和工资收入。Dinopoulos and Segerstrom（2001）

的两国增长模型表明，行业中每个企业都通过研发不断增强自己的技术优势。拥有最先进技术的企业占领整个市场，但根据技术第二先进企业的边际成本定价。贸易自由化则增强了两国企业的研发动机，尤其在技术密集型行业更为明显，研发的增加会提高两国对熟练工人的相对需求，进而增强技术溢价。Neary（2003）关于同质两国的模型假定每个国家都有很多古诺竞争的寡头，每个寡头都想通过增加研发获得竞争优势，结果导致熟练工人相对需求增加，进而提高技术溢价。Fajnzylber and Fernandes（2004）分析了国际技术溢出对东亚和拉美国家劳动力技能需求和工资差距的影响，分析结果表明，巴西、中国和马来西亚通过 FDI 和进口中间投入品产生的研发溢出都提高了熟练工人的就业和工资。Conte and Vivarelli（2007）利用 28 个国家 23 个制造业部门的数据的分析认为，技能偏向的研发溢出是导致低收入和中等收入国家相对工资差距扩大的重要原因。

关于中国熟练工人与非熟练工人之间的收入差异问题，不像地区收入差异、城乡收入差异那样受到广泛关注，只有较少量的研究。Wu（2001）指出高科技行业贸易量和 FDI 的增加有助于提升中国熟练劳动的工资，导致技术溢价；Xu and Li（2003）检验了贸易和 FDI 对工资差距的影响，发现贸易对技术溢价有负向影响，并认为这种负向影响仅可以被贸易引致的技术偏向性的技术进步部分抵消；宋冬林、王林辉等（2010）认为中国技术进步引致对熟练劳动的需求增长，进而导致劳动力市场收入结构变化，导致技术溢价；Zhao（2001）则认为贸易或者技术都不是中国技术溢价变化的主要原因，真正原因在于企业所有权的变革和非国有经济的发展。

⁝⁝2.3　中国基于比较优势参与国际分工

基于要素禀赋差异的比较优势理论一直是发展中国家参与国际分工的依据。迄今为止，中国一直是基于低成本劳动力的比较优势参与国际分工，除了自主出口以外，中国还大量利用外商直接投资、发展加工贸易。

2.3.1　中国对外开放与比较优势

在改革开放之初，中国推行的是进口替代型工业战略，对竞争力落后的资本、技术密集型产业实行进口替代。当时进口了很多套大型工矿设备，仅 1978 年一年，就签订了包括 22 个大型项目在内的 78 亿美元的化肥、冶金等成套引进项目合同。但是这种引进与中国当时外汇支付能力和配套能力不相适应，因而被称为"洋跃进"[1]。为了解决进口替代部门引进技术、设备和原材料所需的外汇，中国从东南沿海地区开始推行出口导向战略，鼓励比较优势产品出口。

在东南沿海推行的出口导向战略的基本思路是吸收出口导向型的外商直接投资，发展加工贸易，这也是当时中国参与国际分工的基本模式。这一模式取决于其时的内外条件与环境。就内在条件来说，自然资源、劳动力、资本、技术等生产要素中，中国唯一充裕的就是劳动力。于是，大量廉价的劳动力成为参与国际分工的比较优势。就外部环境来说，70 年代后期到 80 年代中期正是全球化加速发展的时期，一些发达国家和新兴经济体如东亚地区由于劳动力成本上升的压力，急于寻找低成本的跨国生产场所，纷纷展开跨国产业转移。

2.3.2　国际产业转移浪潮

国际产业转移指某些产业从一个国家和地区通过国际贸易和国际投资等多种方式转移到另一个国家和地区的过程，是产业在空间上的移动。国际产业转移是国际分工发展的客观要求，同时也是国家与地区之间发挥比较优势、促进产业高效发展的重要途径。

从经济发展的历史来看，国际产业转移与一个国家乃至地区经济的发展息息相关，同时也在很大程度上影响着国际分工格局的演变。历史上几乎每一次大规模的国际产业转移都改变了产业在国际空间上的布局，同时，这种转移对产业转出国和承接国的产业结构调整、产业竞争力提高和经济的持续发展都产生了重要影响。可以说，国际产业转移不仅是发达国家进行产业结构调整、实施其全球化战略的重要手段，同时也是发展中国家调整产业结构、促进产业升级和经济发展的重要途径。

第二次世界大战以来，全球范围内共经历了五次大规模的国际产业转移，世界贸易及经济结构也由此发生了大规模的调整。其中，第一次国际

---

① 吴敬琏：《当代中国经济改革》，上海远东出版社，2003 年。

产业转移发生在 20 世纪 50 年代，主要表现为美国在战后将包括钢铁、纺织等在内的产业转移到日本、德国、加拿大等国家，自己则集中发展半导体、计算机、通讯等在内的新兴技术密集型产业以及汽车、化工等资本密集型产业。通过这次转移，美国率先进行了国内产业结构的调整升级，日本和德国等承接国则抓住机会加快了工业化进程，经济得到迅速恢复和发展，国际竞争力也得到较大提高。

第二次大规模的国际产业转移发生在 20 世纪 60～70 年代。主要表现为以美国、日本和联邦德国为代表的发达国家将劳动密集型产业和高耗能、高污染产业转向新兴工业化国家和地区，自己则转而发展集成电路、精细化工、生物医疗等技术密集型产业，以及钢铁、化工、汽车等资本密集型产业。在此次转移过程中，香港、新加坡、韩国和台湾获得了发展的良机，实现了由进口替代型经济向出口导向型经济的转变，短时间内实现了经济的飞跃发展，被称为"亚洲四小龙"。

第三次和第四次国际产业转移则发生在 20 世纪 70 年代后期和 80 年代以后，其特点是发达国家进一步将重化工行业，以及部分资本密集型产业和部分低附加值的技术密集型产业向外转移，"亚洲四小龙"则在承接这些转移的同时，又将部分缺乏比较优势的劳动密集型产业转移到泰国、马来西亚等东盟国家和中国，促进了这些国家经济的发展和产业结构的优化升级。最近的一次国际产业转移，则是 20 世纪 90 年代以来全球制造业向中国的转移，中国也由此成为了名副其实的全球制造业基地，被称为"世界工厂"。

2.3.3　东亚地区的跨国产业转移①

与中国对外开放伊始最为密切的是东亚地区的跨国产业转移。

东亚最早大规模开展对外投资的东亚经济体是日本。二战以后，日本确立了贸易立国的战略，先后从欧美等工业国家引进资金和先进技术，发展出口加工型的产业。从 20 世纪 70 年代到 80 年代中期，由于石油危机和日元升值，导致生产成本大幅提高，日本产业结构开始向"资源节约型"、

———————

　　①　摘自傅自应主编《中国对外贸易三十年》，中国财政经济出版社 2008 年版，第 175～177 页。

"加工技术选择性"的方向发展。随着日本国内产业结构的不断升级，20世纪80年代中期以后，中低端加工贸易产业陆续向国外转移。自1985年开始，日本政府实行扩大内需放宽进口的方针，引导日本的加工贸易业务步入"向国际发展的时代"。日本企业到海外投资办厂，利用他国廉价劳动力或资源，进行加工贸易生产，产品源源不断地返销日本并销往其他国家市场。据《1999年世界投资报告》统计，1998年，日本对外直接投资241.53亿美元，是1993年的1.75倍，投资主要分布在东南亚和中东等地。

继日本之后，亚洲"四小龙"也先后经历了成本上升、产业结构升级和低附加值产业活动外移的过程。以韩国为例，韩国吸取日本发展出口导向型产业的成功经验，制定了出口导向型经济发展战略，从20世纪60年代初起步于发展纺织、成衣、制鞋和木材加工等劳动密集型加工贸易，依靠原材料进口，进行加工装配实现扩大出口。进入20世纪70年代，在积累了一定资金和技术后，韩国把产业发展的重点集中到钢铁、造船、汽车、电子、石油化学、金属加工和橡胶行业。当时加工贸易出口一直在韩国外贸出口中占据较大比重。20世纪80年代，随着韩国劳动力成本的上升，韩国企业逐渐开始将低附加值的产业活动转移到东亚其他成本更低的经济体，或在我国和东南亚等地开展委托加工，再将成品或半成品出口第三国或返销国内。

香港地区在二战以后也逐渐发展其出口导向型的劳动密集型制造业，出口部门在经济中曾经占有重要的地位。随着经济发展水平的提高，其劳动成本快速上升，低附加值的劳动密集型产业活动的竞争力越来越弱。到20世纪80年代，香港地区经济面临着升级的迫切任务，正值此时，中国大陆实行对外开放的政策，鼓励出口导向型的外商直接投资，香港地区商人最早在珠江三角洲地区寻找委托加工的企业，受内地外汇短缺、设备落后的制约，香港地区先是用"三来一补"的办法，委托珠江三角洲地区企业开展加工，由香港地区企业利用既有的国际销售渠道，出口到发达国家市场。随后，随着内地特区的建立、加工贸易政策的完善和投资环境的改善，香港地区企业开始大规模将其制造活动转移到珠江三角洲地区，形成了所谓"前店后厂"的分工新格局，即香港地区负责接单、设计与营销，而珠江三角洲地区的企业负责加工生产。

日本与亚洲"四小龙"的产业外移时间上有先后，但是动机基本相同，皆是以效率寻求型投资为主。即迫于国内成本上升，一些"边际产业"失去出口竞争力，通过将其加工组装活动转移到成本更低的发展中经济体，大幅度降低成本，增强在全球市场的竞争力，产品销往其传统市场或返销本国市场。中国等发展中经济体作为接受跨国产业转移的东道国，则借此机会融入东亚地区已有的产业分工网络，借助外商投资企业原有的国际销售网络，扩大了出口。

⠿ 2.4　中国的加工贸易

东亚地区的跨国产业转移对低成本的需求与中国低成本的供给正相匹配。为此，中国设立经济特区，鼓励外商投资和发展劳动密集型出口加工，在一系列内外部条件的促进下，中国的对外贸易以加工贸易为主迅速发展起来。

2.4.1　加工贸易的发展

加工贸易是指经营企业从境外保税（即经海关批准并同时办理相关手续，准予暂时免交进口环节关税、增值税及相关许可证件）进口全部或部分原辅材料、零部件、元器件、配套件、包装物料等，经加工或装配后，将成品或半成品复出口的交易形式。包括来料加工和进料加工两种方式。广义的来料加工（对外加工装配）包括来料加工和来件装配：一国的委托方提供一定的原材料、零部件、元器件等，由另一国的被委托方按照对方要求进行加工装配；成品交由委托方处置，被委托方按照约定收取费用作为报酬。进料加工指国内企业进口部分或全部原料、材料元器件、零部件、配套件和包装物料（简称进口料件），加工成品或半成品后再销往国外市场。一般所说的"三来一补"指的是来料加工、来件加工、来样加工和补偿贸易。

中国加工贸易的发展经历了四个阶段。第一阶段（1978～1985 年）是加工贸易的探索与鼓励发展阶段。1979 年国务院发布《以进养出试行办法》、《开展对外加工装配和中小型补偿贸易办法》，标志加工贸易进入一个有计划有规范的发展时期。这一时期加工贸易的主要形式是"三来一补"，其中以来料加工为主，产品品种较单一、附加值低。从区域上来看，主要集中于珠三角地区。因为是来料加工，意味着加工生产、出口的同时，必有相应的原材料和中间产品的进口。在发展初期，加工环节只收取很低的加工费，加工贸易基本是大进大出。经过第一阶段的发展，出口比重稳步上升，进口比重逐渐下降，但总体上进口比重仍高于出口比重。

第二阶段（1986～1992年）是加工贸易快速发展时期。这一时期一系列吸引外商投资的加工贸易政策出台。1985年起，进料加工贸易进出口增长开始持续超过来料加工，1989年，进料加工进出口额首次超过来料加工。加工贸易出口比重远超过了加工贸易进口比重，加工贸易出口总额占对外贸易出口总额的比重突破50%，成为中国对外贸易出口增长最重要的引擎。

第三阶段（1993～2005年）是加工贸易结构升级时期。1992年，小平南巡讲话之后，中国坚定的对外开放政策吸引了新一轮外商直接投资热潮，外资企业成为加工贸易的主体。90年代中后期，在加工贸易出口中，化工、机电、车船及运输设备等产品的出口比重持续增加，加工贸易出口结构不断优化。

第四阶段是2006年至今，加工贸易进入调整结构与转型升级期。2006年起，中国开始了经济增长模式以及外贸增长模式的大调整，加工贸易政策转而从紧，加之资源、能源及劳动力成本上升、人民币汇率升值以及新《劳动法》出台，加工贸易被迫转型升级。尽管受2008年世界性金融危机冲击，加工贸易政策一度放宽，但是加工贸易的转型升级是必然的趋势。

中国的加工贸易在结构上也处于不断变化之中。1992年以后，加工贸易的主体是一直外商投资企业，其进出口占加工贸易总进出口中的比重在1990年为28.8%，1996年即上升到62.9%，2000年达72%。21世纪后，外商投资企业的加工贸易比重更是逐年增大，2002年为75.3%，2003年为79.6%，2004年为81.9%，2005年为83.7%，2006年达85.3%，2007年为84.3%。在地理分布上，加工贸易主要集中于东南沿海的珠三角地区。东部地区加工贸易的比重达97%以上。从加工贸易出口的产品结构上看，加工贸易出口中，纺织、鞋帽的出口比重不断下降，从90年代后期的近50%降到2003年以后的不足30%。另外，化工、机电、车船及运输设备等产品的出口比重持续增加，加工贸易出口结构不断优化，尤其是高技术产品比重持续增加。如图2.1所示。

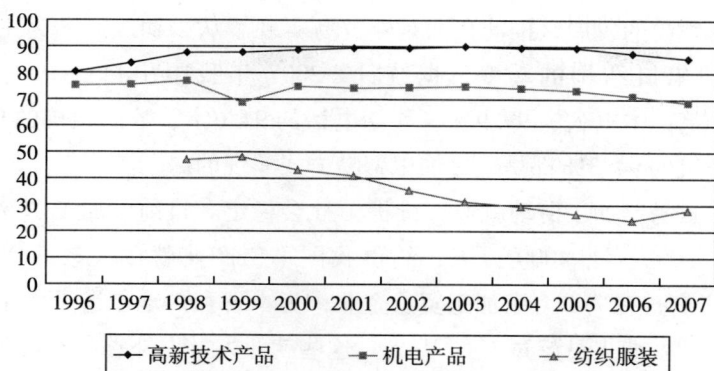

图 2.1　中国加工贸易的产品结构（%）

资料来源：根据傅自应主编《中国对外贸易三十年》表 5.12 的数据绘制。

　　加工贸易的市场结构呈现出明显的三角贸易格局。加工贸易进口的主要来源地是日本、东盟、韩国、台湾和香港，占加工贸易进口的比重超过70%。加工贸易出口的主要市场是美国、日本、香港和欧盟，合计比重超过80%。其中对香港的出口主要是转口到美欧日三大市场。于是形成了东亚、中国与欧美的三角贸易格局：中国从日本韩国台湾东盟等东亚经济体进口上游料件，完成劳动密集型的增值环节后，经香港或直接销往欧美，少量返销东亚（如表 2.3）。经过这种三角贸易，东亚国家对美国的贸易顺差就转为中国对美国的贸易顺差。

表 2.3　　　　2007 年中国对主要伙伴国的加工贸易进出口比重及贸易差额（%，亿美元）

国家和地区	加工贸易进口		加工贸易出口		贸易差额
	进口额	占比	出口额	占比	
韩国	561.5	15.2	245.8	4.0	−315.7
东盟	487.8	13.2	401.9	6.5	−86.0
台湾	690.6	18.8	118.9	1.9	−571.7
欧盟	193.3	5.3	1267.8	20.5	1074.5
香港	730.0	2.0	1384.7	22.4	654.7
日本	593.6	16.1	577.3	9.4	16.3
美国	181.6	4.9	1454.1	23.6	1272.5
合计	3438.4	75.5	5450.4	88.3	2044.6

资料来源：中国海关统计数据库。

　　加工贸易的发展，推动我国对外贸易实现了从以初级产品为主向制成品为主的出口结构的转变。据统计，2007 年我国出口计算机产品的96.7%、笔记本电脑的 99.9%、移动电话的 94.6%、数码相机的 95.3%、彩色电视机的 94.3% 都是通过加工贸易方式实现的。

　　加工贸易增加了劳动就业，维护了社会稳定。目前，加工贸易直接从业人员在 3000 万 ~ 4000 万人，约占我国第二产业就业人数的 20%。如2004 年广东省有 7.1 万家加工贸易企业，为本省和内地创造了大量就业机会，吸收的就业人员超过 1300 万人。这些就业人员中外省占了大多数，主要来自广西、贵州、四川、湖南、湖北、江西等省份。加工贸易为大量农村闲置劳动力创造了就业岗位，也为我国培养了大批熟练技术工人和适应国际化竞争的技术、管理人才，缓解了国内就业压力，促进了社会和谐发展。

　　总体来看，我国加工贸易企业的技术和环保水平均高于同行业平均水平，促进了国内产业结构升级。加工贸易为我国带来了大量的新产品、新技术，直接带动了 IT 等新兴制造业的发展，不少加工贸易企业已由 OEM（贴牌加工）向 ODM（委托设计生产）、OBM（自有品牌营销）转型，技术含量不断提升。但是核心技术还没有转移到中国，或者还是掌握在外方手中。

　　但是，以加工贸易为主导的外贸发展是一种粗放型、以数量换取外汇的重商主义模式，加工贸易的大力发展也带来了一系列问题。

　　首先，部分高能耗、高消耗、高污染的加工贸易导致了自然资源的低效率开发和使用，影响了中国经济的长期可持续发展。很大部分通过加工贸易出口的成品油、钢材、未锻造的铝及铝材、有色金属等都属于高投入、高消耗、低效益的资源密集型初级产品，其出口的盲目增长是以对自然资源的掠夺性开发为代价，致使局部地区自然资源锐减，生态环境恶化。加工贸易出口的大量中间产品和工业制成品在其生产过程中对环境污染严重，属于高污染产品。另外，外国将农药、燃料、化肥、橡胶、医药、石棉、水泥、洗涤用品、化工原料、电镀等严重污染的产业乘机转移到中国。

　　其次，加工贸易主要是基于低劳动成本的优势参与世界竞争的，为了增强竞争优势，企业竞相压低工人工资，降低工人的福利水平，使得广大的劳动者收入水平、生存质量低下，成为造成中国贫富差距扩大、内需疲软的重要因素。

再次，加工贸易形成的巨额贸易顺差成为贸易摩擦的主要导火索。1980～2007 年间，中国加工贸易顺差累计达到 10896.7 亿美元，成为经常项目顺差的主要来源，不仅使中国与欧美之间的贸易摩擦加剧，更令人民币面临日益增加的升值压力。

表 2.4　　　　　　　中国的贸易差额　　　　　　单元：亿美元

年份	一般贸易差额	加工贸易差额	其他贸易差额	总贸易差额
1990	92.6	66.6	−71.8	87.4
1991	85.8	74.0	−78.6	81.2
1992	100.6	80.8	−137.9	43.5
1993	51.5	78.8	−252.4	−122.1
1994	260.4	94.1	−300.5	54.0
1995	280.0	153.3	−266.3	167.0
1996	234.8	220.6	−333.2	122.2
1997	389.4	294.0	−279.2	404.2
1998	305.6	358.6	−229.4	434.7
1999	121.0	373.0	−201.7	292.3
2000	51.0	450.9	−260.9	241.1
2001	−15.7	534.6	−293.4	225.4
2002	70.8	577.3	−343.8	304.3
2003	−56.2	789.5	−477.8	255.5
2004	−45.4	1062.8	−696.5	320.9
2005	354.3	1424.6	−758.9	1020.0
2006	831.3	1888.8	−945.3	1774.8
2007	1098.4	2490.8	−971.0	2618.3
2008	907.7	2967.4	−893.7	2981.3
2009	−46.58	2645.71	−642.25	1956.88
2010	−486.64	3227.97	−926.23	1815.1

资料来源：国家统计局：各年度《中国统计年鉴》，2009 年及 2010 年的数据来自《中国贸易外经统计年鉴 2012》。

2.4.2 加工贸易的困境

进入 21 世纪后，随着劳动力成本不断上升、鼓励型加工贸易政策的调整以及一些外部条件变化，中国的加工贸易优势正在不断弱化，面临转型升级压力。

加工贸易模式陷入困境的主要因素是成本上升，尤其是劳动力成本，致使中国的劳动力低成本优势受到后起发展中国家的挑战。与此同时，原料、能源价格上涨及人民币升值增加了加工贸易企业的成本。其次，加工贸易发展中存在的一些问题制约了中国宏观经济的健康持续发展，并恶化了外部政治经济环境。由于加工贸易在国际分工中处于产业链的低端，有碍产业结构的升级，部分高能耗、高消耗、高污染的加工贸易导致了自然资源的低效率开发和使用，影响了中国经济的长期可持续发展。另外，1980～2007 年间，中国加工贸易顺差累计达到 10896.7 亿美元，成为经常项目顺差的主要来源，不仅使中国与欧美之间的贸易摩擦加剧，也令人民币面临日益增加的升值压力。

从国家整体发展的格局来看，一方面，我国尤其是珠三角地区长期形成的外向型产业为主体、港台为代表的外资企业占主体、以劳动密集型加工产业占主体的产业布局和运行模式，已经被事实证明边际效应进入持续下滑阶段，迫切需要转型升级；另一方面，资源环境约束趋紧、经济社会发展不够协调、体制机制有待完善等深层次矛盾和问题日益凸显。为此，2006 年起，中国开始了经济增长模式以及外贸增长模式的大调整，其中，加工贸易政策转而从紧。2007 年 6 月，一次性取消了 533 种"两高一资"商品的出口退税，降低了 2268 项"容易引起贸易摩擦"产品的出口退税率；加工贸易保证金从"空转"变成"实转"，增加加工贸易限制类产品目录等。这些调整增加了出口企业的成本，一定程度上限制了加工贸易的发展。

另外，20 世纪 80 年代以来，由于新贸易保护主义的盛行，中国企业频繁遭遇反倾销、反补贴、各种保障措施及技术、环境、劳工等贸易壁垒的限制，拓展国际市场的难度增加，加工贸易的外部环境严重恶化。

2.4.3　加工贸易转型升级

以上加工贸易发展条件变化以及面临的国内外问题表明，中国的加工贸易模式急需转型升级。2006 年，商务部确定了加工贸易转型升级的三大目标：第一，加工贸易的产业和产品结构要实现升级；第二，加工贸易的区域布局要实现优化；第三，要向产业链的高端发展，包括向现在加工贸易加工环节的上下游发展。具体来说，转型升级的方向一个是产业的地区转移，另一个是产品、产业和产业链的升级。

由中西部地区承接产业转移是目前中国加工贸易转型升级的一个重要方向。即将劳动力密集型的玩具、制衣、制鞋产业和耗能较大的陶瓷、水泥产业以及矿产资源加工产业从长三角、珠三角等东部沿海发达地区向更低成本的中西部地区转移。为此，广东省在 2005 年制定了"腾笼换鸟"战略，规划把珠三角的低端制造业转移到粤东、粤西和粤北，腾出空间引进投资规模大、产业关联度高的高端技术产业，将珠三角升级为高新技术产业基地。商务部 2007 年 11 月出台《关于支持中西部地区承接加工贸易梯度转移工作的意见》，并分别于 2007 年 11 月、2008 年 4 月确定两批 31 个中西部地区作为加工贸易梯度转移重点承接地。

产业的地区转移本质上只是原来模式的简单复制，依然严重依赖低成本劳动力和政策优惠，无法根本提升中国产品的竞争力以及中国在国际分工中的地位，所以与此同时，加工贸易产品、产业和产业链的升级势在必行。而这种转型升级存在相当多的制约。

首先，最根本的问题是，中国的比较劣势依然存在，即产业技术水平落后。经过数十年的工业化建设，中国虽然建立起了较为完备的工业体系，但产业尤其是资本技术密集型产业的技术水平与发达国家依然存在很大差距。产业技术水平落后制约了中国在全球生产网络中位置的上升，也制约了加工贸易发展过程中的技术转移、扩散和外溢效应，使得中国难以摆脱以劳动密集型生产活动为主的分工格局。此外，虽然经过几十年加工贸易的长足发展，加工贸易传统行业的产业配套能力已经大大加强，但高端产品配套、核心环节配套的能力尤其是为高新技术产业配套的水平低，所以中国在吸引和承接资本技术密集型产业、产品和价值链环节的国际转移中必将处于劣势。

其次，加工贸易企业的自身定位导致加工贸易升级的动力或压力不足。由于长期从事"加工"所形成的路径依赖和思维定势，加工贸易企业很容易把自己定位在劳动密集型加工环节上，满足于赚取加工费，没有动力进入研发、营销和品牌建设等战略性环节。

再次，资金也是一个重要的制约因素。加工贸易行业的利润越来越薄，企业规模相对小，融资难度大，即便有升级的战略性眼光，也缺乏足够的资金投入。

最后，政策环境依然至关重要。加工贸易大力发展在很大程度上得益于政府的优惠政策，加工贸易转型升级依然有赖于政府"金砖"铺路。比如中国技术水平落后的主要原因是研发经费不足，这不是一两个企业所能承担并解决的问题，需要政府基于长期策略，大力投入和推动。另外增强高新技术产业配套能力、完善中西部承接地的基础和配套设施，以及改善中小企业融资环境等都有赖于各级政府的支持。

进入 21 世纪以来，珠三角地区经济发展面临限制，三是随着经济全球化和区域经济一体化的深入发展，尤其是国际金融危机对实体经济产生巨大影响的背景下，珠三角地区的发展受到严重冲击。多重因素的交织使得珠三角地区经济运行困难加大，深层次矛盾和问题进一步显现，其经济社会发展必需转型。2008 年底国务院颁布《珠江三角洲地区改革发展规划纲要（2008～2020 年）》，明确指出珠三角地区应"着力构建现代产业体系，加快发展方式转变，率先建立资源节约型和环境友好型社会"。因此，珠三角地区下一阶段发展的重点是提升内源型经济的竞争力，发展对外经济也应以提高经济内生能力为目标，以尽快将主要以成本为依托的比较优势升级为主要以技术、知识为依托的竞争优势。

第3章
"世界工厂" 与 "比较优势陷阱"

中国作为出口第一大国确立了其"世界工厂"的地位，却与制造强国相去甚远。在国际分工越来越细、国际产业转移的领域越来越广泛的全球化进程中，中国越来越被锁定在产品链中极为低端的加工环节上，而陷入"比较优势陷阱"。中国基于比较优势的贸易结构虽然使其极大化获取贸易静态收益，却无缘于技术进步与产业结构升级等方面的动态收益。

3.1 国际产业转移与中国对外贸易扩张

中国对外贸易的扩张及"世界工厂"的形成始终与国际产业的转移联系在一起。

3.1.1 劳动密集型产业转移与中国对外贸易扩张

中国对外开放的时点正值国际劳动力密集型产业面临新的转移时期。二战后，在以原子能、电子计算机和空间技术为代表的新技术革命推动下，一批新的工业部门，如半导体工业、生物化学工业及宇航工业等在发达国家兴起。这些新部门的发展使劳动密集型和资源密集型的传统工业部门失去国内竞争优势，开始以国际直接投资的方式向发展中国家转移。在亚洲地区，美国二战后的产业转移带动了日本在50年代至70年代完成经济腾飞，而日本经济成长后的国内传统产业，又转移到了周边的新加坡、韩国、香港和台湾等"亚洲四小龙"地区，促成这些经济体的出口导向型经济模式，使之实现了60年代到80年代的高速增长。80年代之后，"亚洲四小龙"依靠发展劳动力密集型的出口加工业推动经济增长的模式已接近完成，劳动与土地成本上升，亟待寻找新的廉价生产基地。与此同时，所有发达国家经历了战后第二次世界性经济危机后，产业结构"软化"的现象更加明显，劳动密集和资源密集产业迅速衰退，对外转移愈加迫切。中国在这一时期的开放恰好契合了欧美发达国家产业转移的趋势。因而可以说，中国的对外开放适逢其时。特别是在80年代末，中国对外开放不仅在地域上已经超越了试点阶段，在沿海地区完成了由点到线、由线到面的布局，形成了较为完善的沿海开放地带，而且在开放领域上也由最初的食品、纺织品等几种技术含量极低的简单生产加工业扩大到了具备一定技术水平的机械设备、家用电器、电子产品、玩具、五金、服装等等。这就为抓住劳动力密集型产业转移的机遇提供了充分准备。通过借助这样的国际趋势的影响，中国的出口部门迅速成长起来。80年代中后期，中国已经实现了从初级产品为主的出口向以轻纺等工业产品为主的转变。

3.1.2　产品内分工与中国确立出口导向型模式

国际产业内分工的深化，推动了国际直接投资和产业转移的新高潮。新科技革命不仅带来了新的产业部门，而且依靠新的科技推动了产业内分工的细化。在全球运输和管理成本不断降低的支持下，一种新的国际分工方式——"产品内分工"，从80年代开始在世界各国迅速发展起来，并成为世界贸易总量快速增长的重要原因之一。这种新型国际分工的特征是，国际分工的对象从最终产品层面深入到了生产工序、环节和流程层面，特定的产品生产过程被分成了不同的标准化生产阶段，并分散到具有不同比较优势的国家和地区进行专业化生产，而这些国家和地区又通过中间产品的国际贸易更加紧密地联系起来。产品内分工的发展推动大规模标准化生产技术的国际转移成为趋势，也极大丰富了产业转移的内容。中国不仅成为传统劳动密集型产业的理想投资地，也吸引着资本密集型制造业和高新技术产业中的劳动密集型制造部门。

国际分工体系的上述变化使中国开展加工贸易的外延得到了极大的扩展。在这一时期，中国以1992年邓小平南方讲话为契机，适时在1994年左右推出了一系列深化改革和开放的措施，进一步鼓励扩大开放。这些政策的施行成功吸引了外资大规模流入，中国的对外贸易持续增长，加工贸易成为主导贸易方式，继而实现了向出口导向型经济的转型。90年代中后期，中国的出口产品结构也由轻纺产品为主转向机电产品为主。这都是与国际产品内分工的产业转移趋势密不可分的。此外，这种以生产工序转移为特征的新型国际分工方式，也为中国企业参与国际生产，吸收先进技术和管理经验，以及推动其在国际产品生产链中的价值升级提供了一个良好的机遇，继而引领了本土企业的成长。

经过 20 世纪 80～90 年代的发展，中国的货物贸易总量由 1978 年的不足世界贸易总量的 1%，上升到 2001 年的接近 5%。中国在全球货物贸易中的地位，由开放之初的第 29 位上升到 2000 年的第 8 名。服务贸易进出口额由 1982 年的居世界第 34 位、占世界总额 0.6%，扩大到 2000 年的居世界第 11 位、占世界总额的 2.2%。这显示中国在世界贸易体系中的地位已产生了质的飞跃。由于出口规模的更大扩张，中国外汇储备规模由原先的入不敷出，增加到超过千亿美元，在 2000 年已达 1655 亿美元。储备规模仅次于日本，居世界第二位。

3.1.3 国际产业转移的新趋势与中国出口领域的扩张

进入新世纪后，随着信息技术的推动，生产的国际化趋势日趋明显。以知识、技术为核心的技术密集型产业和以人力资本为主的服务产业转移比重不断提高。为充分利用发展中国家的低成本优势，发达国家不仅将高新技术产业加工组装环节转移到发展中国家，而且将配套零部件生产、物流、营销、研发外移，甚至有些高技术产品生产线刚研发出就转移至发展中国家，发达国家主要控制关键核心技术及品牌[1]。由此，包括服务外包和离岸业务在内的新的产业转移方式得到了迅速的发展，并变得越来越重要。开展海外业务外包的美国企业比例由 2003 年的 5% 上升到了 2007 年的 23%，90% 的美国公司内部业务中至少有一项被外包。与此相联系，国际直接投资在这一时期发展迅速，2003 年至 2006 年，国际直接投资年平均增长达到 29.1%，远远高于同期世界 GDP3% 和货物出口 18.6% 的增幅；2007 年全球直接投资达到 1.47 万亿美元，打破了 2000 年的历史记录。在2007 年，基于国际生产网络的全球共享型生产规模已占到世界制造业贸易总量的大约 1/3。在这样的大趋势下，加入世贸组织恰好为中国承接新一轮产业转移创造了有利条件。

---

① 张建平："'十二五'时期国际产业转移与分工变化及对我的影响"，《中国经贸导刊》，2010 年第 14 期。

　　在新世纪，信息技术产业成为发达国家新的主导产业群，带动了该产业内相关低附加值环节的对外投资。2000年全球信息技术产业的产值已达2.1万亿美元，约占全球产出的7%。世界电子产品制造业产值在2008年全球金融危机前持续上升，2006年为14408亿美元，2008年达到最高的15688亿美元。中国在这一时期的对外开放扩大恰好承接了这类信息技术产业劳动密集型部门的产业转移，并借助其发展的推动，一举成为全球电子产品产能第一的国家。2009年，中国电子产品产值达到4117.2亿美元，比上年增长1.4%，在危机时期全球电子产品制造业普遍下降的形势下仍保持了上升势头。电子产品出口的增加有力推升了中国的出口总量，并且其在总出口中所占比重不断扩大。

　　信息技术还改变了服务业不可贸易的特性，发达国家向劳动力成本低廉的发展中国家开展离岸外包成为一股潮流。世界服务贸易额从2000年的1.5万亿美元增加到2006年的2.7万亿美元，在2011年达到8万亿美元，年均增长约10%，大大高于同期货物贸易和世界产出的增长。2011年服务出口占世界贸易出口的比重约为20%。服务业跨国投资持续增加，目前占全球直接投资的比重已接近2/3；投资结构也发生变化，运输、旅游等传统部门的比重在下降，信息、金融、研发等新兴服务业的比重由1990的37.5%上升到了2006年的50%。中国的成本优势也在承接服务业外包中显现出来，2010年服务贸易出口位列全球第四。但受到中国入世后服务业对外资开放的影响，中国的服务贸易总体呈现逆差。总而言之，外国服务业直接投资的进入进一步推动了中国劳动力密集部门的扩张。

▓ 3.2　中国作为"世界工厂"的形成

　　国际经济体系与国际产业转移一方面造就了中国作为"世界工厂"的地位，另一方面又牢牢地将中国锁定在国际分工的低端加工环节上。中国在成为制造大国的同时，还没有成为制造强国。中国与曾经的英国、美国和日本作为世界工厂的情况完全不同，更准确地说，中国还只是世界的加工厂，因为中国并没有自主创新的具有世界竞争力的拳头产品。

3.2.1 "世界工厂"的地位

2010 年,中国制造业产出占世界总产出的 19.8%,超过美国的 19.4%,成为制造业世界第一大国。在全球 500 多种主要工业品中,中国已有 210 余种产量位居世界第一。在出口方面,2010 年中国出口总额占世界货物出口的比重达 10.4%,连续两年成为世界货物贸易第一出口大国。纺织品、服装、鞋、玩具等劳动密集型产品出口连续多年保持世界第一;机电产品总量,以及其中的手机、彩电、集装箱等出口也为世界首位。中国成为了名副其实的"世界工厂",占据了国际产业链中的重要一环。吕政(2001,2003)、渡边利夫(2003)、杨丹辉(2005)等从不同角度对比分析了中国与曾经作为世界工厂的英国、美国和日本的情况,认为中国继日本之后逐步成为世界工厂。

然而,中国贸易规模的提高主要是承接世界中低端制造业转移的结果,中国在国际产业分工中的位置仍处在较低的加工生产环节。在中国的出口中,不仅加工贸易是主要的贸易方式,而且外资企业又是主要的出口主体。这使得总量第一的背后,中国实际获得的产品附加值却很少。以苹果手机为例,每卖出一台 iphone,苹果公司独占 58.5% 的利润,中国工人获得的利润只有 1.8%。据商务部 2006 年统计,中国出口产品的企业中拥有自主品牌的不足 20%,自主品牌出口不足 10%。另一方面,在开展制造业生产所必须的设备(装备)投资中,有 2/3 依靠进口,其中光纤制造设备的 100%,集成电路芯片制造设备的 85%,石油化工装备的 80% 为进口产品。中国在成为制造大国的同时,还没有成为制造强国。

3.2.2 技术依然受发达国家控制

无论是产业结构调整还是出口结构调整,技术都是推进结构升级的关键。与原先从事的劳动等资源密集型产品生产对技术需求较少不同,随着更多的投资品和中间品生产的进行,对技术的需求将大幅增加。而在现阶段中国自主研发能力薄弱的情况下,相应的技术供给远远跟不上对技术的需求。因此,发达国家让渡技术就成为中国提升国际分工地位的重要条件。

在以技术密集型行业和服务外包为核心的跨国转移中，发达国家对向中国等发展中国家的技术转让依然进行限制。比如在中美之间，一方面2003～2009年中美高科技产品贸易逆差占据美国对中国逆差的近1/3，另一方面，美国却长期对华实行严格的高科技产品出口的限制。特别是2007年以来，美国相关政策进一步收紧，新的对华高科技出口管制清单自2007年6月19日开始执行，规定包括航空发动机、先进导航系统、激光器、水下摄像机及推进器等20个大类的美国高科技产品不得对中国出口。欧盟和日本对中国的出口也有类似的情况。比如欧盟一直以担心民用技术转为军用为借口，拒绝出口节能减排的技术。

与此同时，发达国家对中国的对外投资也实行限制。对外投资，特别是对成熟国家成熟企业的兼并收购，作为一种策略型投资，可以成为落后国家企业获取先进技术和管理经验的捷径，进而加速国内经济的转型。这本是符合市场规律的行为，但是一些发达国家的外资审查机构，包括美国外国投资委员会，对中国企业的安全审查不够公开透明。特别是在涉及国有企业的并购投资中，常出现以涉及国家安全，或者并购企业有中国政府背景为由拒绝项目实施，这就在一定程度上阻碍了中国企业获得相应的技术。已经形成的对外投资也面临这些国家政府在参与市场活动中的阻碍。例如，2012年澳大利亚政府以担心来自中国的网络攻击为由，禁止中国的华为技术有限公司参与价值数十亿澳元的全国宽带网设备项目投标。

在企业层面，技术限制也愈加趋紧。一方面，来自发达国家的企业牢牢控制着相关产业的国际技术标准，使中国企业的产品升级不得不处处受制于人，处于被动的不利地位，这就加大了中国产业赶超国外的难度。另一方面，发达国家在对华投资中独资化的倾向越发明显。截至2005年，外商独资企业在中国外资项目总数和实际外资总额中所占比重已分别高达70%以上。与合资形式相比，独资化更加限制了跨国公司的技术外溢，使中国的关联企业、技术人员更难以获得技术的带动。特别是外商在中国的研发中心，绝大部分也以独资的形式设立，与国内企业和科研机构的合作较少。

3.2.3　中国的国际分工地位难有突破

由于缺乏有承接能力的发展中国家，中国在国际分工中处于低端加工环节这一局面难以通过国际产业向其他国家转移而有所突破。

就中国的周边地区来说，从较发达的"四小龙"韩国、台湾地区，到"四小虎"泰国、马来西亚、菲律宾、印度尼西亚，再到较落后的老挝、缅甸等国，其普遍存在相当的劳动密集为特征的制造业。发展中国家之间的产业同构现象严重，缺乏内部分工。这使得这些国家同中国在对外出口和吸引外资中表现为不同程度的相互竞争关系，而在经济发展中也呈现不同的转型的需求。在这种情况下，中国的产业转移较难以在同样寻求升级的发展中国家中实现。

更重要的是，中国具有一些其他发展中国家不具备的优越条件，使得能够承接中国产业转移的发展中国家较少。

首先，中国的劳动力除了成本低廉之外，还有其他发展中国家不能比拟的优秀素质。受到中国传统精神中尊敬服从、吃苦耐劳等因素的影响，中国的劳动力群体表现出守时守纪、任劳任怨的特征，从而降低了企业的管理成本，并且为企业参与市场竞争提供了更多的灵活性。《纽约时报》引述苹果公司的案例表明，为了配合临时的设计修改，中国工人可以在凌晨两点走出宿舍，在半小时内到生产线上投入长达 12 小时生产而毫无怨言。这是其他任何国家都很难做到的。依靠高素质的工人群体，苹果可以在临近产品发布的六个星期前修改产品设计，仍旧能够按期生产出规定质量和数量的产品投放市场，从而确保了自身产品的竞争力。此外，在中国，一支适应生产线的大规模中级工程师队伍已经形成，并且在有的工厂几乎可以随时待命而不需要额外的加班费用；工厂能够迅速招聘到上千人的劳动力从而迅速适应需求的调整。这些都是构成中国独特劳动力优势的重要方面。

第二，中国沿海地区的产业竞争力，除了要素特别是劳动力优势之外，还有一个重要优势在供应链，即产品的配套条件。电子及高科技产品的生产往往需要几百个零件，除了核心元件仍需要从其他国家进口之外，中国巨大的要素市场规模意味着这些生产都可以在临近组装地的中国本地进行。这就大大降低了企业的生产成本，以及管理供应链的成本。仍以苹果公司的生产为例。苹果的高管称"现在整个产业链就在中国。如果你需要一千个橡胶密封圈，在隔壁的工厂就能买到。如果你需要一百万个螺丝，过一条街就能买到。如果你需要特制螺丝的话，只需要三小时就能实现"。可见，中国已经形成了一整套的制造业产品配套条件。而中国独特的二元结构与地理区域差距，又意味着高端、中端和低端的产品都能够在不同的地区找到适应其生产的条件，从而进一步完善了不同产品的配套体系。

由于缺乏像中国这样能够容纳全产业链生产的发展中国家，当要素低成本的优势减弱后，由于产业配套条件的优势还存在，加在一起，中国在总体上仍比单纯具有要素低成本优势的发展中国家竞争力要强一些。对于那些对产业配套条件有较强依赖的企业来说，如果转出去的国家缺少相应的产业配套条件，低成本优势也就无从发挥。因此，中国的产业转移也受制于发展中国家的承接能力。

⁙ 3.3　比较优势与"比较优势陷阱"

3.3.1　"比较优势陷阱"

发展中国家依据比较优势理论出口劳动密集型产品，进口资本密集型和技术密集型产品，从长期来看可以获得比较利益，但这种比较优势的实现完全依靠价格竞争，缺乏垄断优势，所以未必能保证产业具有国际竞争力。因此，单纯以要素禀赋结构来确定一国的贸易结构就会掉进"比较优势陷阱"[①]。

早在 19 世纪，李斯特（1841）就指出，按照比较优势进行贸易，短期内落后国家能够获得一些贸易收益，但从长期来看，由于面临先进国家强有力的竞争，落后国家生产财富的能力却得不到应有发展，所以贸易收益只是静态的。而一个国家要追求的是财富的生产力，而非仅仅是财富本身。"财富的生产力比之财富本身，不晓得要重要多少倍；它不但可以使已有和已经创造的财富获得保障，而且可以使已经消灭的财富获得补偿。"针对当时的经济背景，李斯特指出，对于德国和美国这样的处于农工业阶

---

① 洪银兴："从比较优势到竞争优势——兼论国际贸易的比较利益理论的缺陷"，《经济研究》，1997 年第 6 期。

段的国家如果与处于农工商业阶段的英国进行自由贸易,虽然短期内能够获得贸易利益,但在长期生产力会受到损害,创造财富的能力被制约。

李斯特还指出,自由贸易理论是建立在世界主义立场之上的,自由贸易虽然有利于世界资源配置,但因为抑制了落后国家的生产力,而有损于落后国家的长期利益。任何时候,各民族的利益都高于一切。当自由贸易损害到一国实际或潜在利益的时候,该国有权考虑自己的经济利益。考虑到在经济发展的过程中,一国的比较优势是动态且可培养的,所以落后国家有理由采取产业保护措施,以"促进生产力的成长"。

出口初级产品和出口制成品的发展中国家都可能陷入比较优势陷阱。出口初级产品只能获得相对较低的附加值。"资源诅咒"反映了资源出口国易于将生产要素集中于低附加值的资源产业,从而强化了出口初级产品、进口制成品的国际分工形式。长期集中生产低技术产品的结果导致发展中国家技术水平和产业结构得不到提升,陷入比较优势陷阱。

越来越多的发展中国家开始出口工业制成品,并利用技术进步促进产业升级。但技术进步的方式主要是大量引进、模仿发达国家的先进技术,形成了对技术引进的高度依赖,自主创新能力长期得不到提高,无法发挥后发优势,只能依赖发达国家的技术进步。

加工贸易在中国贸易方式中占据半壁江山,以及外商投资企业在中国贸易中的绝对主流地位,都客观说明了中国对外贸易严重依赖劳动力丰富这一传统比较优势,这不仅使得中国在国际分工中处于弱势地位,而且也让中国的产业结构和技术水平长期锁定在低水平上。尽管中国高新技术产品的出口比重不断提高,但中国实际贡献的只是高技术产品生产中的加工环节,在技术变革上过于依赖进口更新,造成了"产品顺差、技术逆差"的现状。这对中国树立自我品牌,寻求自主技术创新带来了结构性瓶颈,中国高新技术贸易的长期可持续性发展因此受到制约,中国不可避免限于"比较优势陷阱"。

3.3.2 遵循还是违背比较优势

在当今中国经济学者中,林毅夫当之无愧是比较优势战略的坚定拥趸者。他认为遵循比较优势发展战略并不会导致中国永远落后、永远停留在比较低的产业层次上。相反,遵循这种发展战略将加快资本积累,使资本相对稀缺、劳动力相对充裕的程度逐渐降低，随着资源禀赋的变动可以不断从国外引进现成且而较先进的技术来实现技术和产业结构的升级。

林毅夫的比较优势发展战略思想是建立在自生能力这一概念上的①。他认为，如果一个企业通过正常的经营管理预期，能够在自由、开放和竞争的市场中赚取社会可接受的正常利润，那么这个企业就是有自生能力的。否则，这个企业就没有自生能力。一个经济中的多数企业是否具有自生能力，关键取决于该经济中的企业在行业和技术上的选择是否与经济的资源禀赋结构相一致。比较优势发展战略就是指要在经济发展的每一个阶段上都选择符合自己要素禀赋结构的产业结构和生产技术。因为只有这样，经济中的多数企业才会具有自生能力，开展有效的生产活动，促进经济体的资本积累、要素禀赋结构的提升，实现经济的快速发展。

林毅夫对比了发展中国家走过的不同发展道路及其发展绩效，指出发展中国家实施比较优势发展战略比"赶超"战略更具优势。

第一，由于一个经济的产业和技术结构内生地决定于其要素禀赋结构，那么，欠发达国家要想"真正"赶上发达国家首先就必须使其要素禀赋结构升级，即通过快速的资本积累早日结束资本相对稀缺的局面。比较优势发展战略是唯一能够保证国家快速地积累资本的经济发展战略。

第二，如果一个经济实行的是比较优势发展战略，它就不需要引进当时世界上最先进的生产技术——因为这些最先进的技术也是资本最密集的技术，它与欠发达国家的资源禀赋结构并不适合。为了进行技术升级，欠发达国家只需要引进一些比自己现有技术略微先进但在发达国家又不处在前沿的技术。这就使欠发达国家能够比较容易地、低成本地获得新的技术。与之相反，那些推行"赶超"战略的经济则可能需要引进更加先进的技术。这就增加了技术引进的难度，提高了技术引进的成本。许多时候，推行"赶超"战略的欠发达国家甚至需要重新发明发达国家已经发明的技术。由于研发通常是资本密集的活动，资本相对稀缺的国家难以承担其成本。

第三，推行"赶超"战略需要在经济中造成一大批没有自生能力的企业，从而成为国家宏观经济不稳定的根源。由于企业缺乏自生能力，它们不仅不能成为国家税收的来源，反而需要国家财政的大力扶持，可能造成

① 本节关于林毅夫的观点均来自其《发展战略、自生能力和经济收敛》等论文与演讲。

财政的空虚；在财政空虚的情况下，银行不得不负担起支持战略性企业的重任，进而可能造成银行贷款的损失和不良贷款的累积；最后，缺乏自生能力的企业更难以在国际竞争中取得优势。不仅如此，为了建立和维持这些企业，国家还需要不断拿出稀缺的外汇资源来进口昂贵的机器设备和先进技术，可能造成国家经常项目的赤字。财政赤字、银行不良贷款的累积和经常项目赤字三个方面加在一起，成为国家宏观经济稳定的最大威胁。与之相反，那些实行比较优势发展战略的国家则有可能有效地避免上述宏观经济不平衡的出现。

第四，推行"赶超"战略有可能加剧收入分配不平等现象，而实行比较优势发展战略有助于保持收入分配平等。"赶超"战略以集中资源发展资本密集产业为目标，而使用同样的资本在资本密集型产业所能够创造的就业机会大大少于劳动密集型产业。所以"赶超"战略有可能恶化一国的就业问题。如果一个国家失业现象严重，其收入分配就不可能平等。与之相反，在比较优势发展战略下，欠发达国家的劳动密集行业能够得到足够的资金支持，从而能够创造足够的就业机会，减轻国家的失业问题，进而有助于维护收入分配的平等。

林毅夫的比较优势战略思想遭到了很多质疑。比如王允贵（2002）指出：第一，比较优势战略的可行性在理论上值得怀疑，这一战略没有将技术创新和边干边学列入分析的视野，依靠大力发展劳动密集型产业难以使发展中国家获得长期利益，通过这种方式实现资本积累也难以改变发展中国家的比较优势；第二，把日本和韩国的经验看成比较优势战略的成功，不符合日韩两国经济发展的历史事实；第三，比较优势战略是一个四平八稳、慢吞吞的战略，在今天的全球化时代，其风险并不比赶超略小。胡汉昌和郭熙保（2002）认为比较优势战略存在三个问题：第一，就现实的对外贸易而言，比较优势产品特别是劳动密集型产品出口的收益不可能长期化；第二，就长期的对外贸易而言，比较优势产品特别是劳动密集型产品的出口也不能自动、自发地向资本密集型和技术密集型转变；第三，就整个国民经济发展而言，比较优势战略不能作为经济发展的主体战略，一是大国对外贸易作用的局限性和复杂性，二是劳动密集型产业无力带动产业结构升级，三是对外贸易的引擎作用是有条件的。

迄今为止对林毅夫比较优势战略理论最典型的批判当属郭克莎

（2003），其质疑体现在：①在现代国际贸易格局下，发展中国家实行静态比较优势战略①不能获得较高的经济发展绩效；②推行静态比较优势战略不能实现劳动密集型主导产业向高技术产业的转换而扩大与发达国家产业结构的差距；③日本和台韩在高速增长时期推行的并非比较优势战略而是违背比较优势的战略；④在世界需求结构升级和产业结构升级不断加快，国际贸易竞争日益激烈的条件下，发展中国家只遵循比较优势原则，一味大力发展和出口劳动密集型产品在近期内可能有利于实现资源最优配置，但是长期可能不利。而适度突破比较优势原则，注重促进资本和技术密集型产品的发展和出口在近期可能是次优的，但是长期趋势将不断走向优化。

总的来说，对林毅夫思想的批判主要集中于比较优势战略，论点主要是：①对比较优势战略能驱使发展中国家的竞争力和人均收入向发达国家收敛的现实性存在疑问，因为林毅夫的结论与改革开放三十年的经验相违背。②给定日韩等成功经验，中国是后发的大国，不适用日韩的经验。③日韩的经验非但不能支持林毅夫的结论，反而是对林毅夫思想证伪。④担忧实施比较优势战略会扼杀中国高技术产业的发展，而不利于中国产业结构的提升和经济增长。

在近期的争论中，尤以林毅夫和张夏准（2009）为代表。张夏准基本沿袭李斯特的论点，指出发展中国家遵循比较优势战略只能获得短期的资源配置效应，无论是对于中期的经济调整还是长期的经济发展都不利；发展中国家不能指望通过发展落后产业进行资本积累和经验积累而自然地向发达国家收敛，需要对某些产业进行培育，这时就应该进行政府干预，而干预必然会导致经济扭曲与贸易损失，政府作用的实质正在于根据长期成本收益分析的结果选择最有效的战略。尽管因对"亚洲四小龙"经验认识的差异而提出了不同的战略思想，但是林毅夫和张夏准的出发点完全一致，那就是探讨发展中国家如何才能获得更大的生产能力。其实，这正是李斯特（1841）关注的问题。也是发展中国家政府制定发展战略时应该切实考虑的问题。

---

① 尽管林毅夫教授并非否定动态比较优势，但是郭克莎认为所谓动态比较优势指的是未来某一时点的比较优势，而未来的比较优势对现时而言只能是或仍然是比较劣势，所以林毅夫所说的遵循比较优势战略，具体在某一时点上，实质上就是静态比较优势战略。

⁘ 3.4　从比较优势到竞争优势

基于比较优势，尤其是静态的比较优势参与国际分工有可能陷入"比较优势陷阱"，因此一些学者认为中国应该放弃比较优势战略，转而培养竞争优势。

3.4.1　比较优势不等于竞争优势

比较优势是一种潜在的优势，表现为一国技术水平有相对的优势或要素禀赋相对丰富，在绝对意义上可能是处于劣势的。竞争优势是一种实际显现的能力，是生产力各要素综合协调的结果。随着经济全球化的推进，比较优势对一国的意义明显衰减，因为过去各个国家特别重视比较优势的背景是国与国之间存在严重的贸易壁垒和要素流动的壁垒，这种传统比较优势具有静态的特征。当贸易壁垒越来越低，要素的流动越来越简单可行，一国所拥有的可用的资源不仅包括本土的资源，还包括外来的资源，通过跨国公司的全球生产布局可以利用世界各地优质廉价的资源。另一方面，技术进步的作用也降低了对自然资源的需求，比如人工合成材料可以替代自然资源，人力资源可以通过人力资本投资而以"质量"上的优势弥补"数量"上的劣势。这样一来，一国传统的比较优势就不再像过去那么突出。因此拥有比较优势并不等于拥有竞争优势。

3.4.2　比较优势是竞争优势的基础

一般意义上，比较优势是决定经济发展的必要条件，充分有效地利用地区资源可以为地区经济发展奠定基础。通过资源转化形成产业结构升级，通过产业结构升级形成处于较高技术层次的主导产业。比较优势是推动竞争优势的工具，竞争优势也可以促使人们进一步发现或拓宽比较优势。

林毅夫和李永军（2003）认为，作为一种贸易理论的竞争优势理论与比较优势理论之间的关系来看，竞争优势理论所要解释的是企业或行业国际竞争力的来源。因此，竞争优势理论直接构成一种国际贸易理论。这样，就可以将比较优势与竞争优势两种理论的对比放在整个国际贸易理论的总体框架之下。他们认为充分发挥经济的比较优势是波特"钻石体系"中的四种主要因素存在和发挥作用的必要条件，或者说，充分地发挥经济的比较优势是国家创造和维持产业竞争优势的基础。其原因主要包括如下几个方面。

第一，生产要素方面。比较优势和竞争优势理论都强调生产要素在企业和产业创造竞争力过程中所发挥的作用。比较优势理论强调一个企业在其产品、技术和产业选择中，必须充分利用该经济相对丰富的生产要素，才能降低成本，提高竞争力。所不同的是，围绕"创新"活动这一核心，竞争优势理论更加强调所谓"高级"生产要素（比如高级的人力资本、大学和研究机构等方面）的重要性。波特指出，"高级生产要素是创造出来的生产要素"，其创造的途径则是政府、企业和个人在创造高级生产要素方面进行持续的投资。但是，创造高级生产要素必然需要大量的投资。投资的来源只能是企业和整个经济通过过去的生产活动所创造的经济剩余。林毅夫（2002）指出，只有按照经济的比较优势来组织生产活动，企业和整个经济才能最大限度地创造经济剩余。相反，如果企业的生产组织方式违背经济的比较优势，该企业就不可能创造足够的利润，甚至经营亏损或者失败。此时，整个经济积累经济剩余的能力就受到损害，其用于创造高级生产要素的投资数量也必然会减少。而且，人力资本的作用和物资资本的作用是互补的，单方面提高人力资本，而没有一定的物资资本与其配合，高人力资本无法发挥其作用，结果，将使拥有高人力资本的劳动力大量往有高物质资本的国家流动，许多发展中国家出现"脑力外流"的原因就在于此。反之，只有物资资本的投入，而没有人力资本的相应提高与其配合，新投资的机器设备也将无法发挥其最大的生产力，这是许多发展中国家在引进最新的技术设备时，无法充分发挥这些机器、设备设计能力的原因之一。因此，遵循比较优势，充分利用现有要素禀赋所决定的比较优势来选择产业、技术、生产活动，是企业和国家具有竞争力的前提，而且，也是不断积累更为"高级"的生产要素的必要条件。

第二，同业竞争方面。波特认为，激烈的同业竞争能够给企业提供足够的压力来增加对高级生产要素的投资和研究发展活动的投资,从而有利于推进企业的创新活动。但是,对一个特定的行业来说,只有该行业是符合经济的比较优势时,同业间的良性市场竞争才有可能实现。一旦政府决定推动该行业违背经济的比较优势进行"赶超",良性的市场竞争就不可能实现。这是因为:①赶超企业很难在短期内取得技术方面的优势;②这些企业又不能利用经济的比较优势来形成成本方面的优势。在两种优势都不存在的条件下,在竞争的市场中,该行业中的企业不具有自生能力,能够继续生存下来的唯一理由就是政府保护措施的实施(林毅夫,2002)。在存在保护措施的前提下,该行业不可能出现波特意义上的激烈竞争。相反,发展中国家经济发展的历史已经表明,赶超的结果必然是行业的垄断。很明显,与通过创新来增加竞争力、改进经营绩效相比,垄断使得企业更容易地取得利润。因此,在垄断的条件下,行业中的企业所热衷的是通过寻租活动来保护垄断,而不是积极创新。所以,一个国家只有按照比较优势来发展经济,同业之间才会有最大的市场竞争压力。

第三,需求条件方面。需求条件包括多种内容。一些内容更多地属于外生性条件,因此不必进行深入的讨论。比如,对于国家来说,市场规模在短期内是一个难以改变的外生变量。企业只能根据自己所处国家的具体条件来选择能够利用这些外生变量的竞争战略。需求条件中的另一些内容则是有可能通过政府政策进行调整的。在《国家竞争优势》一书中,波特将"内行而挑剔的客户"列为需求条件中最为重要的一个内容。波特认为,这些客户的存在能够推动企业进行持续的创新活动。但是,波特没有解释为什么有些国家的客户会"内行而挑剔",有些国家的客户则不会。实际上,他似乎更多地将该因素看作一个纯属外生性的条件。不过,我们可以根据发展中国家的经验来否定该因素的外生性。设想如果是一个属于"赶超"性的行业,那么,客户就很难去挑剔该行业的产品。这是因为,赶超通常意味着政府的保护。在保护政策存在的条件下,政府的政策总会或多或少地偏向于保护生产企业而不是客户,这就使客户"挑剔"企业产品的成本提高。另一方面,赶超又总是与垄断纠缠在一起。在垄断的条件下,客户进行选择的余地会明显地缩小。两种因素综合在一起就难以出现内行而挑剔的客户了。

第四，相关与支持性产业。竞争优势理论非常强调相关与支持性产业（或者说产业集群）对于企业和产业创造竞争优势的重要性。必须指出的是，产业集群的出现以及产业集群内部的企业之间发生相互联系的性质都与国家的经济发展战略有关。在违背比较优势的经济发展战略下，一个具有良好发展前景的产业集群是很难出现的。首先，如果一个产业不符合经济的比较优势，完全的民间投资就难以持续赢利，进而也就不会出现足够的民间投资来进入该产业。这样，如果政府选择某个违背自己比较优势的产业或者在某个产业选择违背经济比较优势的生产技术，它就需要利用财政资金直接在该行业建立国有企业或者通过向民间资本提供足够的补贴来吸引民间资本进入该行业。由于国家能够建立的或是能够得到国家补贴的企业总是有限，这样，赶超企业就不可能有足够的相关和支持性企业来支持。另一方面，政府的直接进入或者扶持又必然涉及相关企业的计划协调问题。在信息不对称的条件下，计划协调的成本可能会相当高。其结果是，政府宁肯将主要的生产过程都包括在同一个或者为数很少的几个企业之内。这也正是我国传统计划经济时期的赶超企业经常是一些"大而全"或者"小而全"企业的直接原因。在这种情况下，相关与支持性产业或者一个产业集群是很难出现的。相反，在那些符合经济比较优势的产业，获利的可能性高，投资的企业会很多，分工也就可以比较细，新的相关或者支持性企业将不断出现。产业集群的出现就是一件非常自然的事情。事实上，目前在我国的江苏、浙江、广东等地所出现的产业集群都属于一些劳动密集型产业集群，其原因也正在于此。

上述四种因素都说明，只有充分地发挥经济的比较优势，企业和产业的竞争优势才有可能形成。或者说，比较优势是竞争优势的基础与必要性条件。波特在钻石体系的第一项中特别强调高级人力资本和研发的重要性，这与其研究的对象主要是发达国家有关。发达国家拥有相对丰富的物资资本，在国际产业分工中，发达国家具有比较优势的是处于新技术前沿的资本密集型产业，或各个产业中的新产品研发区段。在这些产业和产业区段中的生产和研发活动，需要有高人力资本的人才，才能较好地克服新技术开发和新产品市场的不确定性。所以，具有高物资资本水平国家的企业，必须雇用具有高人力资本的人才，强调研发和新产品开发的重要性，这是这些企业利用本国的比较优势，在国际市场上取得竞争优势的必然要求和表现。

对竞争优势理论的片面理解使有些学者误认为比较优势理论已经过时,倡导由政府来推动竞争优势的提升,以进行经济上的"赶超"。这种"赶超"创造出一批在竞争的市场中不具有自生能力的企业,国家只好抑制市场的作用,给予这些企业直接、间接的保护补贴,导致寻租、低效率等问题丛生,和竞争优势理论所希望达到的结果正好相反。我们认为,比较优势和竞争优势的关系在于,比较优势作为一个经济发展的理论,虽然指出了企业和国家在选择产业、产品、技术等生产活动时,在要素相对密集度方面必须遵循的基本原则,但是,一个企业不可能进入这个国家具有比较优势的所有行业,甚至整个国家的所有企业加起来也不可能如此,所以,在符合这个国家比较优势的所有行业中必须有取有舍。取舍的原则为何?比较优势理论并不能给出有参考价值的答案。相反的,竞争优势理论提出的国内市场规模、产业群聚等原则,则是企业和国家在选择行业时有用的参考原则。

3.4.3 比较优势向竞争优势转化的机制

技术创新和技术进步是比较优势向竞争优势转化的关键。技术创新是通过研究与开发活动来获得的。研究与开发所产生的技术创新改变了企业的生产函数,降低了边际生产成本。在生产过程中,同样的要素投入带来更多更好的产出,其表现为:①要素生产率的提高;②产品质量的提高;③新产品的开发。这样,企业乃至行业的边际生产成本就会不断下降,产品竞争力提升,从而能在国际市场上占有更大的份额。可见,技术创新成为提高企业、行业乃至国家竞争力的主要因素。

技术进步也能从学习曲线的角度阐述动态的规模经济,这就是边干边学。当然边干边学的效果一方面要靠我们主动获得,即技术引进。引进技术的成本要大大低于自主开发的成本。实践证明引进国外先进技术是加快竞争优势产生的重要手段和路径,战后日本和韩国工业腾飞、竞争优势培育的经验都证明这条道路的可行性。但引进技术必须注重消化和吸收,否则一味靠技术引进,永远摆脱不了技术落后的局面,从而进入"引进—落后—引进"的怪圈中,我们一定要使企业走上"引进—消化—吸收—创新"的轨道,这样才可能持久地将比较优势转化为竞争优势。另一方面,作为先进技术的拥有者并非有意转让或传播其技术，而是在贸易、投资或其他经济行为中自然地输出了技术，即所谓的"技术外溢"。

规模经济是发达国家把比较优势转化为竞争优势的基本经验，工业生产的小规模限制了比较优势向竞争优势的转化，所以，应当着力强化规模经济的发展，以工业的规模效应推动比较优势向竞争优势的转化，推动区域社会经济的强大。

第 4 章
外商直接投资与中国对外贸易

第二次世界大战以后，伴随着经济全球化的不断推进，跨国公司蓬勃兴起，直接投资迅猛发展，成为推动世界经济增长的"新的引擎"。跨国公司在全球的生产经营活动深刻改变了原有的分工格局，传统的、建立在比较优势基础上的国别分工，日益被新型的、建立在跨国公司母公司和海外子公司生产与职能关联基础上的企业内国际分工所取代。外商直接投资更是中国对外贸易模式与结构的重要推进因素。

4.1 直接投资与跨国公司的发展

从 20 世纪 80 年代中期开始，随着跨国公司的兴起，以发达国家为主体的对外直接投资开始步入高涨期。如图 4.1，国际直接资本流动在 90 年代后期掀起了第一次高潮，1996～2000 年全球 FDI 流入量的年均增长率 39.4%（见表 4.1），远远超过高涨期 1986～1990 年年均 23.6% 的增长。21 世纪初由于网络泡沫破灭后的经济萧条，对外直接投资一度下滑，2003 年之后进入第二次扩张高潮，2008 年自美国次贷危机、继而世界性金融危机、经济危机，对外直接投资陷入低谷。从图 4.1 中还可以看到，接受直接投资的主体是发达国家。在第二轮高潮期，发展中国家和转轨经济体接受直接投资的比重有所增加。

全球直接资本流动快速增长意味着大量的跨国公司到海外实施绿地投资或并购，通过全球采购、合资或独资生产以及离岸外包等形式，建立越来越广泛的全球生产和销售体系，由此带来国际贸易量急剧增加。表 4.1 中可以看到，跨国公司海外子公司的销售始终在快速增长，尤其是两个后半期。与此同时，跨国公司海外子公司的出口额也在增长。80 年代后半期，海外子公司出口额的增速大于销售额的增速，意味着海外生产和销售

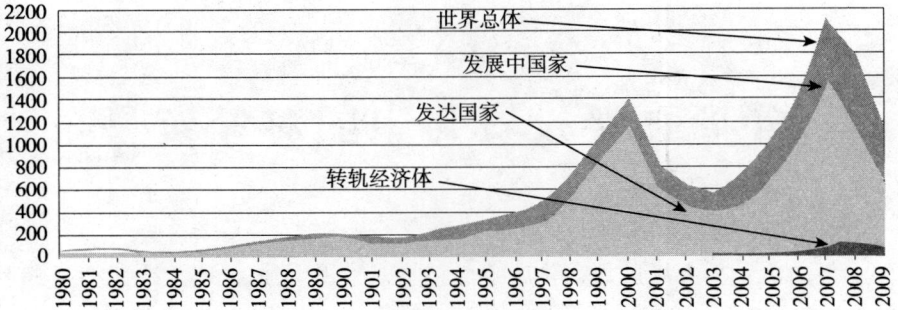

图 4.1　全球 FDI 流入量（1980～2009，10 亿美元）

资料来源：UNCTAD，*World Investment Report* 2010，第 2 页。

中出口的扩张程度大于东道国本地市场销售的扩张；进入 90 年代后，出口的增速始终低于销售，表明跨国公司的海外生产愈加看重东道国本地市场。

表 4.1　　　　世界对外直接投资及相关指标的年增长率

	1986～1990	1991～1995	1996～2000	2001～2005	2008	2009
FDI 流入	23.6	22.1	39.4	5.2	−14.2	−37.1
FDI 流入存量	15.1	8.6	16.0	13.3	−13.5	14.5
国外子公司销售	19.7	8.8	8.1	18.1	−4.6	−5.7
国外子公司总产值	17.4	5.8	6.9	13.9	−4.4	−5.7
国外子公司出口额	22.2	8.6	3.6	14.8	15.4	−22.2
GDP（以时价计）	9.5	5.9	1.3	10.0	10.3	−9.5
固定资本形成总值	10.0	5.4	1.1	11.0	11.5	−10.3
特许权和许可证收费	21.1	14.6	8.1	14.6	8.6	−
货物和服务出口额	11.6	7.9	3.7	14.8	15.4	−21.4

资料来源：UNCTAD，*World Investment Report*，2009，2010。

据一般估计，跨国公司全球生产、销售过程中的内部贸易约占全球贸易总额的 40% 左右，其外部贸易约占全球贸易的 30% 左右，两者合计达到 70%。美国的数据可见一斑。首先，从美国本土的视角来看，如表 4.2 中，1992 年，美国货物总出口达 4482 亿美元，其中 34.2% 是跨国公司内部的贸易，其中 23.4% 是美国母公司对其海外子公司的出口，另 10.8% 是外国跨国公司在美国的子公司对其母公司的出口。美国货物总进口 5237 亿美元中，有高达 43.3% 是跨国公司内部贸易，其中 17.4% 是美国母公司从其海外子公司的进口，另 25.9% 是外国跨国公司在美国的子公司从其母公司的

进口。也就是说,在这一年里,美国的跨国公司向其海外子公司出口 1047
亿美元,又从其海外子公司进口 926 亿美元;而其他国家跨国公司在美国
的子公司向其母公司出口 488 亿美元,又从其母公司进口 1378 亿美元。如
果没有跨国公司的内部贸易,美国货物贸易的规模将减少 1/3 以上。

表 4.2　　　　　　1992 年美国经由跨国公司的货物进出口　　　单元:10 亿美元

货物总出口	448.2	货物总进口	532.7
经美国跨国公司的出口		经美国跨国公司的进口	
美国母公司→其海外子公司	104.7	美国母公司←其海外子公司	92.6
美国母公司→外国公司	140.8	美国母公司←外国公司	107.2
其他美国公司→美国海外子公司	15.6	其他美国公司←美国海外子公司	16.6
经外国跨国公司的出口		经外国跨国公司的进口	
在美的外国子公司→其母公司	48.8	在美的外国子公司←其母公司	137.8
在美的外国子公司→其他公司	55.2	在美的外国子公司←其他公司	46.7
跨国公司内部出口总计	153.5	跨国公司内部进口总计	230.4
占总出口的比重(%)	34.2	占总进口的比重(%)	43.3

资料来源:Feenstra, R., C., 2003, Advanced International Trade: Theory and Evidence, : Table11.1

从表 4.3 所示的亚洲电子行业中美国子公司的数据可以大致了解美国
在东道国的销售和贸易情况。70 年代后期,亚洲电子行业的美国子公司的
销售几乎都是对外出口,1977 年出口占总销售的比重高达 99%。美国子公
司进口的规模也比较大,相当于销售额的 30% ~ 40%。可见,美国跨国公
司在亚洲电子行业的生产带来了进出口两方面的巨大贸易额。80 年代以
后,美国子公司进口的比例上升,而出口的比例有所下降。到 90 年代前
期,进出口的比例都大大下降,意味着美国子公司更多地在东道国本地采
购和销售。

表 4.3　　　　　美国在亚洲电子行业的子公司的销售和贸易　　　单位:亿美元

	1977 年	1983 年	1993 年
美国子公司总销售	2306	5099	14073
美国子公司总出口	2282	4595	10765
对美国出口	1674	3442	6465
对母公司出口	1633	3362	6740
对第三国出口	608	1153	4300

续表

	1977 年	1983 年	1993 年
对第三国出口占总出口的比重（%）	27	25	40
出口/总销售比率（%）	99	90	76
美国子公司总进口	1372	4152	5483
来自美国的进口	700	2111	2817
来自美国母公司的进口	672	2041	2666
进口/总销售比率（%）	30	41	20
所在东道国总出口	5652	13655	99358
美国子公司出口占东道国总出口比重（%）	40	34	11

资料来源：《世界投资报告 1996 年》。

为什么跨国公司的直接投资会带来贸易规模的增加？是否只要跨国生产就一定带来贸易？回答这个问题，需要从里理论上认清跨国公司的直接投资与国际贸易的关系。到目前为止，相关理论分别从国家层面、产业层面到企业层面，进行大量越来越深入的研究。

4.2　直接投资与国际贸易的理论研究

直接投资与国际贸易的理论研究经历了几个发展阶段，分别是从国家层面研究要素价格差异导致的资本跨国流动、从产业层面研究不同产业的对外投资对贸易流向的影响、从企业层面研究跨国公司的全球布局。

4.2.1　资本流动与国际贸易

最早分析直接投资与国际贸易的关系是在国家层面、从资本跨国流动的角度出发的资本流动理论。蒙代尔（Mundell，1957）在赫克歇尔—俄林要素禀赋理论的基本框架上，提出了投资替代贸易的模型。蒙代尔模型假定的经济环境与赫克歇尔—俄林模型大体一致：两个国家技术水平相同；消费偏好、需求结构一致；生产要素在一个国家内部可以完全流动，但不能跨国界流动；同质产品的生产中不存在规模经济；市场是完全竞争的；

不考虑运输成本、关税和其他贸易障碍。两个国家中，假定本国是劳动相对丰裕的国家，外国是资本相对丰裕的国家，根据要素禀赋理论，本国将出口劳动密集型产品，外国出口资本密集型产品。在贸易平衡的状态下，两国资本和劳动力的报酬率趋同，这时即便允许生产要素跨国流动，也不会有要素流动发生。

如果存在贸易壁垒，情况则不同了。比如本国征收进口关税，外国的资本密集型产品进入本国市场后，在本国的价格被抬高。由于进口品与国产品的价格差异，本国市场将出现对国产品的超额需求，国产资本密集型产品的价格也被推高，进而刺激本国资本密集型产品的生产。本国资本密集型部门生产规模扩大，势必增加对资本的需求，导致本国资本价格上升。

本国更高的资本价格将吸引外国资本流入。如果允许资本跨国流动，外国资本就会进入本国。本国的资本数量增加，资本相对稀缺的状况有所缓解。外国则因资本流出，资本供给减少，资本价格上涨，资本相对富裕的比较优势被削弱，其资本密集型产品相对本国资本密集型产品的价格优势弱化。两国比较优势的弱化使两国的贸易规模缩小。总之，资本跨国流动的结果是，本国进一步增加相对劣势的资本密集型产品生产，减少其相对优势的劳动密集型产品的生产，外国由于资本价格上涨减少了其相对优势的资本密集型产品的生产，同时增加其相对劣势的劳动密集型产品的生产。因而贸易规模减少了。可见，要素的跨国流动导致双方的贸易规模缩小，所以说，要素的跨国流动替代了商品的跨国流动。

80 年代以后，沿着蒙代尔的分析思路，马库森（Markusen，1983）讨论了另外一种情形：两国要素禀赋相同，但技术水平不同，造成不同产品的比较优势差异，比如本国在劳动密集型商品上有技术优势，外国在资本密集型商品上有技术优势。基于比较优势的国际分工是两国各自出口自己在技术上具有比较优势的商品，即本国出口劳动密集型商品，外国出口资本密集型商品，贸易结构与前述蒙代尔模型一致。

两国扩大自己比较优势产品的生产，然后相互贸易。贸易的结果导致两国比较优势产品中密集使用的要素价格上升，在本国是工资水平上升，在外国是利率水平上升。这样一来，原本要素禀赋相同的两国，现在要素价格出现了差异，如果要素可以跨国流动，劳动力就会从外国流向本国，而资本则从本国流向国外。于是，本国的劳动力数量增加，从而加强了本国在劳动密集型产品上的比较优势；外国资本数量扩张后，资本密集型产品的比较优势得以增强。两国比较优势的差距扩大后，贸易规模也随之扩张。在这里，我们看到资本流动与贸易是互补的，与蒙代尔的结论相反。

4.2.2 直接投资与国际贸易

随着对外直接投资的不断发展，越来越多的理论从产品或产业层面讨论直接投资与贸易的关系，代表性的有产品生命周期理论与边际产业投资理论。

维农（Vernon，1966）根据美国工业制成品贸易的特征分析了在产品的不同阶段供给和需求的特点、资源和市场的要求，以及相应的对外直接投资与贸易的流动模式，被称为产品生命周期理论。所谓的新产品具有两个基本特征：迎合高收入者的需求；生产过程中有节约劳动的特性。新产品从制造出来到完全标准化生产具有三个阶段：新产品阶段、产品成熟阶段和产品标准化阶段。

在新产品阶段，新研制出来的产品更多地体现为技术密集型，企业生产主要是为了满足本国市场需求。由于新产品尚未完全定型，需要和本国消费者保持密切联系，以此来改进产品的生产技术和方式，所以新产品一般在国内生产、在国内消费，没有贸易发生。

新产品的市场技术逐渐稳定，产品特征逐渐由技术密集型向资本密集型转变，产品生产进入成熟阶段。稳定的生产技术使国内生产规模急剧膨胀，相对于国内消费量稳定增长，必然会出现大量剩余产品。由于新产品具有满足高收入者需求的特征，与发明国收入水平相近的国家渐渐出现对新产品的需求，于是发明国向这些国家出口新产品。在这一阶段，生产过程趋于标准化，出现规模经济。一方面，随着技术逐渐流传到国外，国外会出现仿制品和替代品同该产品展开竞争，同时为了保护自己的民族工业，还可能实施关税和非关税措施限制新产品的输入；另一方面，发明国为了追求规模经济和绕开贸易壁垒，可能将生产向市场规模较大国家或地区转移。如果该地区的生产规模足够大，规模经济发挥作用，形成更低的生产成本，发明国可能从相近收入的国家进口该新产品。可见，在产品成熟阶段，发明国对外直接投资替代了本国对外出口，直接投资与贸易之间具有替代关系。

当新产品成为完全标准化产品,技术的垄断优势明显消失,产品特征由资本密集型逐渐向劳动密集型转变。于是,企业间的竞争逐渐转化为价格竞争和成本竞争。这时,发明国(技术领先国)通常会选择将生产通过直接投资转向低成本、低收入的国家,比如有一定工业基础的发展中国家,生产的产品返销到跨国公司的母国和其他外国市场。当生产过程的分割越来越细化,跨国公司可能会通过直接投资,将生产中的劳动密集型工序配置在低成本国家进行,以加工贸易、中间产品贸易的形式完成最终产品的生产和销售。这样,东道国一方面从投资国进口原材料和中间产品,同时向投资国及其他国家出口最终产品。总之,在产品标准化阶段,对外直接投资具有贸易创造效应,引发投资国进口贸易和东道国出口贸易的增长,世界贸易量也会相应得到增长。

可见,根据产品生命周期理论,对外直接投资的贸易效应在产品生产的不同阶段是动态变化的。在新产品阶段,只有贸易往来,没有对外直接投资;在产品成熟阶段,对外直接投资替代母国的出口贸易,引发母国贸易量减少;在产品标准化阶段,对外直接投资增加了母国的进口贸易和东道国的出口贸易。

很容易找出制成品的贸易、投资结构和其生命周期之间关系的例子。电视机最早由美国发明并生产,后来欧洲的生产逐渐增加,日本更是后来者居上,很快就成为最具竞争力的生产国,向欧美国家出口。20 世纪 90 年代后,东亚国家或地区取代美国和日本,成为电视机最主要的供应商。

小岛清(Kojima,1973)把传统模型中的劳动和资本要素用劳动和经营资源来替代,因此国际直接投资已不再是简单的资本流动,而是包括资本、技术、经营管理和人力资本的总体转移。小岛清认为投资国的对外直接投资应从本国处于比较劣势的边际产业开始依次进行。所谓边际产业指的是比较优势产业中相对优势最小,几乎变为比较劣势的产业,对东道国而言,该产业的技术可能更为接近东道国的比较优势产业。对外投资产业的技术与东道国技术的差距越小,技术就越容易为东道国所吸收和普及,进而提升东道国的比较优势。同时投资国可以集中精力创造和开发新的技术和比较优势,从而使两国间的比较成本差距扩大,为更大规模的贸易创造条件。由此可见,国际直接投资并不是对国际贸易的简单替代,而是存在着一定程度上的互补关系。在许多情况下，国际直接投资也可以创造和扩大对外贸易。

4.2.3 跨国公司与国际贸易

越来越多的研究转到企业层面，从跨国公司的视角讨论直接投资与贸易的关系。这一领域的开创者是邓宁。

（1）国际生产折衷理论

邓宁于 20 世纪 70 年代提出的国际生产折衷理论指出，对于企业而言，对外直接投资与出口是两种经营方式的选择，取决于企业是否拥有厂商优势或所有权优势、内部化优势和区位优势。厂商优势或所有权优势是企业在资产所有权上的优势，包括生产技术、企业规模、组织管理、融资便利等垄断优势。在同一区位内，企业占有具有垄断优势的资产可以是有形资产，也可以是无形资产，无形资产的流动性大于有形资产，可运用于世界各地，所以对于对外直接投资更重要。内部化优势指企业拥有将其所有权优势进行企业内部经营的条件或优势。由于市场的不完全性，比如竞争壁垒、交易成本和信息不对称等，企业即便拥有一定的所有权优势，也未必能克服市场的不完全带来的成本与风险。必须拥有内部化优势，才能实现资源的最优配置，并使垄断优势得以充分发挥。否则，企业就应该将其优势资产或资产的所有权出售出去，以获取最大赢利。区位优势指企业在海外选址投资、进行国际生产布局的优势。区位优势包括东道国的要素禀赋优势，如自然资源、人力资源和市场容量等，还包括东道国的地理位置、运输成本、社会文化以及东道国政府的鼓励或限制等等方面所具有的优势。

所有权优势是企业对外直接投资的基本前提，如果企业具备了内部化优势和区位优势而无所有权优势，海外扩张无法成功。如果企业只有所有权优势和区位优势，表明企业拥有的所有权优势难以在内部利用，只能将其转让给外国企业。如果企业仅有所有权优势和内部化优势，而不具备区位优势，意味着缺乏有利的海外投资场所，因此企业只能将有关优势在国内加以利用，在国内生产，通过出口供应海外市场。因此，企业要发展成为跨国公司，所有权优势、内部化优势和区位优势这三种优势必须同时齐备，缺一不可。因此，企业选择对外贸易，是因为没有相应的区位优势，无法实施对外直接投资。而具备所有权优势和内部化优势的企业，一旦具备相应的区位优势，必然会选择对外直接投资。

显然，根据国际生产折衷理论，企业选择了对外直接投资，必将是对本国出口的替代。因此，直接投资对于贸易具有相当强的替代效应。

（2）跨国公司一体化理论

跨国公司进行跨国生产布局，实际上就是将其生产经营活动在地理空间上进行了分割。一般来说，企业的生产经营活动可以分成两大块，一类是所谓的跨国公司总部提供的"总部服务"，指与企业特定资产（主要是管理、技术、品牌信誉和商标等无形资产）直接有关的各种活动，如研究与开发、营销、财务等。另一类指工厂提供的生产活动，即具体的制造业务。包括上游生产（生产中间产品如零部件）和下游生产（生产最终产品）。当企业把总部与工厂分离开来，部分或全部转移到其他国家时，原先局限于母国的一体化生产就变成了地理空间上分散化的国际生产。总部行为产生的企业特定资产具有公共物品的性质，构成了企业层面的规模经济，工厂生产活动所需的固定成本构成了工厂层面的规模经济。跨国公司在决定对外直接投资、进行跨国生产时，必须通盘考虑、权衡规模经济等固定成本因素与运输成本大小、贸易壁垒高低和要素价格等可变成本因素，最终选择跨国生产的模式。一种可能是把实际生产活动全部转移到东道国，形成纵向一体化，另一种情形是同时在国内和国外进行生产，形成横向一体化。比如一家在美国注册的跨国公司，其总公司在美国，而生产企业全在国外，这是所谓的纵向一体化或垂直一体化。如果它同时在美国和国外都有生产企业，则是横向一体化或水平一体化。横向一体化实际上包含了纵向一体化。

由于产品的不同生产阶段具有不同的要素密集度，而国家间要素禀赋差异导致同一要素价格因国而异，因此把生产过程的不同阶段放在相对成本最低的区位是企业的最优选择。纵向一体化对外直接投资就是指企业把不同生产阶段分别配置在成本相对较低的不同国家而进行的直接投资。给定两国间的要素禀赋差异，两国的相对市场规模差异越大，纵向一体化对外直接投资带来的行业内贸易规模越大。给定两国的相对市场规模，两国间的要素禀赋差异越大，纵向一体化对外直接投资就越容易发生。同样，总部服务与工厂生产之间的要素密集度差异越大，发生纵向一体化对外直接投资的机会就越多。因此，纵向一体化对外直接投资导致资本充裕国家成为总部服务的净出口国，而劳动力充裕国家则成为最终产品 X 的净出口国。

纵向一体化对外直接投资具有明显的贸易创造效应，这种效应的大小与两国的要素禀赋差异、市场规模差异以及跨国公司的作用大小有关。首先，在两国相对要素禀赋既定的情况下，两国的相对市场规模差别越大，纵向一体化对外直接投资引发的行业内贸易量也就越大。其次，在两国市场规模既定的情况下，两国的要素禀赋差异越大，跨国公司内部贸易占贸易总量的比例越大。另外，跨国公司的作用越大，要素禀赋差异对产业内贸易的限制作用就越小。在不考虑总部行为时，要素禀赋差异会促进产业间贸易，而限制产业内贸易。在引入了总部行为的分析中，如果投资国资本充分丰裕，纵向一体化对外直接投资会使国家 1 成为差异产品 X 的净进口国，东道国成为差异产品 X 的净出口国。

在纵向一体化对外直接投资模型中，没有考虑运输成本、贸易壁垒等情况，企业只在一个国家建立一个工厂。如果存在运输成本、贸易壁垒和不确定性等因素，并且假定每个工厂都有自己特定的固定成本，这时，企业可能在包括母国在内的多个国家同时从事相同或相近产品的生产活动，并在当地销售以满足本地市场需求，这就形成了横向一体化的对外直接投资。

横向一体化对外直接投资与纵向一体化对外直接投资的根本区别在于企业在多个国家进行当地生产和销售，对外直接投资的最终目的是获取东道国当地市场而不是国际市场。其实，横向一体化对外直接投资中跨国公司与其子公司之间的投资与贸易也属于纵向一体化。Markusen（1984）最早提出了横向一体化对外直接投资的理论模型。他认为，企业进行横向对外直接投资的原因是投资总部服务的固定成本很高，而投资工厂的固定成本相对较低，导致企业层面的规模经济超过工厂层面的规模经济。当在不同国家投资设立两个工厂时，企业总固定成本小于投资单个工厂的两倍时，企业投资多个工厂就是有利的。另外，横向一体化对外直接投资还可以节省包括关税和运输成本在内的各种费用，避开贸易壁垒，从而降低供应当地市场的成本。

总体来说，企业层面的规模经济越大，企业特定资产在多个工厂生产中的作用越大，企业的规模就越大，并且越容易降低跨国生产的固定成本。在其他条件相同时，较高的企业层面规模经济会提高对外直接投资的吸引力。另外，东道国的市场规模越大，意味着企业更容易通过当地销售来抵消对外直接投资所增加的沉没成本，横向一体化对外直接投资会越多。

因为横向一体化对外直接投资的目标是东道国本地市场，所以这种对外直接投资会替代国际贸易，两国间贸易流量减少。

横向一体化对外直接投资模型强调规模经济、贸易成本和投资成本等对于对外直接投资区位的影响，适合解释存在于发达国家之间的对外直接投资活动。由于假定总部服务是贸易成本为零的纯知识产品，且不同生产阶段具有相同的要素密集度，因此排除了要素禀赋差异较大的国家之间发生横向对外直接投资的可能性。事实上，在流向发展中国家的对外直接投资中也有相当一部分是服务于当地市场的，并且中间产品贸易和横向对外直接投资还往往同时发生。这些现象都需要新的理论来解释。

马库森（Markusen，2002）的知识资本模型（Knowledge Capital Model）允许总部服务和实际生产活动具有不同的要素密集度，把纵向和横向对外直接投资纳入一个综合一体化对外直接投资的理论框架。知识资本指跨国公司总部所创造的各种知识性资产，包括研发、管理、营销、财务等总部行为，在企业内部具有公共物品的性质，可服务于多国工厂的生产。

马库森认为知识资本具有三个特性：①可分割性：知识性资产的生产与工厂的生产活动可以在不同区位进行，向国外工厂提供知识资产服务产生的附加成本相当小，所以具有企业层面的规模经济。②熟练劳动密集型：相对于最终产品的生产，知识性资产的生产是熟练劳动密集型的生产。③联合性：是或者至少部分是对多个生产工厂的联合（公共）投入。知识资本的不同特性组合决定了跨国公司的类型。知识资本的可分割性和熟练劳动密集型导致纵向跨国公司的产生，跨国公司根据要素成本和市场规模来决定总部和生产工厂的区位，生产过程的不同阶段在空间上相分割，东道国的区位优势体现在较低的贸易成本和要素价格。知识资本的联合性导致横向型跨国公司的产生，企业在多个区位生产和提供相同或类似产品或服务，东道国的区位优势是市场规模和较低的贸易运输成本。

　　知识资本模型假定世界经济中有两种生产要素——非熟练劳动力和熟练劳动力，有本国和外国两个国家，生产两种同质产品，其中一种是非熟练劳动密集型产品，另一种是熟练劳动密集型产品。均衡状态下经济中存在三类六种企业。①A 型：国内一体化企业，总部和一个生产工厂都在一个国家，可以出口或不出口，以所在地可分为 A_H 和 A_F 两种。②B 型：纵向型跨国公司，总部和单个工厂分别在两国，以总部所在地分为 B_H 和 B_F 两种。③C 型：横向型跨国公司，总部在母国，母国和东道国各有一个工厂，以总部所在地分为 C_H 和 C_F 两种。

　　不同类型跨国公司的形成条件取决于国家特征的组合，如包括贸易成本、相对市场规模和要素禀赋等。A 型国内一体化企业主导市场的情况有三种：其一，本国规模较大并且熟练劳动力相对充裕。因为较大的市场适合大批量生产，丰富的熟练劳动力适合总部活动，所以 A 型企业比 B 型企业更有成本优势。在外国的市场规模比较小，且贸易成本不是非常高的情况下，A 型企业也比本国的 C 型企业更具成本优势，因为后者要在较小的外国市场上承担沉没成本。其二，本国和外国规模相当，禀赋相近，贸易成本较低。如果两国完全对称，不会存在 B 型企业；较低的贸易成本使 A 型企业比两工厂的 C 型企业更有优势。其三，外国对直接投资限制较多。B 型纵向型一体化跨国公司的形成条件与国家规模和相对要素禀赋的相似程度直接有关。当两国规模相近，但要素禀赋差异较大时，总部适合集中在熟练劳动力丰富的国家，而生产活动适合在熟练劳动力稀缺的国家。如果贸易成本不太高，B 型企业将成为主导企业。C 型横向型一体化跨国公司的形成条件则是两国规模相当、禀赋相近且贸易成本较高。

　　就直接投资与贸易的关系而言，对于 A 型国内一体化企业来说，没有对外直接投资，只有贸易的存在；对于 B 型纵向一体化企业来讲，对外直接投资会带来贸易的大量涌现，具有贸易的创造效应；对于 C 型横向一体化企业，则有贸易的替代效应产生。

4.2.4　对外直接投资的动机与贸易

　　一些研究直接跨国公司从对外直接投资的动机出发，研究直接投资的动机与贸易的关系。小岛清（Kojima，1981）认为对外直接投资有四种类型：自然资源导向型、劳动力导向型、市场导向型和生产与销售国际化型。帕特瑞（Patrie，1994）认为有三种类型：市场导向型、生产导向型和贸易促进型。其中贸易促进型是指跨国企业出于更好地配合母公司或总公司的出口贸易活动，而进行的以提供服务为主要形式的对外直接投资。邓宁（Dunning，1993）根据区位优势对跨国公司选址的影响和跨国公司战略目标的不同，将直接投资分为自然资源寻求型、市场寻求型、效率寻求型、战略资产寻求型、贸易及分配型、辅助服务型等六大类。崔日明（2001）列举了包括资源动机、市场动机、生产成本/效率动机、技术/研究动机、贸易促进动机、规避风险动机、全球战略动机等多种。《世界投资报告2006》将对外直接投资的动机总结为四大类：市场寻求型（Market-seeking）、效率寻求型（Efficiency-seeking）、资源寻求型（Resource-seeking）和现成资产寻求型（Created-asset-seeking）。

（1）市场寻求型直接投资与贸易方向

市场寻求型动机大体可以分为三种，一种是突破或规避贸易壁垒，获取东道国市场。出于这一动机的对外投资企业通常是出口型企业，对外投资之前在本国进行商品生产，通过出口进入国外市场。但由于东道国的贸易限制，出口受到阻碍，于是进行对外直接投资。一种可能是在东道国设厂生产，在当地销售。另一种可能是在没有出口限制的第三国投资生产，向原有市场所在国出口，这种对外直接投资被称为"出口平台型对外直接投资"（export – platform FDI）。第二种市场寻求型直接投资是为稳定与扩大海外市场。企业通过出口已经占据了一定的海外市场之后，在当地直接投资进行生产和销售可能获取进一步的收益。第三种市场寻求型投资是为开拓新市场，一般而言，技术上的优势和规模经济都会导致以开拓新市场为目的的直接投资。

在以绕过贸易壁垒或其他障碍为目的的市场寻求型对外直接投资中，无论是在市场目标国还是在没有贸易限制的第三国进行生产，母公司的最终产品的出口都将减少，甚至被投资完全替代。市场目标国将减少从投资国的进口。如果直接投资的东道国是第三国，则市场所在国的进口没有减少，只是进口对象国发生了变化，同时第三国的出口增加。开拓新市场的直接投资对母公司的出口没有大的影响。

市场寻求型直接投资往往是横向一体化的对外直接投资。由于最终产品的运输成本、贸易壁垒或其他贸易障碍等交易成本过高，跨国公司才在东道国建立新的生产基地，利用当地的资源进行生产。

（2）效率寻求型投资与贸易方向

效率寻求型投资指企业为了利用国外廉价的生产要素而进行的投资，目的在于降低生产成本、提高生产效率，所以一般也被称为生产效率导向或成本导向型投资。在现实经济中，由于劳动力和土地等生产要素不像资本那样可以自由流动，跨国公司要想利用其他国家丰富而廉价的劳动力和土地资源，就必须到那里投资设厂。效率寻求型投资既可能出现在发达国家的对外直接投资中，也可能存在于发展中国家的对外直接投资之中。

海外子公司在当地生产的产品可能返销到母国，也可能销往其他国家，带来了东道国出口的增加。如果返销母国，会引起母国进口的增加，形成投资和贸易的互补效应。如果销往其他国家，可能会替代投资国对其他国家的出口。

随着国际贸易运输成本的不断降低，效率寻求型企业越来越多地推行全球战略，根据各地的成本优势，在全球选择适宜的地点进行生产布局。这可能增加公司内部的贸易，如跨国公司的海外生产基地从母公司采购生产设备、原材料、中间产品等，从而增加母国的出口。若从生产布局的其他第三国采购，则会带来其他国家的出口和投资东道国的进口。如果海外公司生产的产品是中间产品，或投资东道国不是市场目标国，则又会带来投资东道国出口的增加。

效率寻求型投资往往是纵向一体化的对外直接投资，即将生产的不同阶段放在所需要素价格最低的国家和地区进行生产。生产成本的降低和生产效率的提高可以充分抵消运输成本和贸易壁垒在内的贸易成本，从而获得比在国内生产更高的利润。因而，不论是在投资母国和投资东道国，还是在世界范围内，效率寻求型的对外直接投资一般都有贸易互补效应，会带来包括中间产品在内的所有产品贸易量的增加。

（3）资源导向型直接投资与贸易方向

资源导向型直接投资指为开发和利用国外的自然资源而进行的投资。无论过去、现在和将来，资源导向型投资在国际直接投资中都占有相当重要的地位。这类投资的目的在于获取石油、矿产等不可再生且对于国计民生、经济发展具有重要作用的自然资源。具体情况有两种，一种情况是纯资源开发类企业（如石油天然气公司）的对外直接投资，另一种是钢铁公司等利用自然资源生产型企业的对外投资。在第一种情况下，获取自然资源的目标往往具有一定的国家责任在内，比如为了直接满足国内经济快速发展的需求。出于这种目的的对外直接投资必然带来投资母国对于自然资源的进口量绝对增加。如果对外直接投资的目的是供应全球市场，则会带来世界范围的进口贸易的增加。第二种情况下企业对外直接投资的目的是为了保障企业生产的有效资源供应。如果母公司所在的母国是最终产品生产国，母国资源进口量会增加；如果最终产品在第三国生产，第三国的资源进口量会增加；如果产品生产国就在资源投资的东道国，资源类产品的贸易量则会减少。只要最终产品的生产国不在东道国，这类投资都会增加东道国的资源类出口。

（4）现成资产寻求型直接投资与贸易方向

现成资产寻求型直接投资是为了取得和利用国外先进的技术、生产工艺、新产品设计、管理知识、关键设备和零部件、新产品等而进行的对外直接投资，也称为技术与研究导向型投资。一般来说，技术和研发的中心多位于技术的创新国，以发达国家居多，所以现成资产寻求型的对外直接投资往往表现为发达国家间双向投资，或为发展中国家向发达国家的投资。这类直接投资具有较强的趋向性，而且投资方式多为收购当地高新技术企业，在投资东道国创办研发中心，搜集技术信息和市场情报等等。因而投资会带来相关专利技术、专有技术等技术贸易的广泛开展和高新技术产品的投资母国进口量的大幅增加。

事实上，许多跨国公司对外进行直接投资的动机并非只有一种，一项投资往往是多重动机并存的。而且跨国公司对外直接投资的动机也不是一成不变的，随着对外直接投资时期和情况的变化，也会随之发生相应的改变。

▓ 4.3　外商直接投资与中国对外贸易

中国是发展中国家中利用外资的大国，中国的对外贸易与利用外资更是直接相关。

4.3.1 中国利用外资的几个阶段

中国利用外商直接投资经历了几个阶段。如图 4.2，1991 年以后，实际利用外资进入了快速增长阶段。20 世纪末引进外资经过短暂调整后，步入稳定增长的态势。根据实际利用外资金额的变动趋势，我们将我国利用外资的情况简单地分为三个阶段。

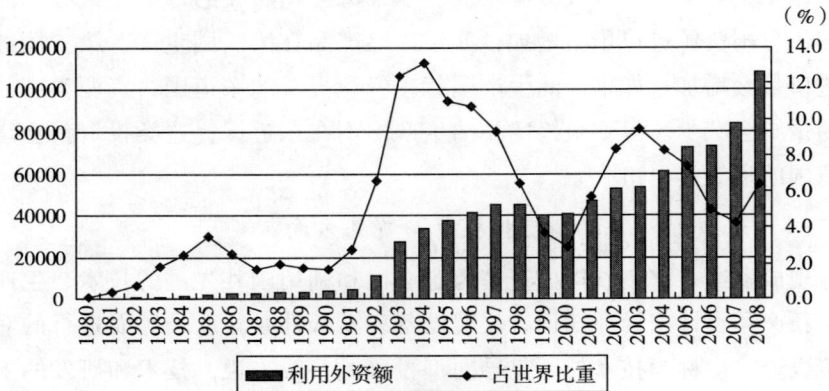

图 4.2 我国利用外商直接投资的规模及比重（百万美元）

数据来源：UNCTAD，FDI database。

第一阶段（1979～1991 年）为外商直接投资的起步阶段。1979 年颁布实施的《中华人民共和国中外合资经营企业法》是中国利用外商直接投资的首部全国性政策法规。根据先试点、后推广的开放原则，1979 年至1980 年，中央政府先后批准广东、福建两省在对外经济活动中实行特殊政策和优惠灵活措施，并在深圳、珠海、汕头、厦门四个地区举办经济特区，在特区内实行特殊优惠政策吸引外商直接投资。由于是改革开放初期，外商基本上都是持试探的态度，外商直接投资累计流入总量较少，高度集中在对外商直接投资实行特殊政策的深圳、珠海、汕头、厦门四个经济特区，投资来源地主要是香港和澳门两个地区，西方发达国家的投资极少，投资领域主要集中在劳动密集型加工业和酒店服务业。1984 年后，随着海南和沿海 14 个城市的开放，中国相继颁布了一些法律和法规，有关部门也相继制定了实施上述规定的十几个细则，中国初步建立起了引进外商直接投资法律和法规体系，投资软环境得到了较大的改善。与此同时，中国加快了对交通、通讯、能源等基础设施的投资，投资硬环境也得到很大改善。这之后，外商直接投资真正开始起步，不仅分布范围显著扩大，外商直接投资流入的数量也急骤增加。

第二阶段（1992～1997 年）为外商直接投资的高速发展阶段。自1992 年小平南巡讲话后，中国改革开放进入一个崭新的发展阶段，不仅确立了建立社会主义市场经济体制的改革目标，而且对外开放范围从沿海扩大到内陆省份，实现沿江（长江）、沿线（陇海线、兰新线）、沿边（边境）对外开放，从而在全国范围内形成了全面开放的格局，同时政府采取一系列切实的鼓励外商直接投资的新政策。此后，引进外资无论就广度还是深度而言，均取得了新的突破和重大进展，步入了高速发展轨道。1992年实际利用外资当年就达 110.08 亿美元，而 1991 年只有 43.66 亿美元，1992 年比上年翻了一倍多①。之后几年，我国一直是世界上仅次于美国的第二大外商直接投资东道国和发展中国家最大的外商直接投资吸纳国，中国已成为名副其实的世界各国对外直接投资的热点地区。

第三阶段（1998 年至今）为外商直接投资进入的平稳上升阶段。1997年亚洲金融危机爆发后投资一度下降，之后外国直接投资迅速回暖。甚至在受世界经济明显减弱影响、全球吸收外国直接投资流入量比上年猛跌51% 的 2001 年，中国吸收外商直接投资仍比上年增加了 15%；2002 年达527.43 亿美元，同比增长 12.5%②。在这一阶段，港澳台投资基本上稳定，没有大的增长，而以美国、英国、德国和法国为代表的一些大型跨国公司纷纷进入中国，到 2000 年底，世界 500 家最大的跨国公司中有 400 多家在我国设立分支机构，外商直接投资的质量明显提高；地区分布趋向合理，一些内陆省份和城市成为新的投资热点；行业分布趋向合理，技术含量明显提高；投资来源地发生了较大变化；许多大型跨国公司纷纷在我国设立研究与开发（R&D）机构。

4.3.2　中国利用外资的来源地

根据商务部的外资统计，1992 年外商直接投资的主要来源地是香港，占利用外资总额的 68.2%，其次是台湾，占 9.54%，来自港台的投资高达

---

①②　国家统计局：《中国统计年鉴 2008》。

77.7%。来自日本和欧美等发达国家直接投资比重为13.3%。进入21世纪后，来自香港直接投资的比重下降，港台的比重降到40%左右。来自发达国家直接投资的比重也上升。如2002年日本和欧美对华投资的比例为25.3%。另外，来自维尔京群岛和开曼群岛等避税地的资金明显增加。据说来自英属维尔京群岛等避税天堂的资金很多是中国资金外流、再以外资的形式返回国内，目的是获得外商投资的优惠，但是并没有权威数据证明。

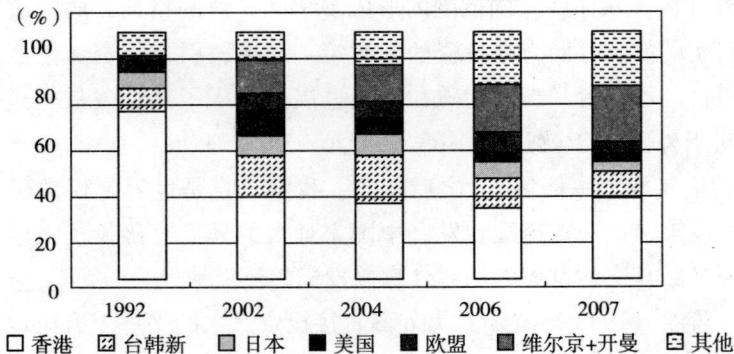

图4.3 中国利用外商直接投资的来源地

资料来源：商务部网站外资统计。

早期港澳台投资主要集中于东南沿海的珠三角的服装、电子等劳动密集型行业，大力发展加工业，属于成本导向型和资源导向型。90年代之后不断扩张的日韩投资相对集中于环渤海地区，也属于成本导向型，将中国内地作为其产品销往第三国或返销国内的加工基地。欧美的投资相对来说更多投向资本技术密集型行业，属于市场导向型，目的是开拓和占领中国市场，并把在中国投资的企业纳入全球生产网络体系中，实现全球利益最大化。

4.3.3 中国利用外资与贸易

随着外商直接投资的大规模进入，外企进出口在中国对外贸易中的比重不断上升。尤其是外商直接投资进口占总进口的比重1992年达到30%以上，1993年即上升到40%，1996年迅速跃到了50%以上。如表4.4。外商直接投资企业的出口占中国总出口的比重在 1996 年达到 40%，2001 年跃居 50% 以上。总体来看，21 世纪之后，外商直接投资带来的进出口贸易都在总进出口的一半以上。意味着，对中国的直接投资是贸易促进型的。

表 4.4　　　　中国实际利用的外商直接投资与外企的进出口　　　单位：亿美元

	实际利用 FDI	外商进口	占总进口比重（%）	外商出口	占总出口比重（%）
1986	22.44	24.03	5.60	5.82	1.88
1987	23.14	33.74	7.81	12.10	3.07
1988	31.94	58.82	10.64	24.61	5.18
1989	33.93	87.96	14.87	49.14	9.35
1990	34.87	123.02	23.06	78.13	12.58
1991	43.66	169.08	26.51	120.47	16.75
1992	110.08	263.87	32.74	173.60	20.44
1993	275.15	418.33	40.24	252.37	27.51
1994	337.67	529.34	45.78	347.13	28.69
1995	375.21	629.43	47.66	468.76	31.51
1996	417.26	756.04	54.45	615.06	40.71
1997	452.57	777.20	54.59	749.00	41.00
1998	454.63	767.17	54.73	809.62	44.06
1999	403.19	858.84	51.83	886.28	45.47
2000	407.15	1172.73	52.10	1194.00	47.93
2001	468.78	1258.63	51.67	1332.35	50.06
2002	527.43	1602.86	54.29	1699.37	52.20
2003	535.05	2319.14	56.18	2403.41	54.83
2004	606.30	3245.57	57.81	3386.06	57.07
2005	603.25	3875.13	58.29	4442.09	58.29
2006	630.21	4726.16	59.70	5638.28	58.18
2007	747.68	5609.54	58.66	6858.98	57.13
2008	923.95	6299.56	54.73	7906.20	55.35
2009	900.33	5452.07	54.22	6722.30	55.94
2010	1057.35	7380.01	52.99	8623.06	54.65

资料来源：实际利用外商直接投资的数据来自《中国统计年鉴 2011》，其他数据来自商务部网站外资统计。

图 4.4 反映了 1986 年至 2009 年间中国实际利用外商直接投资额与进口规模之间的相对关系。二者总体来说呈现出正相关的关系。

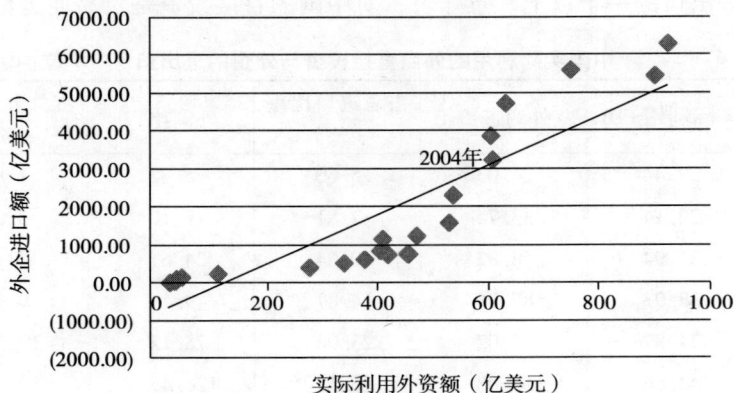

图 4.4　实际利用外资金额与外企进口额之间的关系（1986～2009）

资料来源：根据表 4.4 数据绘制。

图 4.5 反映了 1986 年至 2009 年间中国实际利用外商直接投资额与出口规模之间的相对关系。基本趋势与图 4.4 一致，二者也呈现出正相关关系。

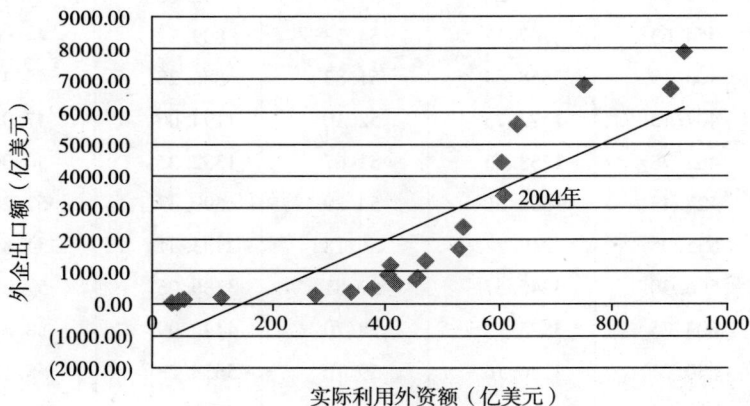

图 4.5　实际利用外资金额与外企出口额之间的关系（1986～2009）

资料来源：根据表 4.4 数据绘制。

2002 年，韩国工商会所和中国韩国商会曾就韩国对华投资动因进行了调查。结果显示，在 256 个企业样本中，以利用中国廉价劳动力作为首要投资动因的企业占51.4%，列各动因之首。进入中国国内市场动因居于第二位，占30.5%，其他动因的投资仅占不足20%。对不同行业投资的动机有所不同。在制造业中，排第一位的是利用当地廉价劳动力（55.7%）。其中，在纺织服装、皮革鞋类、木业家具等行业中，该因素更加突出（60%以上）。在石油、化学等行业中，虽然也考虑劳动力因素，但首要因素是进入中国市场（70%）。此外，韩国对中国农业和服务业投资的主要目的也是开拓中国市场（55.1%）。

⁞⁞⁞ 4.4 日本对华直接投资与中日行业内贸易的检验

发展中国家与发达国家的垂直型产业内分工现象日益突出，对此，迄今为止的研究中有两种理论解释较有说服力。其一是建立在新古典基础上的比较优势理论解释，其二是基于雁行模式的解释。新古典比较优势理论解释认为（Falvey，1981），在同样一个商品序列中存在着不同质量的商品，这种不同的产品质量可能来自于不同的要素禀赋进而相对要素投入。发达国家生产并出口实物资本和人力资本密集的高质量产品，进口劳动密集的低质量产品，发展中国家则相反。这一解释行业内贸易的要素禀赋理论也称"新要素禀赋理论"。如东亚国家或地区先后向欧美出口廉价的棉质服装，而从后者进口高档品牌时装。

基于雁行模式（赤松要，1962）的理论解释认为，东亚发达国家或地区通过直接投资，将自己的边际产业转到不发达国家生产，直接投资的目的是效率（成本）导向和出口导向的，即利用不发达国家的廉价劳动力降低生产成本，形成该行业的比较优势。由此形成东亚国家和地区间的垂直化行业内贸易，即发达国家向不发达国家和地区出口零部件，不发达国家生产产成品返销发达国家或销往其他国家。

就是说，从理论上讲，发达国家和发展中国家的垂直产业内分工和贸易既可能基于各自要素禀赋差异形成的比较优势差异，也可能基于发达国家对发展中国家直接投资形成的比较优势差异。对于上世纪90年代以来中国的机械产品贸易（加工贸易），大量经验研究认为适用后一种模式。关（2002）对东亚国家的比较研究发现，它们的贸易结构与各自的经济发展水平完全相对应，也没有证据能证明中国的起飞打破了这种模式，中国贸易结构依然符合雁行模式。即使在中国飞速发展的 IT 产业，中日之间仍存在明显的劳动分工，日本专业化高附加值产品，中国专业化低附加值产品。Kyoji Fukao, Hikari Ishido and Keiko Ito（2003）利用电子机械行业的贸易数据验证发现，日本和东亚国家（包括中国）的垂直行业内贸易与日本跨国公司海外生产密切相关，即日本对东亚国家的直接投资主导着两者之间的垂直行业内贸易，贸易模式依于投资模式。

上述理论和经验研究揭示了中日投资和贸易结构的几个重要特征：日本对中国的投资主要是日本的边际产业，如机械行业；投资目的是成本导向和出口导向的；投资的结果形成了中日之间的垂直行业内贸易。

4.4.1 日本对中国直接投资结构的变化

进入 21 世纪后，日本对华投资的趋势发生了一些变化。虽然对机械行业的投资仍然是日本对华投资的主导产业，但是在机械行业内，对运输机械行业投资的增长速度超过了对一般机械和电气机械行业的投资，成为在华投资比重最大的行业。

加大对运输行业尤其是汽车行业的投资显然意在中国潜在的汽车市场而不是加工出口，因为汽车行业在中国尚属内需性行业，出口比重小。这与日本对华投资目的的总变动趋势相一致，即中国潜在市场的吸引力越来越大。在日本银行的一项有关国际合作的调查中，当问及为什么将中国视为有前景的合作目标时，选择"增长的国内市场潜力"的比重大大超过"出口基地"的回答[①]。

表 4.5   中国作为海外经营场所的优点

	2003	2004	2005
较好的人力资本	24.2	19.0	17.6
低成本的劳动力	74.9	66.1	62.8
低成本的原材料和零件	34.2	21.4	23.7

---

①   JETRO 国际贸易和对外投资白皮书 2006，www. jetro. org. jp。

续表

	2003	2004	2005
提供装配工厂的基地	28.6	28.6	27.5
有产业集群	14.3	16.1	16.5
分散国家风险	4.5	2.7	3.1
出口日本的基地	22.4	19.4	18.6
出口其他国家的基地	21.9	20.8	24.2
所有上述原因	44.3	40.2	42.8
庞大的市场	19.7	23.9	27.0
增长的市场潜力	82.3	83.3	80.2
开发地方化产品的基础	7.8	6.7	3.8
基础设施完备	9.4	3.3.	5.0
投资的税收优惠	17.4	17.4	13.2
外资政策稳定	4.5	4.2	1.3
政治和社会条件稳定	4.0	4.2	2.0

资料来源：JETRO，国际贸易和直接投资白皮书2006，www.jetro.org.jp。

更进一步，我们还发现，在汽车行业内部，此轮对汽车行业投资浪潮的一个热点是汽车零部件，而不是前一阶段的集中于成品车组装。根据历年《中国汽车工业年鉴》，2002 年汽车行业新建的中外合资企业 20 家，其中零部件企业 8 家，占 40%；2003 年新建中外合资企业 52 家，其中零部件企业 30 家，占 57.7%；2004 年新建零部件企业的比重为 60%；2005 年这一比重进一步上升到 79.5%，2006 年回落到 53.3%。一般认为，在中国的零部件合资企业大多是为了满足企业整车产品的自身配套需要，这一需要主要来自中国汽车市场竞争激烈、进入价格竞争阶段之后，降低成本至关重要。当然，中国加入 WTO 后，对外资进入零部件行业的限制放宽，使投资成为可能。

上述投资结构有悖于边际产业投资理论。因为运输机械行业并非日本的边际行业，应该说还是比较优势行业；汽车行业是中国发展最快、市场扩张最快、潜力最大的行业之一；中国汽车行业对外出口比重低，尚属内需型行业。就是说，日本对中国汽车行业的投资并非利用中国的廉价劳动力加工出口和转移自己的边际产业，而是争夺中国的汽车市场，投资的目标由成本和出口导向变成了国内市场导向。由此引出的一个问题是，当日本投资不再是边际产业、投资目的也不再是成本和出口导向之后，中日两国基于雁行模式的垂直行业内贸易是否依然存在？本节通过考察中日机械产品贸易的行业内贸易指数以及垂直型/水平型行业内贸易指数的变化，试图回答这一问题。

4.4.2 行业内贸易指数

中日机械行业的贸易数据来自日本财政部贸易统计。该统计采取 HS 分类，其中第十六类（机器、机械器具、电气设备及其零件；录音机及放声机、电视图像、声音的录制和重放设备及其零件、附件）和第十七类（车辆、航空器、船舶及有关运输设备）属于机械产品。本书主要研究四位数行业，根据行业内贸易的一般定义，同一四位数行业的进口和出口属于行业内贸易，同一四位数行业只有进口或只有出口，则属于行业间贸易。HS（2002）第十六大类两位数行业 84 和 85 共有 133 个四位数行业，第十七大类的 87 行业（铁道及电车道车辆除外的车辆及其零件、附件）有 16 个四位数行业，这样共涉及 149 个四位数机械行业。

这些行业中有些行业的进出口规模很小，讨论的意义不大。我们对 149 个行业 1991～2006 年间各年度的中日进出口额进行排名，截取每年的前 10 位行业。这样出口方面共得到 25 个行业，进口方面得到 20 个行业，因为有些行业同时出现在两组中，所以一共得到 35 个行业。其中 11 个行业属于 HS84 大类（一般机械），20 个属于 HS85 大类（电气机械），4 个属于 HS87 大类（运输机械）。考虑到运输机械行业的样本行业数目较少，我们增加了两个贸易规模相对较大的运输机械行业：8707 和 8414。这样，共有 37 个样本行业。其中有 16 个行业是零部件行业，其余 21 个行业是最终产品行业。就三类机械产品行业而言，11 个一般机械类行业中，零部件样本行业较少，只有 3 个；另两类机械产品的样本行业中，零部件行业和最终产品行业大致各占一半。

通常行业内贸易指数的计算公式是 Grubel – Lloyd 指数：$ITT = 1 - \left| \dfrac{X - M}{X + M} \right|$。为了反映贸易方向，在此使用 Balassa 指数，即直接用各行业的

贸易差额除以行业贸易规模：$ITT = \left| \dfrac{X-M}{X+M} \right|$。IIT 值越接近于零，表明行业内贸易的程度越大；接近 1 表明是日本向中国的单向出口，接近 − 1 表明是日本从中国的单向进口。

根据各行业 1991～2006 年间 IIT 指数的变动趋势，将 37 个样本行业分为 7 组，如表 4.6。前三组都是单向贸易明显的行业，包括日本向中国的出口行业和从中国的进口行业。

表 4.6　　　　　　　　　机械行业 IIT 趋势分组

组号	IIT 趋势	样本行业
1	单向贸易：日本出口→日本进口	8415，8471，8517，8521，8528，8711
2	单向贸易：始终日本出口	8428，8445，8479，8507，8540，8703，8704，
3	单向贸易：始终日本进口	8470
4	IIT：加深	8409，8414，8418，8419，8473，8501，8518，8529，8532，8534，8542，8707，8708，8714
5	IIT：无变化	8536，8542，8543
6	IIT→日本进口	8504，8516，8519，8527，8544
7	趋势不明显	8525

注：有底纹的行业为零部件行业；加下划线的属于运输机械行业。

一共有 22 个行业存在明显的行业内贸易，占总样本行业数目的 60%。其中行业内贸易程度加深的行业最多（第 4 组），有 14 个，其中既有从原来的单一方向贸易变为行业内贸易，也包括原来存在的行业内贸易在程度上不断加深。行业内贸易趋势稳定（第 5 组）的有 3 个行业。这样，行业内贸易趋势稳定以及不断加深的样本行业一共有 17 个，占到总样本行业的接近一半。

11 个一般机械样本行业中有 5 个行业的行业内贸易程度加深，一般机械样本行业中的 3 个零部件行业全部在此之列。20 个电气机械行业中，有 9 个行业的行业内贸易程度不变或加深，其中 6 个属于零部件行业，有 5 个行业的行业内贸易程度减弱。6 个运输机械行业样本中，有 3 个行业的行业内贸易程度加深，这 3 个行业全部是零部件行业。

　　由此可以看到，从中日机械贸易整体上看，行业内贸易程度不断加深，零部件行业尤其如此。这一点与日本对华机械行业投资，尤其是零部件行业投资不断增加有着相同的趋势。问题在于，零部件行业内贸易程度加深有可能是原有垂直行业内贸易的深化（即中国进口附加价值低的零部件，加工后向日本出口附加价值高的零部件），也有可能是基于要素禀赋差异的垂直行业内贸易（中国进口高附加价值的零部件，向日本出口的附加价值的零部件），甚至可能是水平行业内贸易。中日机械行业内贸易究竟是哪一种，还需要考察垂直化或水平化行业内贸易指数的变动。

　　与此同时，我们还发现，运输机械行业的最终产品（整车产品）依然是单向贸易（日本出口汽车，进口摩托车），零部件行业则由原来的日本出口为主转向明显的行业内贸易。由此可见，一方面，汽车行业的贸易模式总体上是中国进口零部件、加工组装然后供应国内市场，并没有形成类似一般机械和电气机械行业的垂直行业内贸易结构；另一方面，零部件行业的行业内贸易的显著增长趋势表明运输行业的分工模式还是发生了某种变化，也并非简单的完全是进口加工组装供应国内市场的模式。进一步的结论，仍然需要考察行业内贸易是水平型行业内贸易还是垂直型行业内贸易。

　　从表 4.6 的第 4 和第 5 组中找出一些分别属于 HS84、HS85 和 HS87 大类的行业，考察他们的行业内贸易属于垂直行业内贸易还是水平行业内贸易，以及是否随 FDI 趋势的变动而变动。

　　判断行业内贸易是水平型还是垂直型，可以计算垂直化或水平化行业内贸易指数（VIIT/HIIT Index），其公式是：UVX/UVM，即同一 4 位数行业的出口单价除以进口单价。VIIT/HIIT Index 的值越接近 1，意味着同一行业内产品的进出口价格越相近，说明该行业主要是水平行业内贸易；指数的值越偏离 1，意味着同一行业内产品的进出口价格差距越大，表明进出口属于同一行业附加价值不同的产品，比如进口零部件、生产并出口成品，即垂直型行业内贸易。考虑到运输成本和保险费，一般假定同一产品进口价超出出口价 25%[①]，则 VIIT/HIIT Index 的值在 0.75 ~ 1.25 之间，是

---

　　① 见 Greenaway（1995），"Vertical and Horizontal Intra – Industry Trade: A Cross Industry Analysis for the United Kingdom," Economic Journal, Vol. 105.

水平行业内贸易；小于 0.75 是日本向中国出口零部件从中国进口成品的垂直行业内贸易，即伴随 FDI 产生的垂直分工体系；如果大于 1.25，则是日本向中国出口高附加价值产品、从中国进口低附加价值产品的垂直行业内贸易，这是基于要素禀赋差异的垂直分工。

　　行业内贸易程度加深的 5 个一般机械样本行业中，只有一个（8473）在 90 年代是典型的基于 FDI 的垂直行业内贸易，而从 90 年代末期开始转向基于要素禀赋比较优势的垂直行业内贸易。另外 4 个样本行业总体上都是基于要素禀赋比较优势的垂直行业内贸易。可见，在 5 个一般机械样本行业，并没有看到如既有文献所述的基于 FDI 的东亚垂直分工体系。

VIIT/HIIT Index

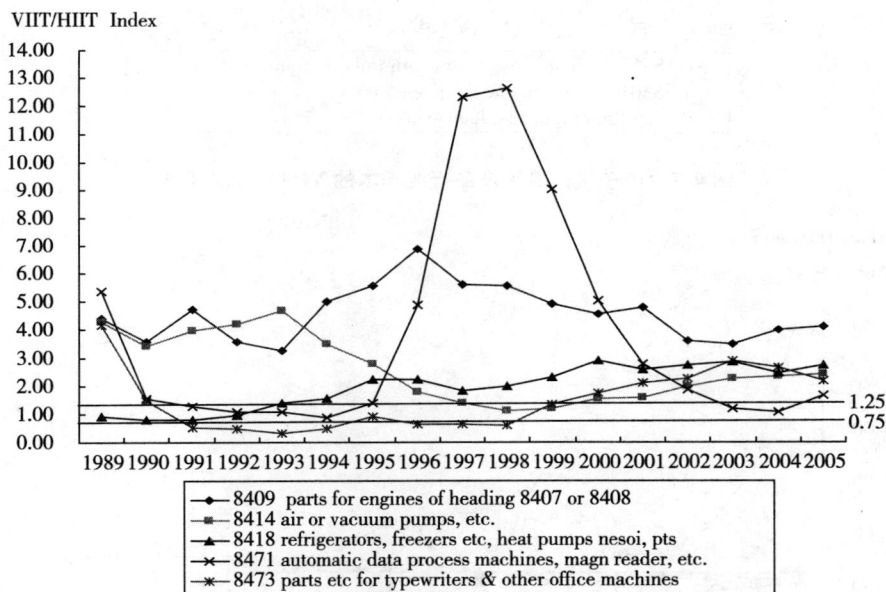

图 4.6　一般机械行业样本的 VIIT/HIIT 指数

　　就电气机械行业的最终产品行业来说，整个 90 年代看不到与 FDI 有关的垂直分工。21 世纪以来，3 个成品样本行业有两个行业呈现出水平分工特征，有 1 个是基于要素禀赋比较优势的垂直行业内贸易（图 4.7）。

　　如图 4.8，电气机械行业的零部件样本中有一个行业（8532）在 90 年代是基于 FDI 的垂直行业内贸易，之后转为水平行业内贸易。其他样本基本上都是水平行业内贸易，之后呈现出基于要素禀赋的行业内贸易趋势。

VIIT/HIIT Index

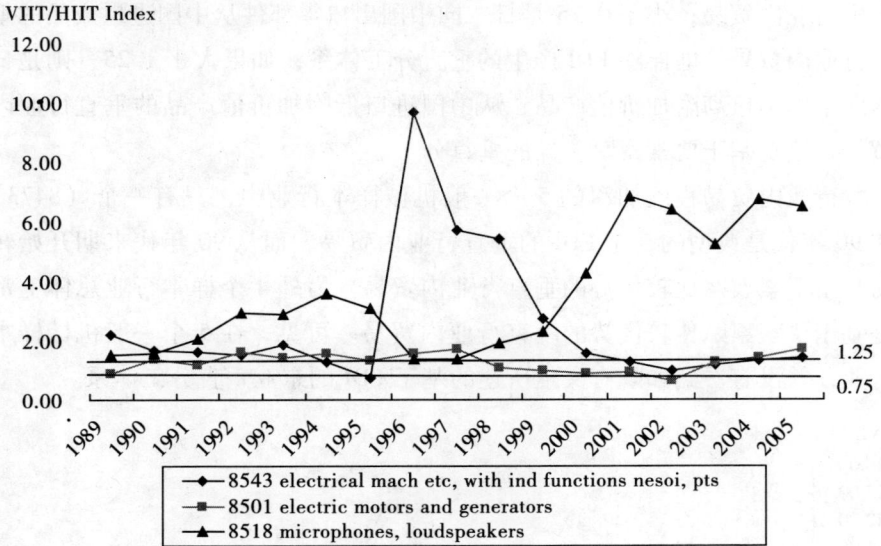

图 4.7　电子机械最终产品行业样本的 VIIT/HIIT 指数

VIIT/HIIT Index

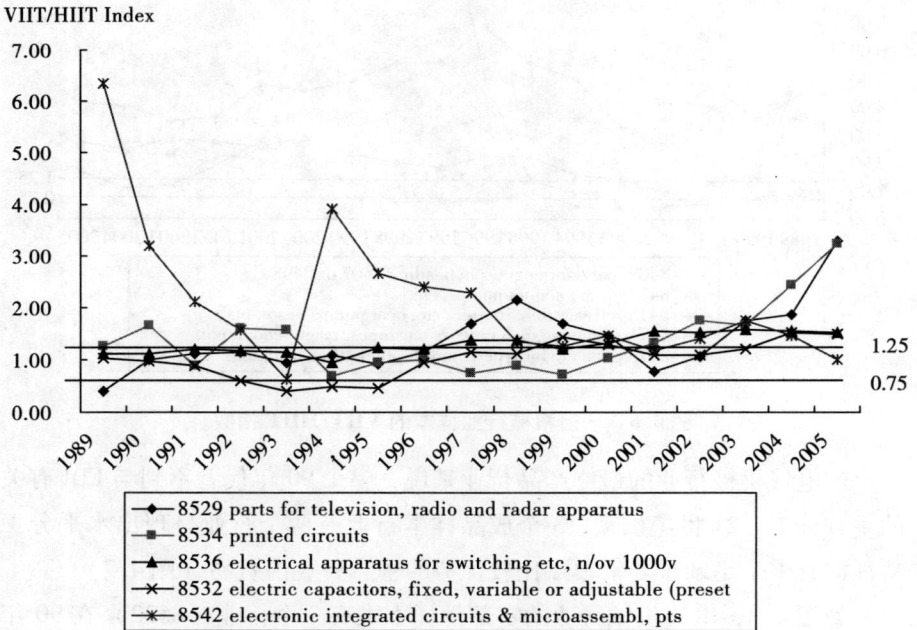

图 4.8　电子机械零部件行业样本的 VIIT/HIIT 指数

就运输机械行业来说，部件行业进入 2000 年后是基于 FDI 的垂直行业内贸易，而 2002 年以来日本投资快速增加的两个零件行业一直是基于要素禀赋比较优势的垂直行业内贸易，没有表现出基于雁行模式的垂直分工体系的端倪。

VIIT/HIIT index

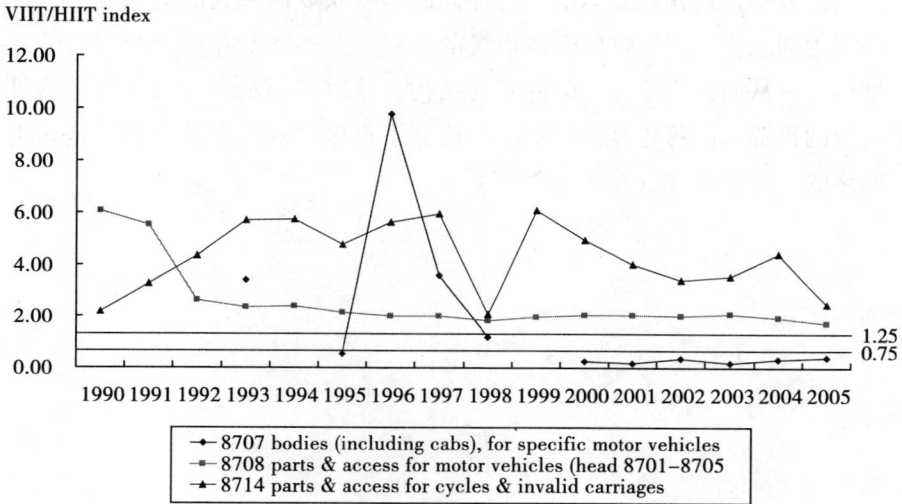

图 4.9　运输机械行业样本的 VIIT/HIIT 指数

综上所述，可以得出如下结论：①从机械行业整体看，日本对华投资和行业内贸易呈现出正相关：随着投资的不断增加，行业内贸易的程度不断加深。但是，我们的样本数据表明，即便 90 年代在一般机械工业和电气机械工业，并没有普遍存在既有文献指出的基于 FDI 的垂直行业内贸易结构，只有少数几个 4 位数行业是进口低附加值产品、出口高附加值产品的垂直行业内贸易，大多数样本行业呈现出水平行业内贸易特征。②2000 年后，更多的一般机械和电气行业出现垂直行业内贸易特征，但不是基于雁行模式的行业内贸易，而是基于要素禀赋差异的垂直行业内贸易。尤其是在零部件行业内部，基于要素禀赋的比较优势差距越来越多地成为行业内贸易的基础，即日本向中国出口高附加值的机械产品，从中国进口低附加值的机械产品。③在 2002 年以来日本投资快速增加的运输行业，并没有形成预期的基于 FDI 的垂直行业内贸易结构。④不能忽视的一点是，日本（包括欧美国家）投资零部件，直接原因固然是满足中国汽车市场不断增长的需求，降低供应中国市场的生产成本，但也不排除基于跨国公司全球战略上的考虑，利用中国低廉的原材料和劳动力，把中国作为全球性生产基地，向全球各地的生产厂或零部件厂商供货。由此逐步将中国作为一个重要的高性价比的零件制造基地，扩大在中国的采购比例，来降低其他地区的制造成本，达到在全球范围内降低成本或获取高额利润的目标。这种以中国为加工生产基地供应全球市场的模式，并不体现在中日两国间的贸易结构上，从而也会改变两国的贸易结构。这也许预示着，日本对运输机械行业的投资可能跨越雁行模式的阶段，而直接进入生产链分割和全球生产网络的阶段或模式（Ando，2005）。

第5章
中国对外直接投资的理论与实证

20世纪90年代以后，越来越多的发展中国家为了维护或形成竞争地位而意识到海外投资的重要性，开始加大对外直接投资的步伐。中国也是其中重要的一员。发展中国家对外直接投资的基础、机制与模式是亟待发展的重要理论和现实问题。本章将提出一个对外直接投资的后发大国假说，阐释包括中国在内的一些发展中大国对外直接投资的重要特点与机制。

⁙ 5.1 发展中国家对外直接投资及其动机

如表5.1，1994~1999年发展中经济体对外直接投资流量不过年均649亿美元，进入21世纪之后，流量规模开始大幅攀升，经历2002年和2003年的短暂低谷调整，2004年和2005年投资达到1128亿和1175亿美元，占全球对外直接投资总额的13.9%和15.1%。此后增势不减，2006~2008年的流出量分别为2153亿、2855亿和2927亿美元，占全球的15.4%、13.3%和15.8%①。

发展中国家对外投资的快速增长主要是基于这些国家跨国公司的长足发展，而后者则得益于全球化带来的持续影响。全球化进程日益加深和发展中国家不断加大对国际竞争的开放，一方面使发展中国家的企业越来越多地直接面对其他国家、甚至是发达国家跨国公司的竞争威胁，另一方面也带来了更多的海外机会。而对外直接投资既可能抓住机会，赢得更大市场，又可能在竞争中推动母公司提升技术、改善经营，增强母公司的竞争优势。一般来说，发达国家跨国公司主要利用其在技术、品牌和其他知识

---

① 联合国贸发会，FDI统计数据库。

表5.1　　1994~2005 年发展中经济体对外直接投资流量（10 亿美元，%）

区域/国家	1994~1999 平均	2000	2001	2002	2003	2004	2005
非洲	2.5	1.5	-2.7	0.3	1.2	1.9	1.1
拉美和加勒比	18.9	60.0	32.2	14.7	15.4	27.5	32.8
亚洲	43.5	82.2	47.1	34.7	19.0	83.4	83.6
西亚	0.4	1.5	-1.2	0.9	-2.2	7.4	15.9
东亚	32.3	72.0	26.1	27.6	14.4	59.2	54.2
中国	2.2	0.9	6.9	2.5	-0.2	1.8	11.3
南亚	0.1	0.5	1.4	1.7	1.4	2.1	1.5
东南亚	10.7	8.2	20.8	4.6	5.4	14.7	12.0
大洋洲	0.0	0.0	0.1	0.0	0.0	0.0	0.0
发展中经济体	64.9	143.8	76.7	49.7	35.6	112.8	117.5
世界	553.1	1244.5	764.2	539.5	561.1	813.1	778.7
发展中经济体的比重	11.7	11.6	10.0	9.2	6.3	13.9	15.1

　　资料来源：联合国贸发会议，《2006 年世界投资报告：来自发展中国家和转型期经济体的外国直接投资：对发展的影响》。

产权等资产所有权上的垄断优势进行对外投资，而发展中国家跨国公司可依赖的往往只有生产加工能力、网络或组织方面的特有优势。因而发展中国家跨国公司可以利用现有的竞争优势在国外建立子公司，直接面对国际竞争或机会，也可以发挥有限的竞争优势，通过对外投资获取技术、品牌、分销网络、研发团队和设施以及管理专长等现成资产，来提升自己的竞争优势。

　　以发展中国家对外直接投资为专题的《2006 年世界投资报告》认为，发展中国家跨国公司对外投资的驱动因素体现在 4 个方面。第一，寻求市场。比如印度和中国的跨国公司都急于为自己日益扩张的生产能力寻求更大的市场，而直接投资有利于绕过贸易壁垒。第二，生产成本，尤其是劳动成本的上涨。韩国、新加坡和马来西等东南亚国家以及毛里求斯的对外投资多受成本因素推动。而中国和印度由于有着庞大的后备劳动力，尚看不到成本因素的驱动。第三，竞争压力。由于大量外国跨国公司的进入，中国和印度、巴西等国企业的竞争压力加大，希望通过国际化得到突破。第四，国家政策的影响。中国、印度和南非等国都对企业对外投资给予不同程度和形式的鼓励与支持。

除了上述因素之外，《2006 年世界投资报告》还指出另外两个推动发展中国家对外投资的动态因素：其一，许多发展中大国（尤其是中国和印度）的快速增长让它们担心未来经济扩张所需的关键资源、能源的供应，从这些国家部分跨国公司对外直接投资的战略和政治动机中可以清楚地看到自然资源指向。其二，发展中国家跨国公司从观念上越来越意识到自己是在全球经济内活动，因而在行动上越来越推行全球战略。

东道国的某些特征也会决定发展中国家对外投资的方向，比如东道国市场规模的大小、劳动力或投资者母国所需资源的价格、市场自由化以及对外开放的程度、贸易限制情况和商业环境等。实际上，母国的推动因素和东道国的拉动因素依然决定不了发展中国家对外投资的区位选择。比如说，当发展中国家迫于竞争压力而决定对外投资时，面临着多种选择：向中等收入发展中国家投资（市场寻求型），开拓新的市场；向收入更低的国家投资（效率寻求型），以降低生产成本；向原材料丰富的国家投资（资源寻求型），获取关键的要素投入；甚至向发达国家投资（现成资产寻求型），获取新技术以提高劳动生产率；或者同时进行几个方向的投资。以上投资都可能提高发展中国家跨国公司的竞争力，不同国家的不同企业可能有不同的选择，取决于它们的投资动机与战略。

报告中指出，通过贸发会组织的全球调研发现，发展中国家跨国公司最普遍的投资战略是寻求市场，有 51% 的受访企业认同这一动机。出于这一动机的投资，总体来看更多发生在区域内相邻发展中国家之间，原因包括彼此熟悉、进入门槛低、边界溢出效应高以及相似程度高等。也有少数国家（主要是中国制造业、印度 IT 服务业、韩国家用电器和轿车等先进制造业以及俄罗斯自然资源行业）的企业可能将最终目标定位于发达国家市场，因而更看重对发达国家的投资。非相邻发展中国家之间的投资不太普遍，但是巴西、中国、印度和南非等国跨国公司因看重发展中大国的较大规模市场以及普遍认为的文化和制度的相似性，而开始增加对非临近发展中大国（或这几国彼此之间）的投资。

寻求效率是发展中国家对外投资的第二个主要动机，这一动机通常因国家和行业而异。一般是相对先进的国家和地区（韩国、台湾、马来西亚）进行这种投资，而中国、印度和南非则较少。从行业来看，主要是电子和电气产品行业、服装行业以及 IT 服务行业。寻求效率投资的区位选择取决于产品特征及投资者身处的全球生产网络类型。在像电子和轿车行业等卖方驱动型全球生产网络中，由于产业集聚的需要，投资具有很强的区域集中性，通常是临近国家。服装、鞋类等买方驱动型全球生产网络不受产业集聚限制，企业可在全球范围内寻找成本更低的投资地，但通常还是会从临近国家起步。

总体而言，寻求自然资源和现成资产的投资动机对发展中国家显得不那么重要。寻求资源性的投资大多在发展中国家，而寻求现成资产的投资大多投向发达国家。

基于前述直接投资动机与贸易关系分析，我们知道，直接投资的动机不同，带来的贸易效应也不同。寻求市场的投资将替代投资国对东道国的出口，如果投资效果很好，进一步开拓了东道国甚至东道国周边的市场，投资国的出口也可能扩张。寻求效率的投资将扩大母国中间产品的出口。获取自然资源的投资将带来母国的进口。获取现成资产的投资因提高母国跨国公司的竞争力，可能在一个较长的时期后扩大母国出口。

⣿ 5.2　中国对外直接投资的发展与趋势

如图 5.1 所示，1992 年之前中国对外直接投资的规模很小。从 1992 年起，对外直接投资进入发展阶段，流量大幅增加，特别是 1992 年和 1993 年，投资金额达到 40 亿和 44 亿美元。此后，投资额有所回落，直到 2001 年，基本上在 20 亿～30 亿美元间浮动。其中 2000 年出现较为明显的下降，仅为 9.15 亿美元。此后的 2001～2004 年，是中国对外直接投资的波动调整阶段。2001 对外直接投资额大幅上升，高达 68.85 亿美元，创历史新高。但 2002～2004 年投资流量又急剧萎缩。2005～2006 年，中国对外直接投资进入新一轮快速增长阶段。随着国际化程度的进一步加强，国内越来越多的企业开始走国际化路线，投资范围也从周边国家拓展到非洲、拉美等发展中国家。与此同时，跨国并购的数量也在大幅增加，2006 年中国以并购方式实现的对外直接投资 47.4 亿美元，占该年对外投资总量的 36.7%①，出现了一波如中石油、中海油等大型国有企业海外投资的浪潮。2008 年，虽然世界经济转而下滑，但是中国对外直接投资却达到一个高潮，规模较上年扩大一倍，达 521.5 亿美元。

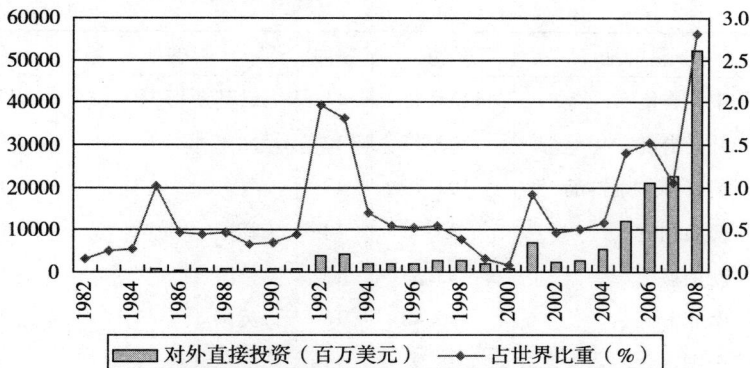

图 5.1　中国对外直接投资流量及占比（1982～2008 年，百万美元）

数据来源：联合国贸发会议，FDI database。

　　尽管中国的对外直接投资额不断上升，但相对于世界水平依然处于滞后阶段。从绝对量上来看，2006 年中国对外直接投资流量仅占世界 FDI 流出总量的 1.5%，即便是 2008 年也只占世界水平的 2.8%。但是从相对增长率上来看，中国 1982～2006 年对外直接投资的流出量平均年增长率为 24.41%，而世界年平均增长率为 20.21%。所以，总体来看，中国的对外投资保持着相对快速的增长。

　　根据商务部发布的《2008 年中国对外直接投资统计公报》，截至 2008 年底，中国对外直接投资存量 1839.7 亿美元，其中金融类投资 366.9 亿美元，非金融类投资 1472.8 亿美元，占 80%。共分布在全球 174 个国家和地区，主要集中于避税地和有历史地理渊源的地区。表 5.2 显示了截至 2008 年底中国非金融类对外直接投资存量前 20 位的目的地。香港是中国对外直接投资最为主要的目的地，占总存量的 63%；开曼群岛、英属维尔京群岛属于世界典型的避税港，吸纳了中国对外直接投资存量的 16.7%；这三个地区共计近 80%。除去对前三位及澳门地区的投资，其余前 16 位目的地中，投向发达国家的比例为 24.3%，而 2006 年的数据为 50.08%。

---

① 李桂芳：《中国企业对外直接投资分析报告 2007》，中国经济出版社 2007 年版。

可见，2007~2008 年新增的对外投资，更多地投向了发展中国家，比如新进入前 20 位的南非、巴基斯坦、尼日利亚。

表 5.2　2008 年末中国非金融类对外直接投资存量前 20 位国家/地区

单位：亿美元

序号	目的地	存量	序号	目的地	存量
1	中国香港	1158.45	11	巴基斯坦	13.28
2	开曼群岛	203.27	12	加拿大	12.68
3	英属维尔京群岛	104.77	13	蒙古	8.96
4	澳大利亚	33.55	14	韩国	8.5
5	新加坡	33.35	15	德国	8.45
6	南非	30.48	16	英国	8.38
7	美国	23.9	17	尼日利亚	7.96
8	俄罗斯联邦	18.38	18	赞比亚	6.51
9	中国澳门	15.61	19	沙特阿拉伯	6.21
10	哈萨克斯坦	14.02	20	印度尼西亚	5.43

资料来源：中华人民共和国商务部，《2008 年度对外直接投资统计公报》。

从产业分布上，中国对外直接投资集中于服务业、批发零售业、采矿业、交通运输/仓储和邮政业以及制造业。截至 2008 年末，对商务服务业和金融业两大服务业的投资占据对外直接投资总额的 49.6%，将近一半；批发零售业占 16.2%；采矿业占 12.4%，主要分布在石油、天然气开采业、黑色金属、有色金属选矿业；交通运输业占 7.9%；制造业比重从 2006 年底的 10% 降到 5.3%，主要分布在通信设备/计算机及其他电子设备制造业、交通运输设备制造业、纺织业、通用设备制造业、纺织/服装/鞋/帽制造业、黑色金属冶炼及压延加工业、有色金属冶炼及压延加工业、专用设备制造业、医药制造业、造纸及纸制品业、金属制品业等。

制造业对外直接投资的比重虽然下降，但是绝对规模呈现上升之势，2004 年存量为 45.38 亿美元，2006 年末为 75.30 亿美元，2008 年末为 96.9 亿美元。制造企业对外直接投资主要有如下特点。

（1）成熟技术适用产业和劳动密集型产业成为对外投资的重点子行业

经过 20 多年的高速增长，中国经济已经进入平稳发展阶段，市场供求关系发生了根本变化，相当一部分工业品供给在国内市场已达饱和状态，而产业结构的不合理又加剧了制造业生产能力相对过剩的问题。在这些生产能力相对过剩的产业，产品技术性能和质量稳定，尽管在国内失去比较优势，但可以转移到在国际分工中处于更低阶段的国家。

一方面，中国企业还拥有大量成熟的本地化适用技术，如家用电器、电子、轻型交通设备的制造技术，以及劳动密集型的生产技术，这些技术和相应的产品已趋于标准化，并且与其他发展中国家的技术阶梯度较小，易于为他们接受。相比之下，发达国家的先进技术与管理经验是基于本国昂贵劳动力的现实情况发展起来的，适于现代化生产，对生产力水平和劳动力素质要求较高，因此在众多发展中国家无法适用。正是这一点，使得中国的成熟适用技术更适合发展中国家的现实国情，也就更加具有比较优势。以家电业为例，作为成熟技术的代表，许多企业纷纷投资于海外市场，通过生产与市场结合建立企业的国际竞争力，如海尔集团，2005 年度出口贸易占其海外营业收入的比例只有 22.6%，而对外直接投资获得收入占总体海外收入的 77.4%[①]。

另一方面，中国劳动密集型行业起步早，相对比较成熟，伴随着产业的良性发展，产业中的企业逐渐形成了自己的相对优势，如小批量制造技术、多功能的机电设备、劳动密集型的生产技术、工艺设备等，这些技术和相应产品已趋于标准化，对于发达国家来说属于"夕阳产业"，已受到冷落或淘汰，但对于中国来说则属于适用技术，且此类技术多为纺织服装、玩具业等垄断性较弱的行业，适于规模相对小的企业竞争。同时，此类行业通常出口量大，采取对外直接投资的方式一定程度上可以绕过贸易壁垒，直接打开国际市场。

（2）高新技术产业发展较快，但投资比例较小、竞争力不足

20 世纪 90 年代以来，中国的高新技术产业开始迅猛发展，信息技术、生物技术、电子通信、新材料等高新技术的研发、转化成为带动中国产业升级的重要力量。目前，中国已经有相当一部分高科技企业开始进行对外直接投资。例如海尔集团在洛杉矶、阿姆斯特丹、东京、里昂、蒙特利尔和美国硅谷建立了 6 个海外设计分部，帮助本部门开发适合当地人消费的

---

① 李桂芳：《中国企业对外直接投资分析报告 2007》，中国经济出版社 2007 年版。

家电产品。再如电子技术行业领军地位的华为公司，在海外设立了 20 个地区部，100 多个分支机构，在美国、印度、瑞典、俄罗斯及中国等地设立了 12 家研究所，并且在海外设立了 28 个区域培训中心，为当地培养技术人员，并大力推行员工的本地化[1]。到 2003 年底，中国电子家电类产品前 5 家、通信类产品前 10 家以及软件业前 15 家等生产企业均在国外建有研发中心或生产线，其海外市场的收入占本企业的总收入大部分都超过 20%[2]。中国高新技术产业对外直接投资不仅比重偏小，在国际市场上拥有自主知识产权、自主品牌的企业就更少。如 TCL 虽然通过收购当地企业进入欧洲市场，但在欧洲市场上销售的并非 TCL 产品，而是 OEM 的贴牌产品。更何况到 2006 年，TCL 由于经营不善，撤出了 OEM 之外的其他业务。

（3）民营制造企业逐渐成为对外直接投资新力量

随着经济改革开放的深入，中国民营制造企业逐渐成长为具有市场竞争力的企业，综合实力不断增强。就目前中国制造业对外直接投资的情况来看，很多领域更为适合中小企业，而相对小的投资规模正使得众多民营企业得以跨过"门槛"，在国内激烈竞争中成长起来的一大批优秀民营企业，具备了在世界市场上的某一细分领域参与竞争并获取优势的能力。例如，创立于 1969 年的万向企业，以制造汽车零部件为主营业务，1994 年在美国芝加哥设立万向美国公司，2000 年成功收购美国舍勒公司、BT 公司、IPPD 公司和麦可公司等；2001 年收购包括美国上市公司 UAI 在内的 9 家企业 21% 的股份；2003 年收购全球最大的翼形万向节传动轴一级供应商——美国洛克福特公司，收购美国历史最悠久的轴承生产企业 GBC 公司。万向集团的国际化历程是中国民营企业的一起缩影，在海外建立国际性的生产基地、从国际营销到国际生产再到配置国际资源的跨国发展战略中又迈出了坚实的一步[3]。

（4）发展中国家依然是主要的对外投资地域[4]

中国制造企业的投资地域和区位因企业所属的子行业和投资目的的不

---

① 来自华为公司网站。
② 李桂芳：《中国企业对外直接投资分析报告 2007》，中国经济出版社 2007 年版。
③ 根据万向公司主页资料整理。
④ 本节数据来自商务部发布的《2008 年度中国对外直接投资统计公报》。

同而呈现出多元化的特点，选择不同的投资东道国。截至目前，中国制造企业对外直接投资仍以发展中国家为主要投资区域。从地区分布来看，亚洲中国对外直接投资存量最为集中的地区，截至 2008 年，中国对亚洲的投资存量占到总量的 71.4%。

亚洲国家除日本、韩国和新加坡以外，都属于发展中国家，产业阶梯大多类似于或低于中国，加之中国与周边地区间建立了便利的交通设施，并通过博览会、展会等形式建立了良好的沟通机制。较之亚洲大部分发展中国家，中国在电子、化工、食品、医疗、烟草、石油炼制、建材等产业上具有一定的比较优势。通常而言，在对外投资的初步发展阶段，地缘因素在国际经济政治和社会关系中起着重要作用。

拉丁美洲的情况较为特殊，2008 年对这一地区的投资存量达 322.4 亿美元，占比 17.5%，但主要流向开曼群岛、英属维尔京群岛、巴哈马等地，涉及行业主要为商贸服务业，因为以上三地均为世界著名的避税港，属于世界范围内的资金主要流向区。除避税以外，中国企业尤其是制造企业在拉丁美洲的投资较少，但拉丁美洲和中国具有相似的产业发展阶段，同样具有丰富的劳动力禀赋和低廉的劳动力成本，因此，对于寻求海外投资目的地的国内制造企业来说，拉丁美洲未来可以拓展的空间将会很大。

中国与非洲一直以来保持着友好的历史交往渊源，且有着长久的投资历史。非洲近年来已经成为全球经济增长的热点地区，也成为国际投资争夺的焦点地区，特别是 2006 年中非合作论坛北京峰会的召开使得中国和非洲的政治经济合作推向新的高度，非洲国家政府和企业与 11 家中国企业签署了 14 项合作协议，总金额达 19 亿美元，其中中信国合、中铝国际与埃及埃尔马戈德铝业公司签署的电解铝厂框架协议涉及金额 9.38 亿美元。

近年来，向发达国家投资日渐成为中国对外直接投资的热点。最初的投资形式主要是与具有最新技术的企业合作或以合资方式，雇佣当地工程师、科研人员、管理人员和熟练工人，购买当地或世界市场上的先进设备，建立研发机构或科研基地。通过这种近距离地参与好学习，获取现金技术，提高国内企业的研发能力。国内制造企业 500 强中实施国际化战略的 297 家企业，有 14 家采取了海外建立研发机构的形式，占 4.7%①。

---

① 李桂芳：《中国企业对外直接投资分析报告 2007》，中国经济出版社，2007 年。

获取技术和知识产权的对外投资越来越多地采取并购方式。例如上海汽车继收购韩国双龙汽车之后，又收购了英国罗孚75、25轿车及全系列发动机的知识产权，实现了对当今最新一代主流产品平台技术的拥有与储备，同时在英国建立研发中心，吸纳了原罗孚公司的研发核心专家团队。联想于2004年以总价17.5亿美元收购IBM的全球PC业务。TCL在2002年以820万欧元收购德国名牌施耐德，2004年由出资5.6亿美元合并、重组法国汤姆逊公司的彩电、DVD业务。不幸的是，最终都以失败告终。

5.3　中国对外直接投资的后发大国模式

中国企业对外直接投资的动因和类型显然不是单一的。本节将构建一个对外直接投资的后发大国模式假说，试图解释中国等后发的发展中国家对外直接投资机制上的共性。

5.3.1　中国等后发国家对外直接投资的理论困境

以中国、印度、巴西、俄罗斯等发展中大国[①]为代表的后发国家近年来在全球经济中的作用和影响力空前提高，也成为对外投资的重要输出国。虽然起步较晚，但增长迅速，投资规模较大，很短时间内便跻身世界主要对外投资输出国行列。根据最新发表的《2010年世界投资报告》的数据，2006～2009年，中国、印度、巴西、俄罗斯四国对外直接投资流出量分别为212亿、225亿、512亿、480亿美元，143亿、173亿、177亿、149亿美元，282亿、71亿、205亿、－100亿美元和232亿、459亿、524亿、461亿美元，无论规模还是增长率都在全球占据重要位置。在2008年和2009年全球FDI受金融危机冲击大幅度下滑的情况下，发展中国家的对外投资虽也有所下滑，但在全球投资总额中的比重显著上升，2009年已经

---

①　俄罗斯虽然是发达国家的"八国集团"成员之一，工业化程度也高于一般发展中国家，但从其经济发展水平、人均收入、普遍的产业发展程度、市场发展水平等方面看，仍不属于通常意义的发达国家。国际组织常用"转轨经济国家"这一不清晰的概念指代，也常称为"新兴市场国家"。我们认为，将其列入"后发大国"，虽未必完全准确，但不会有大的歧义。

达到 25%①。

　　然而，以发达国家对外投资经验为背景的传统跨国公司理论，诸如海默的垄断优势理论、巴克莱和卡森的内部化理论、邓宁的国际生产折衷理论和投资发展阶段论，均强调垄断优势（所有权优势）的拥有和运用是企业对外投资的前提和动因，是企业之所以能够在海外立足，克服异国投资之不利环境与额外成本，并击败当地竞争者的基础。这些传统理论源自美欧等国对外投资的经验，也为许多其他发达国家对外投资所证明，但它不支持缺少明确垄断优势的发展中国家对外直接投资，对发展中国家企业走出去，无论绿地投资还是跨境并购都缺乏解释力。

　　晚近的发展中国家跨国公司理论，从威尔斯关于第三世界跨国公司的小规模技术理论、拉奥的技术地方化理论、坎特维尔和托伦蒂诺的技术创新产业升级理论到，到"两阶段理论"、"学习模型"等资产寻求型 FDI 理论，再到从"关系"、"杠杆"、"学习"角度进行解释的社会资本理论和所谓"LLL 分析框架"，对后发国家的 FDI 从不同角度提供了一定的解释力，但亦显出各自的不足。早期的第三世界跨国公司理论，侧重于发展中国家对其他发展中国家投资中相对优势的利用，其本质仍没有超出资产运用型 FDI 理论的思路。资产寻求型对外投资的提出是一个重大的进步，也可以找到许多发展中国家投资的例证，但是对于谁来寻求、如何寻求、在什么条件下才能寻求则分析比较粗略，似乎任何后进国家都可以以寻求优势为理由开展其对外投资。至于社会资本理论和 LLL 分析框架则更类似于社会学与管理学的分析，不是分析对外投资的基础和动因，而是讨论企业如何走好对外投资的道路。特别是，上述这些发展中国家的跨国公司理论没有考虑到发展中国家群体之间的巨大差异，对于经济全球化条件下后发大国的特殊性及其独特的发展环境完全没有涉及，也难于解释和指导当今后发大国的对外投资。

　　中国、印度、巴西、俄罗斯等少数发展中大国近年来成为对外投资的重要输出国，虽然起步较晚，但增长很快，规模巨大，很短时间内便跻身世界主要对外投资输出国行列。这些后发大国对外投资迅速崛起的基础和动因非常复杂，既有资产运用的驱动，又有资产寻求的驱动，再加以各国

---

　　① World Investment Report 2010，UNCTAD 网站。

的政治经济及社会文化环境差异巨大，因此很难找到一个普遍适用的简单解释。不过，除却各种不同，这些后发大国之间也有不少相同或相近之处，特别是经济发展上的相同或相近。正是这些共同性，让它们被统称为"金砖四国"，或许这也正是其对外投资的共同基础。

这些相同的经济基础主要包括：巨大的经济规模，较高速的经济成长，稳定的外汇来源和比较充裕的外汇储备，具有国家色彩和垄断因素的大型企业，某些产业（制造业、服务业或资源产业）的相对成熟和国际竞争力，国内需求相对于生产能力的不足进而对外部资源和/或市场的依赖，人均收入水平较低且贫富差异巨大，国内区域之间经济社会发展差异较大，技术、知识、品牌等当今全球经济竞争所需要的最重要的无形资产缺乏等。这些构成后发大国对外投资基础的基本因素，某种意义上也是后发大国的优势。当然，这些基础既不同于发达国家的"垄断优势基础"，也与发展中国家的"相对优势"、"适用性技术"等一般解释差异巨大，与纯粹的"资产寻求"亦不完全相同。

这里所说的"后发大国"，并不是严格定义、边界明确的学术概念，如同与之类似的"发展中大国"或"新兴市场大国"不是严格的概念一样。"金砖四国"可以看作后发大国的代表，但后发大国应不限于四国。中国社科院世界经济与政治研究所提出了新兴市场11国（E-11）概念，这一概念多少与本节所说的后发大国近似，虽然其中的某些国家如沙特阿拉伯、南非、土耳其甚至韩国列入后发大国略显牵强①。

本节讨论的后发大国具有如下特征：①国土辽阔，人口众多，经济规模较大，市场（或潜在市场）广阔；由于地广人多且发展程度不高，本国内部区域间、人群间差异较大，经济社会发展不平衡较严重。②经济发展上属于后发国家，已经进入大规模工业化阶段但尚未最终完成，人均收入水平较低但经济增长迅速。由于增长迅速且收入水平较低，不断扩张的生产能力超过本国市场的吸纳能力，内需不足使得对外部市场依赖较大，对

————————

① 这11国包括：中国、印度、俄罗斯、巴西、印度尼西亚、墨西哥、韩国、阿根廷、土耳其、南非、沙特阿拉伯。不仅土耳其、南非、沙特，即使阿根廷、韩国等是否属于后发大国也可讨论。不过，我们认为，一些具有后发大国特点的国家是确实存在的，其在国际经济中的影响也日渐增强。参见张宇燕、田丰："新兴经济体的界定及其在世界经济格局中的地位"，《国际经济评论》2010年第4期。

外贸易发展迅速，外贸依存度较高。某些以加工制造为产业基础的国家更形成对外部资源的依赖和进口，外贸依存度进一步提高。③具备一定的产业成熟度和国际竞争力。不同国家的产业基础可能不同，有些制造业较发达，有些服务业发展程度较高，还有些优先发展基于自然禀赋的资源开采与加工业，等等。但是，无论以哪种产业为支撑，这些国家通常总有一些具有一定成熟程度和国际竞争力的产业，成为其产业转移和对外投资的基础之一①。④实体经济和出口部门的长足发展使资金较为宽裕，国际收支状况较好，有较充裕的外汇储备。与此同时，资本市场发展滞后和金融深化不足又使国内难于实现资金—资本的有效转化，虽然资本/劳动比率不高但仍显出资金过剩，形成潜在的资金输出压力。⑤总体上，后发大国的产业发展仍处于全球分工和价值链低端，技术、专利、品牌、标准、商誉、知识等当今知识经济时代最重要的核心资产缺乏，与发达国家差距巨大，国际竞争力不足。⑥作为新兴市场经济国家，后发大国虽实行市场经济但市场经济发展相对不成熟，属于政府主导或政府干预较严重的市场经济。这表现在，一方面，仍有不少国家色彩浓厚或受到政府直接、间接控制的大型企业；另一方面，政府作为经济调节者对宏观经济乃至企业行为影响巨大，政府通过财税、补贴、货币、银行等手段，很大程度上左右着经济和企业经营方向，甚至决定着一个企业的生存与发展。

后发大国对外直接投资的异军突起只是近几年的事，尚处于资金投入期而远未到资产收获期。基于上述后发大国因素所展开的对外投资是否具有可行性，能否实现投资者目标，能否走入投资——收获——再投资的良性循环尚需观察。理论上，追求复合目标的上述投资，其逻辑合理性也还需要证明。在既有的理论逻辑框架内，对外投资要么是在更大范围内运用自身已有的优势资源获利，要么是通过对外投资获取优势资源进而创造获利的条件。按照这一逻辑，后发大国的对外投资既有优势资源运用的性质，又有优势资源寻求的性质，本质上仍可归入上述两类，并无多少理论上的新意。但是，一方面，同时具有两种性质本身就体现了后发大国对外投资的特殊性；另一方面，无论优势运用还是优势寻求，后发大国的基础

---

① 金砖四国中除了俄罗斯其余三国都被联合国列为主要制造业出口国。其他较大的发展中国家如韩国、墨西哥、马来西亚、菲律宾、泰国、土耳其也属于主要制造业出口国，其中不少国家与本书所指的后发大国是吻合的。参见 World Investment Report 2010, p. 171, UNCTAD 网站。

和条件都与发达国家或者一般发展中国家有所区别。这些特殊性、区别及其条件与前提，可能就隐含着一种新的投资模式，具有理论意义。

5.3.2 资产运用、资产寻求与后发大国对外投资的基础

如前所述，既有跨国公司理论关于企业对外投资的解释先后提出了"资产运用型对外投资"和"资产寻求型对外投资"两大体系，前者适用于传统发达国家的对外投资，后者则试图解释发展中国家近年来的对外投资。不过，当我们试图用这些理论解构后发大国的对外投资时，发现既有理论的逻辑显得过于简单：有优势则利用优势，无优势则寻求优势。果真如此，似乎所有国家都该走入对外投资行列中了。这种简单的解释并未考虑到对外投资基础和动因的复杂性，特别是对于经济并不发达但总量庞大、国情复杂、政治大国和经济落后并存的后发大国而言更是如此。有时候，优势的有无并非泾渭分明，从这样的角度看没有优势，从另外的角度看却优势明显。同时，当缺乏优势的时候，通过对外投资与跨国并购寻求优势也需要一定的条件和前提。

全球化时代，后发大国经济发展所面对的环境与发达国家曾经的环境完全不同，不可能依靠殖民政策获得外部资源，依靠炮舰政策开拓外部市场。然而，后发大国的经济发展和起飞又需要外部资源与市场，这与当年的发达国家无异。不仅如此，作为大国，不仅要追求绝对的经济规模和增长，更要追求在国际中的相对地位，迅速增强本国的国际竞争力，追赶发达国家。这就使后发大国迫切需要掌握全球经济竞争的核心资源如技术、知识等，并在自主研发的同时通过跨国投资获取这些资源。全球化的环境和后发大国自身的多样性特点则为此提供了可能。由于上述原因，总体上说，后发大国的国际投资与跨国并购应当视为其总体经济发展战略的一部分而不仅仅是企业的自发行为，后发大国大规模发展对外投资比一般发展中国家要早得多（从收入水平上看），程度也深得多，动因复杂、形式多样，既有优势资源利用型投资，也有资源寻求型投资；既有盈利导向的投资，也有战略导向的投资；既有市场主导的投资，也有政府主导的投资，呈现出纷繁复杂的特点。基于上述复杂性，可以把后发大国的对外投资大致划分为如下几种类型。

第一类，以获取战略资源、原料控制权为目的的，关乎国家发展战略和

长期利益的对外投资与跨国并购。这类投资既可以以国家控制的大型垄断企业为投资主体，也可以以大型私人垄断企业为主体。无论对外投资企业是否由政府直接控制，这类规模巨大的投资行为一定会得到政府的支持与配合。是否采用政府控制企业直接投资与一国国有企业的发达程度有关，也与其资源稀缺程度从而重要程度有关。

在战略资源稀缺同时国有经济发达的中国，这类投资常常以政府所有或控股企业的投资为主，如有名的三大石油公司、中铝公司、中国五矿等等（2008 年中铝收购力拓交易额达到 140 多亿美元，列当年全球最大跨境并购案第八位，虽然该收购最后未完成）。在资源同样稀缺但国有企业并不发达的印度，这类投资也常常由为数不多的国有企业进行，如国有的印度石油天然气公司近年来就十分热衷于海外投资与并购，在尼日利亚等非洲国家频频出手，印度政府则直接就是这些投资的推手。而在俄罗斯和巴西这样资源丰富的国家，虽然并不一定通过海外投资获取资源，但同样通过海外投资与并购强化自己的资源优势，维持经济的生命线。国有的巴西石油公司仍然是巴西能源领域对外投资的主要载体；俄罗斯的各大石油巨头海外并购占俄罗斯全部海外并购的 51% 以上，这些公司或直接为政府控制，或与政府有着千丝万缕的联系，这是人所共知的。无论如何，此类投资和并购主要以控制战略资源为动机，对短期盈利和经济回报具有较大弹性。

第二类，以寻求优势资产为目的的对外投资与跨国并购。这类投资常常以行业龙头企业的大宗跨国并购为代表。在解决全球化与全球产业整合的背景下，如果不甘于充当跨国公司全球生产链条的一个环节和附庸，就要具有与之竞争的能力，成为其竞争对手之一。这对于后发大国的行业龙头大企业来讲是必须做出的选择。为更迅速地获得国际竞争所需要的垄断优势特别是无形资产，在资产寻求的驱动下，这些龙头企业频频展开海外投资与跨国并购。特别是在近两年的金融危机中，西方大公司面临严峻形势，许多公司不得不以出售资产维持生存，这为后发大国的海外并购提供了天赐良机。也正因为如此，这几年来自后发大国的海外并购增长迅速。据联合国贸发会议统计，1987～2005 年间，来自发展中经济体跨国公司的并购在全球跨国并购交易额中的比重从 4% 上升到 13%；从并购数目上看则从 5% 提高到 17%。2006、2007 年，发展中经济体跨国并购走上高峰，占当年全球跨境并购交易额的比重上升到 16% 和 13%。2008 年，由于全球金融危机的发生，整个国际直接投资大幅度下滑，但是从跨境并购交易额看，发展中国家在全部跨境并购中所占的比重却进一步上升到 18%。同时，2008 年发展中国家 10 宗最大跨境并购案中，除新加坡淡马锡控股占据一宗外，其余均为来自中国、印度、俄罗斯、埃及、沙特等后发大国的投资①。

在中国，这类海外投资发展尤其突出，过去几年有名的案例如联想收购 IBMPC，上海汽车收购韩国双龙，TCL 收购德国施耐德电器和法国阿尔卡特手机业务，京东方收购韩国现代集团 TFT－LCD 业务等等。近一两年则有北汽收购 SAAB 技术资产、吉利收购 VOLVO、广州民企收购法国皮尔·卡丹等等。在印度，跨国并购同样不少。2000～2003 年，印度企业的跨国并购交易达 182 项，发生在服务领域的跨国并购占总数的 54%，并且主要发生在美国和英国。而印度塔塔集团在过去的 5 年里在世界范围进行了近 30 场并购，其中包括塔塔汽车收购大宇的卡车业务、收购西班牙的大巴公司、收购英国老牌汽车企业"捷豹"都是这方面的经典案例。通过并购海外企业的技术、专利、品牌、研发团队等，将这些资产为己所用，迅速提升自身的技术水平和国际竞争力。

第三类，以利用相对优势、拓展海外市场、转移过剩产能而展开的对外投资。这类投资最为复杂。虽然总规模在全部海外投资中的比重不大，但项目为数众多，既有大型企业包括国有企业，也有广大中小型私营企业；既有大宗投资，也有小额投资；虽有投向发达国家，但更多则投向周边国家和其他发展中国家。此类投资也受到政府支持鼓励，但力度较小。这一类投资，从理论逻辑上看比较符合第三世界跨国公司理论的观点，即引进跨国公司投资于技术——消化、吸收、改造——形成新优势——展开对外投资。从现实来看，这类投资的主体既包括后发大国，也包括一些虽够不上大国但经济起飞较早、工业化程度较高的"新兴工业化国家"。

中国、印度、巴西、俄罗斯等后发大国的对外投资明显地包含这一类型。因为作为高速成长的新兴大国总会在这个或那个领域拥有相对优势，虽然各国具有优势的情况并不完全相同。中国依靠改革开放以来接受发达

---

① World investment report 2009，UNCTAD 网站。

国家产业转移形成的制造业基础和管理能力，明显地在制造业领域具有优
势。这种优势成为中国众多制造业企业走出去到东南亚、非洲以及拉美各
国投资的基础，并且涌现出华为、中兴、海尔、联想、万象集团等一大批
跨国投资知名企业。与中国相比，印度的产业优势主要在服务业、IT 业、
软件业等产业，其对外投资也集中于这些产业。2000～2003 年，印度企业
跨国并购的 54% 集中于服务业就体现了这一点。俄罗斯的产业优势主要在
能源、金属等领域，优势运用也在这些领域。而巴西在航空、科技等方面
有着明显优势，也是其对外投资的主要方向之一。此外还应提到韩国，作
为发展中国家中的佼佼者，韩国在现代工业的许多领域均具有相对优势，
其海外投资也广泛分布于汽车、电子、通讯、机械、化工、食品等各
领域。

以上三类投资是后发大国对外投资的主要类型，后发大国的投资通常
也是三者兼有而非专注于哪一类。这正体现了后发大国对外投资基础和动
因的多样性、复杂性：一方面寻求优势，一方面利用优势；一方面接受产
业转入，一方面又促进产业外移；一方面着眼于资源、能源，一方面又紧
盯着无形资产；一方面资本短缺需要吸引外资，一方面又资金外汇过剩需
要寻找出路；一方面以商业行为作为投资基础，一方面也不放弃政府的介
入和控制。凡此种种看似矛盾却又现实存在的特点，恰恰表明后发大国对
外投资的复杂性。这种情况，绝不是发达国家曾经走过的对外投资道路，
也不是一般中小国家所能具有的。

5.3.3　后发大国优势与对外投资

以上分析试图表明，由于后发大国所处的经济全球化发展环境与自身
所固有的自然、历史与社会条件，其对外投资的动因、基础和形式将是复
杂的和丰富多彩的，既不同于发达国家走过的道路，也有异于一般中小发
展中国家已经和正在走的道路。全球化时代的发展中大国或将走出一条独
特的对外投资道路。

可以稍为具体地将这条道路的特点归纳于下：后发大国不是在国内人
均收入达到较高水平、资本相对过剩时才展开大规模对外投资，而是在国
内收入水平还较低、劳动/资本比率较低、尚有大量投资需求、境内投资
回报率也高于海外时即开始大规模对外投资；不是待自身竞争优势积累到

足以与国际巨头比肩或者足以制胜于海外的时候才开始大规模对外投资，而是在国际竞争力相对不足的时候就开始大规模对外投资和跨国并购，凭借大国优势与国际巨头竞争，并且以这种投资并购获取优势资产和进一步提升国际竞争力的途径；不是按照所谓两阶段模式先到发展中国家投资再到发达国家投资的直线轨迹发展，而是一开始就超越这一轨迹，两线并行，既有到发展中国家的大规模投资，又有大规模到发达国家的投资与并购；不是完全以企业选择和企业行为作为走出去的基础，而是以强大的国家意志、国家战略、政府支持乃至国有企业的国家行为与企业行为和市场行为共同构成走出去的基础。

上述道路不同于既有的无论发达国家还是发展中国家对外投资模式，这是明显的。它是否走得通，能否最终成为一条具有全球化时代特色和大国特色的跨国投资可行道路则需要观察。我们认为，至少不能因为这条道路的离经叛道和史无前例而加以否定。就像中国等国家在发展道路上没有照抄发达国家的道路同样获得成功一样，中国等后发大国的对外投资和跨国经营发展之路也可能具有自己的特性并且获得成功。其中，最主要的原因是，21 世纪初后发大国所处的特殊外部环境与自身的特定经济模式，以及由这种环境和模式带来的后发大国在对外投资方面的特定优势。这种优势主要包括如下几方面。

（1）大国效应和发展不平衡带来的超前优势

后发大国能够在总体经济发展水平不高的情况下进入大规模对外投资国行列，首先得益于大国效应和内部发展不平衡形成的超前发展优势。所谓大国效应，既包括国土辽阔、人口众多，也包括经济规模巨大、内部市场广阔。凭借其大，虽然相对于人口和经济总规模而言对外投资平均水平仍然很低，但投资总额却可以跻身世界前列。另一方面，虽然总体经济发展水平不高，但不平衡发展的特点却可以使某些地区、某些产业成为相对的富裕地区和发达产业，甚至具备国际水平和国际竞争力，从而构成大规模对外直接投资的基础。譬如，按照邓宁的投资发展阶段论，当一国人均收入达到 3000～4000 美元的时候才开始有成规模的对外投资。按照这一规律，中国今天才应该开始出现大规模对外投资，此前则很难。而印度等国由于人均收入水平更低，现在也远达不到大规模对外投资的标准。同时，还应当考虑到，在邓宁提出其理论的 20 年前，3000～4000 美元大概至少应相当于今天的 7000~8000 美元。如此，中国直到今天还未达到大规模对外投资的收入水平。然而，由于发展不平衡，中国的某些经济发达地区，人均收入早已达到 7000~8000 美元，甚至超过 1 万美元，早就具备了雄厚的资金积累和对外投资能力，这是其大规模对外投资的物质基础。据统计，在中国的对外投资中，大部分集中于经济发达、收入水平较高的沿海省市，其中浙江、广东、江苏、山东、北京、福建、上海为对外投资企业数的前七名。同时，在非金融对外直接投资存量中，中央企业占 81.3%，地方企业占 18.7%，而中央企业也主要集中于北京、上海、广东等发达地区①。

（2）国际产业转移与产业再造结合形成的产业基础优势

20 世纪末 21 世纪初世界经济的一个重要现象是全球化带来的大规模国际产业转移，许多成熟产业从发达国家转移到发展中国家特别是发展中大国。这其中既有制造业，也有服务业。通过产业（伴随资金、技术、设备等）的转移，加之发展中大国所具有的科技与经济基础，这些国家很快形成了一定的优势产业基础和庞大的生产能力，并成为全球性的加工生产和服务中心。这种依靠产业转移和自身积累形成的全球性加工生产和服务中心所具有的能量和潜在影响力超乎寻常地巨大，并且很快改变了产业的特性和全球生产版图。譬如，一旦中国掌握了某种产品的生产能力并大规模普及，很短时间便可以提供巨量的质优价廉的产品，使产品成本大大降低，形成优势产业。同样，印度的 IT 研发和服务能力一旦形成，将具有发达国家无法相比的竞争力。后发大国的这种生产能力及其扩张速度一旦形成，将远远超出内需的限度，形成对外部市场和产业进一步转移的巨大需求。总之，国际产业转移与大国内部优势结合形成的产业基础优势，是后发大国在海外（主要是其他发展中国家）投资的基础。对于一般发展中国家而言，即使同样接受发达国家的产业转移，也很难通过自身对产业的再造而形成巨大的相对优势。

（3）大规模出口能力形成的外汇储备与资金优势

后发大国大规模对外投资的一个重要基础是其拥有比较充裕的资金和

① 《2008 年中国对外直接投资统计公报》，商务部网站。

外汇储备，这与同样收入水平的其他发展中国家普遍存在外汇短缺的局面相左。如前所述，后发大国通过产业转移与内部优势的结合形成的产业基础和出口能力，使其获得了稳定的外汇收入来源（当然，如俄罗斯、沙特阿拉伯等国家则依靠出口石油和能源原料获得主要的外汇收入来源）。同时，后发国家本身由于在国际货币体系中的边缘地位以及对国际金融危机的担忧等等使其倾向于储备外汇，成为全球外汇储备的重要拥有者。中国、俄罗斯、印度、巴西、墨西哥等都是全球主要的外汇储备国家，2008年这五个国家都进入主经济体外汇储备前20国行列。这种稳定的外汇收入来源和大规模的外汇储备优势成为后发大国大规模投资的条件，而大规模对外投资的形成，也有助于更有效、市场化地使用外汇储备。

（4）大国因素与垄断因素叠加形成的企业规模优势

一般来说，一个人均收入水平只有3000多美元的中低收入国家是很难产生世界级大企业的。但是，考虑到大国因素，这一常理就未必成立。后发大国中的某些国家，由于规模特别巨大，完全可以在经济发展水平较低时出现一批世界级大企业。譬如，2010年发布的全球500强企业中，有约90家来自发展中国家和地区，其中绝大部分又来自中国、印度、俄罗斯、巴西、韩国以及墨西哥、沙特等发展中大国。这里，两个因素起着关键作用：一是大国效应，二是垄断效应。从大国效应来说，后发大国巨大的经济规模和非均衡发展，完全可以培养并容纳一批世界级大企业。从垄断效应来说，后发大国的国家垄断和强势政府相结合，在赶超战略下更可以培育出一批具有国际规模的企业，既包括国有控股企业，也包括政府支持的非国有企业。这些巨型企业的巨大影响力、现金流量、融资优势、政府支持等等使其可以加入西方大公司海外投资与跨国并购的巨人游戏，并以自己的海外投资活动短时间内使本国的对外投资规模迅速上升。这方面中国的情况最为典型，2009年进入全球500强的54家企业，除华为技术和平安保险以外均为国有控股企业和银行，其中绝大多数又都是央企。而中国迄今为止的海外投资存量中，80%以上均为央企的投资①。

（5）强势政府与国有企业形成的制度与政策优势

后发大国也被称为新兴市场经济国家，大多经历过长期计划经济、统

---

① 《2008年中国对外直接投资统计公报》，商务部网站。

制经济或者管制经济，实行市场经济时间不很长，市场机制不十分健全，突出表现为仍有较大成分的国有企业和政府的强势作用。在对外直接投资上，一旦政府将其当作本国经济战略，便可以凭借政府的强势作用甚至行政手段加以推进，为企业对外投资提供许多支持。当然，任何国家政府都致力于为本国企业进入海外市场提供支持，但囿于体制与观念，市场经济成熟国家提供的支持是有限制的。这方面，后发大国所提供的支持要广泛得多，包括政治外交方面的支持、外汇与汇率政策支持、融资支持、财政税收支持、法律制度支持、人才方面的支持等等。举例来说，当年新加坡在中国设立的工业园就是政府协助新加坡企业海外投资的重要举措，而今天中国在非洲等国设立的中国投资园、区，以及国家开发银行、进出口银行等政策性银行在这些园、区建设发展中提供的支持，也为中国企业走出去创造了极为重要的条件。这些支持，有时候可以改变企业对走出去的预期，大大加快企业开展对外直接投资的时间，降低海外投资的门槛。当然，应当强调，企业对外投资最终是由企业出于自身利益做出的决策，政府引导与扶持的作用不可能越俎代庖。但无论如何，对于竞争力有限的后发大国，政府的作用是不可忽视的。

以上这些由于后发大国特殊性而形成的优势，以及这些优势在对外投资与跨国并购方面的作用，不是逻辑分析和推测，而是基于现实观察的总结，都可以在现实中找到统计支持和案例证明。在我们看来，正是以上这些优势，使后发大国的对外直接投资发展得以超越大多数国家（包括发展中国家）的发展规律和轨迹，走出一条具有特色的后发大国对外投资模式。

但是，如前所述，这条道路尚在形成之中，是否会有更多的国家加入到这条道路中来，已经开始的投资行为和过程是否能获得良好的效果，进而形成一种具有一般意义的走出去模式，都还需要得到理论和实践的证明。仅就理论逻辑而言，这条具有独特性的道路要走得通，需要一系列条件。能够满足这些条件，后发大国模式就可以持续下去，否则将在对外投资中花掉真金白银而收获甚微。

5.3.4　FDI 后发大国模式的存在条件

不难发现，FDI 的后发大国模式本质上是一种非成熟市场经济下凭借大国优势由政府主导和推进的对外投资模式，其动因既包含投资主体（企业）获取利润、资产和收益的一般目标，也包含打造本国的跨国公司、提升国际竞争力、获取战略资源与加速知识创新的国家目标。既然如此，对于 FDI 的后发大国模式，判断其成功与否以及是否能持续下去，就不能仅着眼于前一个目标，而且要看后一个目标。

既有发展中国家跨国公司理论中的很多理论都是从这样的角度看待问题的①。按照这些理论，即使企业的海外投资项目本身亏损，但只要对外投资的开展使其在国内市场处于有利地位并进而在国内市场盈利，总体上增加了企业利润，就应该认为这一海外投资是成功的。然而，我们认为这一看法还应当进一步发展和引申。就是说，如果是一般发展中国家的私人对外投资，这样的认识或许没错，也符合企业利益最大化的逻辑。但是，在 FDI 的后发大国模式下，总体上看，仅有利润最大化的标准是不够的，还应当考虑到上述后一个目标，至少要做出细分。因为，在后发大国模式下，即使从企业角度看，许多对外投资的目标也不仅仅是赚取利润，而是获取核心资产，提升长期国际竞争力。如果只为短期利润，那不如不走出去，后发大国本身就是投资收益最高的市场。进一步说，对许多后发大国海外投资来讲，即使企业在海外的业务本身也是成功的、赚钱的，但如果在控制和掌握核心资产方面、在增强国际竞争力方面没有大的进展，仍不能认为走出去是成功的。更进一步，在后发大国模式下，即使是资产利用型对外投资，本身也与后发大国相对优势利用、过剩产能转移、结构调整与完善密切相关联，如果仅仅实现了优势资产利用和企业盈利而无助于实现上述目标，也很难认为后发大国投资完全成功。因而，后发大国 FDI 模式获得成功并可持续发展至少要满足如下条件。

第一，通过海外投资与并购能够获得（控制）具有长期价值的战略性核心资产。后发大国进行跨国并购的主要目的之一是获取有战略价值的海外资源与资产，其中包括战略性资源以及重要的无形资产，如技术、专利、品牌以及与之相关的设备、人才、软件等等，以保障国家发展的战略性需求，以及缩短自主研发创新的时间，在最短的时间内建立自身的核心

---

① 参见吴彬、黄韬："二阶段理论：外商直接投资新的分析模型"，《经济研究》，1997 年第7 期，以及马亚明、张岩贵："策略竞争与发展中国家的对外直接投资"，《南开经济研究》，2000年第 4 期。

竞争力，与发达国家的跨国公司展开全球竞争。问题是，通过收购的方式是否能够获得战略资产的控制权，能否控制尚处于资产生命周期上升期和持续期的、具有长期战略价值的资产，这并非没有疑问。从战略资源性资产而言，企业的跨国并购活动常常会遇到来自政治、意识形态和国际战略方面的障碍，成功者不多。就无形资产与知识资源而言，出售者也常常不会将生命周期早期的技术和主流产品、一线品牌、核心技术出售，特别是不会出售给有可能与其形成未来正面竞争的发展中大国的同业企业。所能出售的往往是边缘技术、非核心资产和过了生命周期黄金期的技术。当然，在商业竞争中不排除一家公司陷入经营困难或财务危机时将主流技术和战略资产出售。这就要求海外投资并购目标是经过慎重选择的，不仅着眼于短期盈利，更着眼于长期价值。

第二，通过海外投资并购获得的资产能够内部化为自身的资产。这主要是就无形资产和知识资源而言的。通过跨国并购获得的海外资产，虽然可以在一定时间内使收购者获利，但如果不能将其内部化为自己的东西，与收购者既有资产融为一体，提升整个企业的价值和国际竞争力，就仍不能认为投资成功。这是因为，后发大国的海外并购，不仅着眼于通过所收购的优势资产带来利润，更着眼于这些以这些优势资产对自身原有劣势资产进行改造和升级并使整个企业和产业获利。然而，将海外并购获得的无形资产与自身原有的资产融合在一起，如同异体杂交和嫁接，绝非易事。对于具有深厚文化内涵的品牌和具有高度路径依赖的技术等资产，更是如此。一个品牌，经过几十年上百年的积淀已经成为某国某地区文化的一部分，即使外来者可以购买，也很难将其"驯化"为自身的东西。经验地看，还很少有哪个后发国家的著名品牌是通过收购海外品牌摇身一变成为自主品牌的，品牌这类具有文化内涵的资产很大程度上只能自己创造。即使强大如美国福特汽车公司，收购沃尔沃以后也未能使其成为美国文化的一部分，它还是瑞典的象征。韩国汽车如果没有现代、大宇等等，就永远成为不了汽车强国。中国汽车产业即使合资品牌产量再大、盈利再多，即使再收购更多的萨伯、沃尔沃，没有在此基础上培养出的世界知名自主品牌也不能算收购成功。印度塔塔再收购捷豹，如果没有塔塔品牌的成功国际化，也不能算最终成功。当然，福特不需要沃尔沃来提升福特的品牌价值，只需要欧洲市场和现金流，但吉利是需要用沃尔沃提升品牌价值的。

此外，技术等资产有很强的专用性和路径依赖，除非将自己原有技术完全放弃，很难通过直接收购方式使外来技术与自身技术有机融合在一起。这就是说，后发大国资产寻求型并购必须高度关注资产的内部化和资产融合。现在，已经有研究者开始关注跨国并购后企业资源和能力转移的有效性问题[1]，这种关注，正反映了上述条件在现实跨国并购中经常被忽略。

第三，海外并购不应成为引进国外技术占领国内市场的途径，并购应显著提升并购者的国际存在和国际盈利能力。后发大国通过跨国投资与并购方式获取海外核心资产，目的是为了提升自身竞争力，与国际大企业展开竞争，立足于国际市场而不是国内市场。因此，判定并购成功与否的依据之一，就是看其能否增强国际竞争力和在国际市场上获利的能力。前面提到，通过跨境并购方式获得的资产有可能是已经过气的资产，或者并购后即显著贬值，或者无法融入并购者机体而"孤悬海外"。但是，即使是贬值的、过气的或孤悬海外的资产，相对于国内来讲仍然具有优势，仍可能通过这些资产的运用在广阔的国内市场盈利，譬如把这些海外资产转移到国内，进而在后发大国广阔的国内市场分一杯羹。此时，跨国并购某种意义上变为引进技术占领国内市场的形式。从我们的观点看，即使就个别企业看这未必不合理，但这种状况却不符合后发大国大规模展开国际投资的初衷，也无助于改善后发大国的国际竞争力。举例说，如果联想收购了IBM 的 PC 部门后只是增加了在中国的销量和存在，甚至逐步退化为中国品牌，则并购不能认为完全成功。同样，吉利收购沃尔沃、塔塔收购捷豹以后，如果仅仅是扩张了沃尔沃和捷豹在中国和印度的市场，吉利和塔塔品牌并未因此而大大提升，并购也不能认为完全成功。这就要求决策者不是一般地鼓励企业海外并购，而是创造环境和条件鼓励真正国际化的海外投资和并购。

⁘5.4　中国对外直接投资的动机与贸易效应检验

本节利用一个引力模型分析中国对外直接投资的动因及贸易效应。

---

① 宣烨、李思慧："跨国并购中企业资源和能力转移的有效性分析"，《世界经济研究》，2010 年第 9 期。

5.4.1　中国对外直接投资动机的检验

在分析跨国公司的区位选择和投资类型上，引力模型是一个常用而有效的工具。Anderson（1979）的原始引力模型表示为如下方程：

$$Q_{ij} = b_0 \ (Y_i)^{b_1} \ (Y_j)^{b_2} \ (N_i)^{b_3} \ (N_j)^{b_4} \ (R_{ij})^{b_5} \ (A_{ij})^{b_6} E_{ij}$$

Q_{ij}表示国或区域间，双边贸易或投资量的变化，Y_{ij}表示国别之收入（常以一国的 GDP 表示）；N_{ij}表示国别的人口数；R_{ij}表示国与国之间的阻力因素；A_{ij}表示国间的助力因素；E_{ij}表示误差。

为了把直接投资与解释变量之间可能存在的非线性关系转换成线性关系，并减少异常点以及残差的非正态分布和异方差性等问题，进行对数处理可以得到如下方程：

$$\ln FDJ_{ij} = \alpha_1 + \alpha_2 \ln Y_i + \alpha_3 \ln Y_j + \alpha_4 \ln N_i + \alpha_5 \ln N_j + \alpha_6 \ln D_{ij} + \alpha_7 P_{ij} + \varepsilon_i$$

其中 FDI_{ij} 表示两国的直接投资量，Y 代表一国或地区的收入，N 代表一国或地区的人口，D 代表两地的距离以及其他可能阻碍投资的因素，P 代表有利投资的因素。现实中影响一国跨国公司投资动因和区位选择的因素有很多，包括制度性的，如双边投资保护条约、贸易壁垒等；也包括非制度性的，如产品销售的现有市场及潜在市场、市场竞争的激烈程度等。因此我们把一些变量进行抽象，仅仅把经济规模、能源、空间距离等一些能反映不同投资类型的变量纳入研究范围。

我们认为不同类型的 FDI 在形成原因、影响因素和区位选择上都存在着很大的差异，在引力模型中各个因素的反应也就不一样。受 Kojima（1978）和 Dunning（1993）启发，我们把 FDI 分成寻求市场（效率）型，寻求资源（自然资源）型和寻求技术（管理经验等）型三类。如果直接投资的动机是寻求市场，则对外投资应该与东道国的市场规模和市场潜力等正相关；如果是寻求资源，它应该与东道国的资源禀赋等正相关；如果是寻求技术型的直接投资，则应该和东道国的技术水平等正相关。通过考察直接投资与这些解释变量之间的相关关系，我们可以看出对外投资所属的类型。

根据中国现在对外直接投资的实际情况，我们认为东道国的经济规模、能源、空间距离、制度安排等因素将对中国的对外直接投资产生影响，根据研究需要，我们引入了新的解释变量，得到扩展的投资引力模型方程如下。其中的变量界定，符合预期和解释见表5.3。

$$\ln FDJ_i = a_1 + a_2 \ln GDP_i + a_3 MP_i + \alpha_4 \ln GPD_{pc_i} + a_5 ENG_i$$
$$+ \alpha_6 \ln DIS_i + \alpha_7 OPEN_i + \alpha_8 BITS_i + \varepsilon_i$$

表5.3 解释变量界定、符号预期与解释说明

变量	指标	符号预期	解释说明
GDP	东道国 GDP	+，市场	GDP 反映一国的市场规模，一般来说市场规模越大，寻求市场的对外投资的规模越大
MP	东道国 GDP 增长率	+，市场	GDP 的增长速度反映一国的市场潜力，市场潜力越大，寻求市场的投资应越多
GDPpc	中国和东道国的人均 GDP 之差绝对值	+，技术 −，市场	人均 GDP 既反映一国经济发展水平，同时也体现了一国的技术水平和劳动力成本。发展水平相近意味着需求结构相近，寻求市场和战略生产的投资会越多；技术水平差距和劳动力成本的差距越大，寻求技术的投资相对会增多
ENG	东道国能源净出口	+，资源	能源储量丰富和出口量大的国家，寻求资源的投资应该越多
DIS	两国首都间的实际地表距离	−，市场 +，技术	距离越远，交易成本越大，企业投资回报率越低，但也意味着贸易的成本上升，替代贸易的投资意义就越大。技术和资源的丰富程度不会因距离而变化
OPEN	东道国贸易依存度	+，市场	一般而言，越是开放的国家资本越容易进入
BITS	虚拟变量，看是否存在投资协议，有取1，没有取0	+，市场	存在双边投资协议能在制度上对投资给予一定的保证

我们选取了 37 个国家 2000 年到 2004 年的情况组成面板数据。使用合成数据而不是时间系列不仅可以避免平稳性和时期自相关等问题，还可以增加模型的自由度。由于本研究仅就样本自身效应为条件进行推论，故使用固定效应模型。根据上述扩展引力模型方程，用 STATA8.0 计量软件进行了多元线性回归分析，其结果如下，括号中给出的是各个系数的 T 值。

$$\ln FDI = 5.615 + 0.557 \ln GDP + 0.068 MP + 0.014 \ln GDPpc + 0.092 Energy$$
$$\quad\quad (2.53) \quad\quad (6.21) \quad\quad (1.99) \quad\quad (0.61) \quad\quad (7.69)$$

$$-0.573\ln DIS + 0.568 OPEN - 0.911 BITS$$

$$(-3.06) \quad\quad (2.70) \quad\quad (-4.12)$$

$$R^2 = 0.5001 \quad AR^2 = 0.4705$$

可以看到，整个方程有着比较强的拟合优度，体现了比较好的解释力。各个系数在 5% 甚至 1% 的置信水平下都很显著。代表市场因素和能源因素的解释变量呈现出与因变量的正相关关系，而且很显著；代表技术因素的变量也呈现出与因变量的正相关关系，但显著程度较低（可能该变量还受到市场因素的影响）；距离呈负相关关系、显著；开放程度呈现正相关、显著；虚拟变量呈现负相关、显著。可以说，估计结果很好地反映了中国对外直接投资的现状：寻找市场和资源仍然是中国对外直接投资的主要原因。追求技术的直接投资有，但比较少，主要集中于已经形成集团的大企业。对外直接投资主要分布在距离较近和相对开放的国家。中国尽管已经和许多国家签订了双边投资协议，但是出发点更多是从吸引外国直接投资的东道国角度考虑的。

显然，不同类型 FDI 背后的驱动因素是不同的，表现出来的是区位选择上的差别。因此，在分析对外直接投资的类型和驱动因素的时候，可以从不同区位选择的直接投资中发现他们对于解释变量反映的差异，从而更好地确定他们的投资类型和驱动因素。为此把样本按照东道国不同分为发达国家、东盟十国、转型国家和其他发展中国家四组，分别运用扩展的引力模型进行回归，结果见表 5.4，括号中给出了各个系数的 T 值。

表 5.4　　　　　　　　　　　投资动因的分组检验结果

变量	发达国家	发展中国家	东盟十国	转型国家
lnGDP	-1.224 (-1.79)	0.544 (4.33)	0.965 (4.34)	0.396 (1.14)
MP	-0.077 (-0.48)	0.053 (1.62)	-0.014 (-0.78)	-0.023 (-0.57)
lnGDPpc	6.765 (3.25)	0.021 (1.00)	-0.020 (-1.67)	-0.2733 (-1.45)
Energy	0.033 (0.89)	0.086 (6.31)	-0.040 (-3.69)	0.270 (1.88)
lnDIS	1.030 (2.04)	-0.703 (-3.69)	-1.544 (-3.35)	15.240 (0.86)

变量	发达国家	发展中国家	东盟十国	转型国家
BITS	-1.461 (-2.98)	-0.927 (-3.60)	2.387 (12.65)	-2.357 (-11.41)
OPEN	-4.253 (-2.39)	0.518 (2.57)	-0.177 (-1.70)	0.637 (0.44)
C	-48.057 (-3.31)	7.097 (2.78)	8.114 (4.10)	-129.15 (-0.82)
R2	0.6208	0.5577	0.9073	0.9749
调整后的 R2	0.5366	0.5184	0.8777	0.9653

与整体数据的检验结果相比，各组对不同解释变量的反应存在着很大差异，这也印证了前述的假设。

根据上述结果可以得到以下基本结论：中国企业对发达国家的投资，市场不是其基本的目标，技术或者学习才是其基本驱动因素。在分析结果中，GDP、GDP 增长率等市场相关的变量与 FDI 存在负相关性，而且在统计上不很显著。投资协议和开放程度也与 FDI 存在负相关性，且统计显著，而人均 GDP 差异和距离与 FDI 为正相关，且统计显著。可见，对发达国家的直接投资更多的是以学习为目的的，而对于发达国家的市场占领，中国企业可能更多地是通过国际贸易来实现。

对发展中国家的投资主要是追求市场型和追求能源型的。方程的系数体现了这一点。与市场相关的变量 GDP、GDP 增长率等的增加引起 FDI 的增加。能源指标统计上是显著的。地理距离开始发挥其对市场投资的阻碍作用。国家的开放程度也对 FDI 产生影响。有意思的是投资协议与 FDI 呈现出负的相关性。可能正如上文所分析的那样，很多的投资协议还没有发挥到真正的促进对外直接投资的作用。

投往东盟的直接投资更好地体现了市场性特征。代表当前市场的 GDP 与 FDI 明显正相关。反映能源，技术等方面的变量与被解释变量的负相关说明能源，技术等都不在这类 FDI 的考虑目标当中。不同于对其他发展中国家投资的情况，与东盟国家的投资协议大大促进了中国对东盟的直接投资，这与当前中国加强与东盟合作的大背景有关，也说明了国家政策只有落到实施的层面上才能真正对经济发生作用。

对转型国家的直接投资更多体现出的是资源寻求特征。统计数据表明，代表市场的变量和代表技术的变量和其相关性都不大，统计上也不显著。而能源的系数不但在各组中最大，且统计显著。说明能源是这类 FDI 的目标，从地理距离的正相关系数中也可以得到证实。

简言之，中国对发达国家的直接投资可以归结为追求技术型 FDI，而对发展中国家的直接投资更多地表现出追求市场型和追求自然资源型特征，其中对东盟和转型国家分别体现了追求市场和追求资源类型的特征。

5.4.2　中国对外直接投资的贸易效应

发展中国家的对外直接投资对贸易的影响不大。策略性投资往往是为了绕过贸易壁垒、降低贸易成本或开拓新的海外市场，如果是绕过贸易壁垒的投资将减少投资国的出口，如果是开拓新的市场则对投资国出口影响不大。

下面利用引力模型运用 37 个国家 1990～2004 年的面板数据对中国对外投资的出口效应进行检验。检验方程如下：

$$\ln X_i = \alpha_1 + \alpha_2 \ln FDIS_i + \varepsilon_i$$

因变量是中国对东道国的年出口流量，自变量为中国对东道国直接投资存量（FDIS）。数据来源于中国统计出版社的各年度《中国对外经济贸易年鉴》，单位为万美元。正如 Di Mauro 指出的那样，这个方法仅仅只是在综合层面上检验贸易和 FDI 的关系，不同部门的研究可能得到不同的结果。我们最为关心的是不同类型的 FDI 对于贸易的效应的差异。表 5.5 给出了不同组 FDI 的出口效应结果。

表 5.5　出口效应的分组检验结果

变量	发达国家	发展中国家	东盟十国	转型国家
LnFDIS	0.265 (5.58)	0.455 (9.69)	0.6328 (7.90)	0.554 (7.87)
C	9.471 (24.89)	7.058525 (24.28)	6.764615 (13.05)	6.574392 (16.17)
R2	0.4073	0.3143	0.3610	0.4582
调整后的 R2	0.3992	0.3105	0.3511	0.4474

从结果中可以看到，中国对外直接投资不同程度上都促进了出口的发展。促进力度的不一样很好地印证了前述关于对外直接投资类型的分析。

可以看到，越是体现出市场动因的组，回归系数越大，显著性越高。这表明中国对外直接投资中寻求市场的部分主要目的还是为了利用东道国廉价的劳动力和资源进行生产或者为出口提供各种服务，还没有达到在东道国的生产和销售以替代对东道国出口的阶段。这一结果也很好地在中国对外直接投资的现状中得到反映：中国对外制造业的投资只有10%，而对商业服务业和批发、零售业的投资则将近50%。可以说，中国的对外直接投资中的市场动因部分还处于较低的水平，在投资方式和行业分布上与发达国家还有很大差别。

第6章
对外贸易与中国的经济增长

    贸易是否推动经济增长？在所谓"东亚奇迹"出现之前，这个问题并不被主流经济学关注。但是，国际贸易和经济增长之间的某些关联却很容易令人滋生联想。如第1章所述，在二战以来的全球化进程中，世界经济和国际贸易都经历了快速的增长，国际贸易扩张的速度甚至更快。数据显示也了GDP增长和贸易增长之间强正相关关系，如图6.1。经济增长对贸易的影响似乎更容易理解，因为增长带来的收入效应会增加对国外产品的需求。国际贸易对经济增长的影响在国际贸易和内生经济增长领域都得到了广泛研究。

⁞⁞⁞6.1　贸易与经济增长的国际经验

    如图6.1所示，1960年以来世界人均GDP与商品和服务出口占GDP比重的走势基本一致，显示了经济增长与国际贸易之间的密切关联。

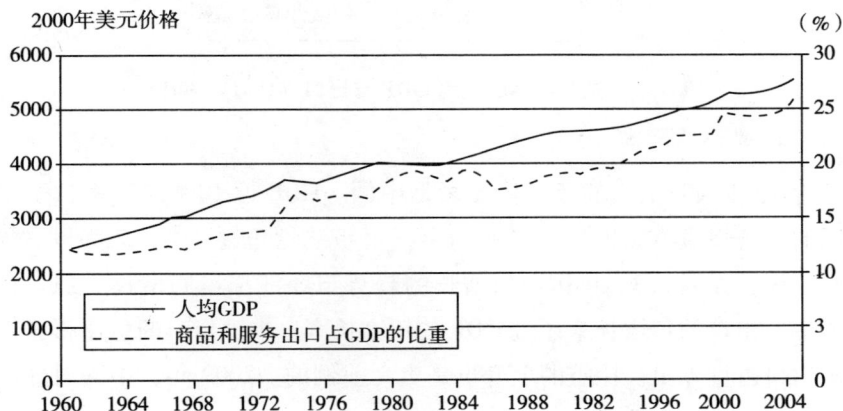

图6.1　世界人均GDP与出口（1960～2004）

资料来源：《世界发展指标2007》。

贸易可以促进增长引擎的思想由于一些东亚经济体的成功而变得引人瞩目。从上世纪60年代开始，韩国、台湾、香港和新加坡等经济体通过出口推动了持续的增长和工业化转型。以台湾为例，台湾在60年代由传统的进口替代转向强烈的出口导向战略之后，出口占GDP的平均比重由50年代的8.8%上升至60年代的18.5%，70年代的42.4%，80年代的50.3%。平均GDP增长率在60年代为10.2%，70年代为8.9%，80年代为7.6%[①]。东亚四小龙的经历与二战后日本的经历一样。尽管这五个经济体只代表了世界总人口的4%，它们却在很短的时间内成为现代工业化世界和国际贸易体系的重要支柱。这一地区的厂商在诸如电子设备、船舶制造和汽车业居于领先地位，并且总的来看，这五个经济体仍然保持着比其他工业化国家更快的增长速度。图6.2显示了东亚四小人均GDP增长率与货物出口增长率的变动趋势图，可以看到，二者变动趋势相近。

图6.2 东亚四小的人均GDP与出口（1961～2001）

资料来源：《世界发展指标2007》。

近30年最具活力的经济体无疑是中国。GDP近10%的年增长率使得中国的经济规模急速扩张，在2010年，经济总量超过日本，成为世界第二大经济体。如图6.3，中国出口增长的趋势与经济总量的增长类似，在很多年份，出口的年增长率超过GDP的年增长率。中国出口的急速膨胀使得中国出口占世界出口比重的上升也是史无前例的。2009年，中国对外出口

①　WTO：World Trade Report 2008。

为 12016.12 亿美元，超过德国的 11200.41 亿美元，成为世界第一出口大国[①]。

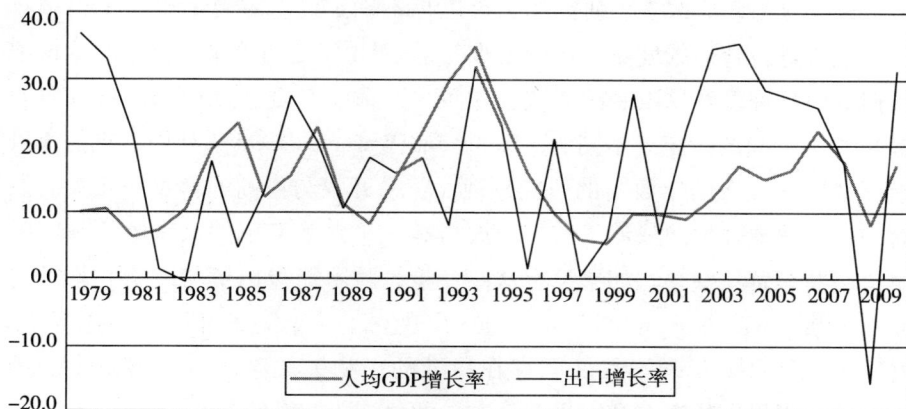

图 6.3 中国 GDP 和出口年增长率 (1979 ~ 2010)

资料来源：GDP 的年增长率根据《中国统计年鉴 2011》计算，出口年增长率根据 WTO 数据计算。

20 世纪 70 年代美国国家经济研究局（NBER）发起的 Bhagwati – Krueger 计划和 80 年代世界银行发起的 Papageorgiou – Michaely – Choksi 研究项目，均以单个国家为样本对发展中国家的出口和经济增长进行了检验。结果很相似：进口替代战略都没有实现长期的经济增长，而外向型的发展战略更容易实现长期的经济增长。

许多研究（如 Levine and Renelt, 1992；Sachs and Warner, 1995）发现了国际贸易流量和经济增长之间的正相关关系，即使考虑了其他一些变量的差异也不影响这种相关性。但是在确定贸易是否会导致更快的增长或者较快的增长是否也造成贸易扩张的问题时，现有研究并未提供明确答案。Frankel and Romer（1999）发现更高的贸易流量导致经济增长。但是，关于这一结果的可信性并未达成共识。因为 Frankel and Romer（1999）使用的方法建立一个假设基础上，即国家的地理特征只通过贸易途径影响增长。然而，一些批评者指出，国家的地理和其他特征可能通过许多其他途径影响增长，例如疾病的存在可能影响公众健康和人力资本质量，进而影

---

① 世界贸易组织数据库：www.wto.org.

响增长绩效。

一些研究着眼于贸易政策和增长的联系。这一点受到关注，是因为政策可以直接由政府改变。研究的结果也是不确定的。主要困难在于很难对贸易政策进行合适的度量，比如很难获得 1985 年之前关于贸易限制的详细数据，而且许多贸易限制的形式（关税、配额、禁令、进口和出口许可等等）在国家间的设定是不同的。Sachs and Warner（1995）利用创立的衡量指标"开放经济的年数"的研究发现，贸易开放与更高的增长率相关。然而，这一发现强烈地依赖于贸易开放指标，包含了汇率的黑市溢价和国家出口垄断等贸易壁垒。如果没有这些变量，就不能得出贸易政策和增长之间的关系。Wacziarg and Welch（2003）建立了一个关于开放的替代测量，并发现贸易自由化和增长之间存在稳健的正相关关系。除了测量上的困难，关于因果性的存在和因果关系方向的争论仍在继续。

6.2 贸易与经济增长：可能的解释

6.2.1 贸易对经济增长的贡献：传统计算方法

在国民经济核算中，贸易的贡献是通过净出口来体现的。所以传统的计算方法就是通过支出法国民收入恒等式来考察贸易对经济增长的贡献程度，即 $Y = C + I + G + (X - M)$。其中，Y，C，I，G，X，M 分别代表国民收入、消费、投资、政府支出、出口和进口。对国民收入恒等式两边分别对时间求导可得：

$$\dot{Y} = \dot{C} + \dot{I} = \dot{G} + (\dot{X} - \dot{M}) \qquad (6-1)$$

其中，$\dot{Y} = dY/dt$，其余类似。用 $NE = X - M$ 表示净出口，上式经过简单运算可得到各个变量的增长率之间的关系：

$$\frac{\dot{Y}}{Y} = \frac{\dot{C}}{C}\frac{C}{Y} + \frac{\dot{I}}{I}\frac{I}{Y} + \frac{\dot{G}}{G}\frac{G}{Y} + \frac{\dot{NE}}{NE}\frac{NE}{Y} \qquad (6-2)$$

其中 $\frac{\dot{Y}}{Y}$，$\frac{\dot{C}}{C}$，$\frac{\dot{I}}{I}$，$\frac{\dot{G}}{G}$，$\frac{\dot{NE}}{NE}$ 分别为各个变量的增长率，$\frac{C}{Y}$，$\frac{I}{Y}$，$\frac{G}{Y}$，$\frac{NE}{Y}$ 分别表示消费、投资、政府支出、净出口在国民收入中所占的比例。因

此，（5－2）式可以表示收入恒等式中的各个组成部分的数量变化对国民收入增长的影响，其中包括净出口的变化与经济增长之间的关系。$\dfrac{\dot{NE}}{NE}\dfrac{NE}{Y}$ 或 $\dfrac{\dot{NE}}{Y}$ 经常被称为外贸增长对 GDP 增长的拉动度，这一部分占 GDP 增长率的百分比，即 $\dfrac{\dot{NE}}{Y}\Big/\dfrac{\dot{Y}}{Y}$（或者 $\dfrac{\dot{NE}}{\dot{Y}}$）被称为外贸对 GDP 增长的贡献度。

表 6.1 是中国 1985 ~ 2010 年 GDP 增长率的分解结果。由于《中国统计年鉴》中公布的支出法国内生产总值统计资料中，政府支出没有单独列出，而是包含在总消费中，所以，实际计算公式调整为：

$$\frac{\Delta Y_t}{Y_{t-1}}=\frac{\Delta C_t}{C_{t-1}}\frac{C_{t-1}}{Y_{t-1}}+\frac{\Delta I_t}{I_{t-1}}\frac{I_{t-1}}{Y_{t-1}}+\frac{\Delta NE_t}{NE_{t-1}}\frac{NE_{t-1}}{Y_{t-1}} \qquad (6-3)$$

其中 $\Delta Y = Y_t - Y_{t-1}$，其余类似。

表 6.1　　　　中国名义 GDP（支出法）增长率的分解（%）

年份	GDP 增长率	增长率分解			年份	GDP 增长率	增长率分解		
		消费	投资	净出口			消费	投资	净出口
1985	23.3	15.5	12.8	-5.0	1998	6.0	4.2	1.6	0.1
1986	15.8	9.2	5.3	1.2	1999	5.3	4.7	1.9	-1.3
1987	16.8	9.4	4.9	2.5	2000	8.4	6.5	2.1	-0.2
1988	25.3	16.6	10.1	-1.3	2001	10.4	5.5	5.0	-0.1
1989	12.5	8.6	4.1	-0.2	2002	10.5	4.5	5.3	0.7
1990	11.8	5.4	2.4	4.0	2003	13.4	4.9	8.6	-0.1
1991	16.7	10.3	5.8	0.6	2004	17.7	7.2	9.7	0.8
1992	22.1	13.8	9.8	-1.5	2005	16.4	7.2	5.4	3.8
1993	34.0	17.0	20.4	-3.5	2006	18.8	7.3	8.1	3.4
1994	36.0	19.9	12.5	3.6	2007	19.6	8.5	8.1	3.0
1995	25.9	14.9	10.2	0.7	2008	18.5	7.8	10.3	0.5
1996	17.3	11.3	5.2	0.7	2009	10.0	4.6	8.3	-2.9
1997	10.1	5.7	1.6	2.8	2010	13.9	5.8	7.9	0.2

数据来源：根据《中国统计年鉴 2010 年》"支出法国内生产总值"中的数据计算得出。

上述衡量对外贸易对经济增长贡献程度的计算方法简单明了，所需数据也易得，因而成为中国理论界讨论外贸问题时最常用的工具。但是根据上述方法所得到的外贸对经济增长的贡献率非常低，只有个别年份（1990、1994、2005 和 2006 年）贸易顺差大量增加，净出口增长对 GDP

增长的贡献才比较大，即便如此，也只有3%～4%，几乎可以忽略不计。比如朱文辉（1998）认为过去20年中国的经济成长，出口并不是主要推动力，经济增长更多来自投资和消费需求等内需。

如果说过去30年中国经济增长的97%源于消费和投资，何以说中国改革开放以来的投资和出口两驾马车驱动的"出口导向"经济增长道路呢？经济政策转向"扩大内需"更是无从谈起。总体来说，上述计算方法的结果与通常认识的中国经济增长道路相去甚远。那么，除了净出口对总需求的影响，是否还有其他影响经济增长的渠道？

专栏6.1　　中国对外贸易的经济增长贡献度到底有多大

2009年中国对外贸易的数据刚刚公布，净出口同比下降超过30%。这可能会使更多的人认为，"净出口"对去年中国经济增长的影响是负面的。但是，如果我们能关注对外贸易促进经济增长的其他渠道而不是"净出口"，特别是关注加工贸易对投资的促进作用，就不会严重低估对外贸易对中国经济增长的突出贡献。

根据国民经济账户体系分析方法，对外贸易对中国经济增长的贡献最多只有3%左右。另据一位经济学家的计算结果，自1990年以来，净出口对中国经济增长的贡献30年平均下来接近17%，远高于此前计算的3%。但在笔者看来，即便17%的贡献，仍然无法完整地反映净出口对经济增长的全部贡献。透过对外贸易如何促进国内投资增长，可从一个侧面反映对外贸易对经济增长的贡献要远远大于此前的认识。

不妨从一个有代表性的案例说起。假定有一家从事加工贸易的企业，在一年内进口了100亿元产品，经过加工之后再出口了110亿元。按国民账户体系核算，净出口为10亿元，这是这家企业对GDP的全部贡献。然而，通过下面的计算发现，这10亿元只是这家企业对GDP全部贡献中的很小一部分。问题的关键是，这10亿元的贸易盈余都去了哪里？假设这10亿元的贸易盈余去向可分为三部分：4亿元用于购买生产所必需的能源和本地原材料，4亿元用于支付物流为主的社会化服务（费率低于4%），另2亿元为企业内部真正分配（假设100%出口退税）。

　　进一步分析发现，出口加工企业通常是劳动密集型的，企业内部分配 2 亿元中的 50% 用于支付工资，另外 1 亿元作为资本的回报。此外，提供物流服务、能源、本地原材料的部门需要投资公路、港口、电厂及矿山等资本密集型项目，在这个出口加工企业支付给其他企业的 8 亿元中，假定 75%（6 亿元）成为资本的回报，其余 2 亿元成为工资。因此，在 10 亿元的贸易盈余当中，7 亿元成了资本回报，3 亿元成了劳动回报。

　　在长期风险利率不高于 9% 的情况下，加工企业每年 1 亿元的资本回报可以吸引 7 亿元以上资本投入（10 年折旧），基础设施领域每年 1 亿元的资本回报可以吸引 11 亿元以上资本投入（30 年折旧）。因此，这家企业的经营活动所创造的 7 亿元资本回报，足以吸引 70 亿元以上的资本投入，即这家企业的进出口业务带动的投资（即对 GDP 增长的贡献）可能高达 70 亿元以上。这一分析的计算结果，要远远高于按国民经济核算体系计算出来的 10 亿元贸易盈余。

　　但这还只是静态分析。如果考虑到 1994 年以来中国外贸部门年均 24% 的真实增长速度、流动性充裕及实际利率降低等实际情况，进出口推动国内投资规模增长的倍率可能更高。

　　依据上述分析，加工贸易在"变相出口劳动力"的同时，也带动了其他生产要素的出口。改革开放以来，国内丰富而廉价的劳动力供给吸引了加工产业持续向中国转移，并带动了国内加工企业对资本品的需求。另外，加工贸易部门增长形成了对国内能源、运输和配套原材料的需求，又促进了对能源、交通、港口和矿山等资本密集型产业的投资。所以，加工贸易不仅促进了国内劳动密集型产业的发展，也促进了资本密集型产业的发展。

　　可见，加工贸易带来了各种生产要素投入的增长，并通过多个渠道促进了国内经济增长。特别值得注意的是，加工贸易促进国内投资的贡献要远远大于促进净出口。以往国民经济账户核算中"三驾马车"的分类，忽略了加工贸易的贡献，因此严重低估了对外贸易对中国经济增长的贡献。

　　资料来源：吴庆，"外贸对我国经济增长贡献被严重低估"，《上海证券报》2010 年 1 月 14 日。

6.2.2　出口导向型经济增长假说（export-led growth hypothesis）

20 世纪 30 年代经济学家罗伯特逊（D. H. Robertson）提出了对外贸易是"经济增长的发动机"（Engine for Growth）的命题。在 50 年代，诺克斯（R. Nurkse）根据 19 世纪英国与新移民地区经济发展的原因，进一步补充和发展了这一命题。他认为，19 世纪国际贸易的发展是许多国家经济增长的主要原因。一方面，各国按比较成本规律进行国际贸易，通过两优取其更优、两劣取其次劣进行专业化分工，更有效地配置了资源，增加了产量和消费，这是对外贸易的直接利益。另一方面，对外贸易还会产生间接的动态利益，即随着对外贸易的发展，通过一系列的动态转换过程，把经济增长传递到国内各个经济部门，从而带动国民经济的全面增长。通过国际贸易传递的途径是工业化国家对初级产品迅速增加的需求，刺激了新兴国家的资源开发和经济扩张。

20 世纪 60 年代之后，研究者们进一步补充认为，对外贸易较高速的增长，特别是出口的高速增长会带来以下几个重要的动态利益：第一，出口扩大意味进口能力的提高。进口中的资本货物对经济落后国家的经济发展具有决定性意义。一方面，进口资本货物可以获得国际分工的利益，节约了要素投入；另一方面，进口资本货物，尤其是进口先进技术设备可以提高国内的技术水平，经消化吸收后，会大大地缩短与发达国家的技术差距。第二，对外贸易的发展使国内的投资流向发生变化，资本会越来越集中在有比较优势的领域。在这些领域中进行专业化生产能大大提高劳动生产率。第三，规模经济利益。一国国内市场相对来说总是狭小的，出口的扩大克服了国内市场的狭小性，生产规模可以不断扩大，以达到最佳程度，使生产效率不断提高，单位成本不断下降。这一方面可以提高利润率，另一方面会增强国际竞争能力。第四，出口扩大还会加强部门之间的相互联系，促进国内统一市场的形成。这一点对经济运行机制不健全的国家尤其重要。出口的扩大，特别是加工程度较深的制成品出口的扩大，会增加对向出口部门提供投入物部门的需求。这些部门转而向其他供给部门增加需求。如此反复下去，不但能带动所有部门的发展，而且会大大地促进国内经济的一体化。第五，出口的不断扩大会鼓励外国资本流入，一方面解决国内投资不足的问题，另一方面也促进了先进技术和管理知识的传播。第六，出口产品在世界市场上的激烈竞争激励出口产业以及相关产业改进质量、降低成本，从而促进国内产业的发展。

但是，诺克斯认为对外贸易是"经济增长的发动机"的学说只适用于解释 19 世纪一些新兴经济的经验，即英国的经济发展通过对外贸易带动了新兴国家如美国、加拿大、阿根廷、澳大利亚、新西兰和南非等国家的经济发展，与英国的贸易成为后者"经济增长的发动机"。到了 20 世纪，由于各种条件的变化，这一学说不再适用。因为中心国家（发达国家）的经济增长并未通过对初级产品需求的增加，把它们传递到世界其他国家。诺克斯认为发生这种变化的原因有 6 个：①发达国家工业结构已发生变化，从轻工业为主的结构转向重工业结构（技术和化学工业），即从制成品中原料含量高的工业转向原料含量低的工业；②在发达国家的国民生产总值中，劳务部门所占的比重增加，因而对原料的需求落后于生产的增加；③对农产品需求的收入弹性低；④农业保护主义的蔓延；⑤工业原料的节约使用（如电解镀锡，金属回收和再加工等）；⑥合成原料和人造原料越来越多地代替天然原料。

60 年代以后，随着亚洲一些国家和地区通过出口导向型而成为新兴工业化国家和地区以后，这一学说再度流行。

6.2.3　新古典经济增长理论

贸易与增长的关键问题是贸易自由化是否会促进更高的增长率。为了研究这个问题，有必要从经济增长理论的视角来看什么因素会带来经济增长。

人们都希望看到经济增长，那么，什么因素会带来经济增长呢？一般认为经济增长依赖于三个要素，它们是自然资源、劳动力、资本和技术。用总生产函数来反映，有如下表达式：

$$Q = A \cdot F\ (K,\ L,\ R) \tag{6-4}$$

其中 Q 代表产出，A 代表技术水平，F 表示生产函数，K、L 和 R 分别代表资本、劳动和自然资源的投入。显然，随着各种要素投入的增加，产出也会增长。

新古典增长理论主要是指美国经济学家索洛所提出的经济增长理论。索洛以柯布—道格拉斯生产函数为基础，推导出增长模型。这个模型假定：第一，资本—产出比率是可变的；资本和劳动可以互相替代；第二，市场是完全竞争的，价格机制发挥主要调节作用；第三，不考虑技术进步，技术变化不影响资本—产出比率，因而规模收益不变。用 a 和 $1-a$ 分别代表资本和劳动对总产出的贡献，$\triangle K/K$ 为资本增长率，$\triangle L/L$ 为劳动增长率，则经济增长率用公式可以表示为：

$$G = a \cdot \frac{\Delta K}{K} + (1-a) \cdot \frac{\Delta L}{L} \qquad (6-5)$$

从上式中可以看出，经济增长率 G 由资本和劳动增长率及其边际生产力决定。依据这一模型，人们可以通过调节生产要素投入的边际生产力，即调整资本和劳动的配合比例，来调节资本—产出比率，以实现理想的均衡增长。索洛模型通过引入市场机制和改变资本—产出比率为常数的假定，发展了哈罗德—多马模型，但索洛仍然没将技术进步作为重要因素纳入模型。考虑到技术进步在促进经济增长中的重要作用，索洛和米德（1960）在原有模型中引入了技术进步和时间因素，用 $\triangle T/T$ 反映技术进步，经济增长率公式修正为：

$$G = a \cdot \frac{\Delta K}{K} + (1-a) \cdot \frac{\Delta L}{L} + \frac{\Delta T}{T} \qquad (6-6)$$

修正后的模型被称为"索洛–米德模型"，被称为新古典增长模型，该模型所阐述的增长理论被称为新古典增长理论。其基本观点是：技术进步是外生因素，当经济中不存在技术进步时，经济最终会陷入停滞状态，只有存在外生的技术进步时，经济才会增长。

根据新古典经济增长理论，贸易对经济增长的作用的理论解释至少有以下几种。

第一，出口带来了投资和消费的增加，可由凯恩斯的对外贸易乘数理论解释。出口的增加会导致出口企业收入增加以及其他企业产品消费需求的增加，从而刺激生产企业追加投资，扩大生产，增加收入，引发新一轮消费需求的增加，最终使国民收入产生数倍于最初出口收入增量的增加，即所谓乘数效应。

第二，刺激了生产要素的投入。国际贸易理论都是建立在充分就业假定之下的，事实上，发展中国家几乎没有实现过充分就业。由于经济发展落后和生产能力低下，农业中存有大量的劳动人口。Myint（1958）指出，发展中国家的失业表明其潜在的生产供给大于其实际需求，参与国际分工等于为其提供了一个"剩余输出的渠道"（vent for surplus），使之能够增加就业和产业。所以对于发展中国家而言，国际贸易有助于提高就业和产出。

第三，促进技术进步，可由新贸易理论解释。出口扩张可以产生规模经济，并通过提供信息交流渠道和引入竞争机制等途径，促进国内企业的技术进步和制度创新，实现经济的持续增长。这一视角将贸易理论与新增长理论结合在一起，成为当代解释贸易对经济增长影响的主要理论基础。

6.2.4　新增长理论的视角

新古典增长理论将技术进步视为外生。那么，是什么因素影响了技术进步，进而决定经济的长期、持续增长？

研究技术进步的决定因素及其在经济增长过程中作用的理论被称为新增长理论。新增长理论认为技术进步不是外生的，是经济当事人从事研究和开发的结果，内生的技术进步是经济实现持续增长的决定因素，所以新增长理论又称为内生增长理论。新增长理论不仅强调技术进步在经济增长中的决定作用，还具体研究了技术进步得以实现的各种机制，建立了一系列内生技术进步的变量，如研发投入、人力资本、干中学以及劳动分工等。

最早用内生技术进步解释经济增长的模型是 Arrow（1962）的"干中学"模型。他假设技术进步是新资本生产过程中自然产生的副产品，即所谓"干中学"的现象。意味着投资产生了溢出效应，进行投资从事生产的厂商通过积累生产经验可以提高其生产率。于是，随着资本积累的增加，技术在不断进步，进而推动经济增长。可见，干中学使得技术进步变为内生。干中学模型的一个局限是技术变化是资本积累过程中自然产生的，不依赖于可以人为左右的经济决策。

Romer（1986）利用一个垄断竞争模型指出技术进步是不断增加中间品种类的结果。因为大规模的中间投入会提高资本和劳动的生产率，比如伴随着生产活动多样性的增加，劳动分工的程度提高了。Romer（1990）进一步假定发明新产品（来自对研发的投资）是一种为了追逐利润有意而为的经济活动。打算进入新的中间品部门的厂商必须支付一项产品研发的沉没成本，这项成本可以通过垄断利润（租金）获得抵偿。这一模型显示了中间品部门的规模报酬递增和人均产出的内生增长。

在 Romer 的模型中，技术创新指的是并不替代现有产品而发明一种新产品的"水平创新"。技术创新也可以表现为对现有产品进行质量改进的"垂直创新"，Aghion and Howitt（1992）以及 Grossman and Helpman（1991）认为"垂直创新"会使原有产品过时（或称"创造性破坏"），这一说法由 Schumpeter 最先提出，因而增长来源于新进入者为了引入高质量产品来替代市场上现有产品所进行的研发活动。水平创新和垂直创新反映了技术进步的不同内容，因而是互补的。

经济增长文献的最新发展强调经济制度（例如财产权）和政治制度（例如政府的形式）在发展过程中的作用。Helpman（2004）和 Acemoglu（2008）等指出这些制度会影响生产的组织，并改变厂商的积累能力和创新能力，进而决定了一个国家的增长率。

总之，内生增长理论指出内生的技术进步会促进经济增长，下面分别讨论贸易是如何通过影响要素积累和技术进步促进经济增长的。

（1）贸易和要素积累

分析国际贸易对资本积累影响的模型有两个关键点：第一，在经济开放的背景下，不能将一个地区的增长与其他地区的增长割裂开来进行分析；第二，贸易与增长的相互作用取决于各国贸易的特征。当国际贸易发生在中间品部门，并且由国家间的相对要素禀赋决定时，要素价格完全由世界市场决定。如果贸易是自由的，要素价格会实现均等化，每个国家将根据世界市场决定的价格做积累决策。显然，贸易影响的国际要素价格决定了各国投资和资本积累的激励。

Ventura（1997）表明存在国际贸易时的增长过程与封闭经济下新古典增长理论的预测不同，即使一个一体化的世界经济因边际报酬递减规律不能只通过资本积累维持增长，一些小的开放经济体还是可能通过储蓄和投资实现阶段性的高速增长。如果小型开放经济体采用了增加投资率的政策，它可以在不影响国际市场决定的相对价格的情况下进行资本积累，这样可以避免由于资本积累带来的收益递减。70～80 年代东亚四小龙的增长奇迹就是小型开放体在通过高的投资率获得了相当长一段时间的高速增长。根据传统新古典增长理论的预测，东亚国家快速的资本积累应当会导致新投入资本的收益率下降。然而，国际贸易改变了这个趋势，随着资本存量的增加，资源被转移到大部分产出用于出口的资本密集型部门，于是产生了长时间的出口驱动的增长。

当一国是根据其在技术上的比较优势参与国际分工时，贸易与其经济增长的相互作用将与上述情形不同。在 Acemoglu and Ventura（2002）的模型中，每个国家分工生产单一的一种用于生产最终产品的中间品，意味着每个国家相对于全球市场来说都很小，但其产品在国际市场上具有市场势力。当一个国家增加了其专业化生产的中间产品的出口时，产品的国际价格下降，意味着这个的国家贸易条件恶化，于是会降低该国资本的回报率并减少了积累的动力。这一贸易与增长模型表明开放经济体在长期内趋向于相同的增长率。当然，相似的增长率并不必然导致不同地区之间相似的收入水平。

（2）贸易和干中学效应

贸易可能通过干中学效应促进技术进步和经济增长，其前提是行业的干中学效应取决于行业的性质和规模。所谓行业的性质指的是行业的资本密集度或技术含量。一般认为，技术含量越高的行业，干中学效应越大，而技术含量越低的行业，干中学效应越低。另外，行业规模越大，干中学效应也越大。

Redding（1999）指出，当一国基于要素禀赋的差异参与国际分工时，资本和技术充裕的国家将分工生产高技术行业，而劳动充裕国家分工生产低技术行业。分工生产高技术行业的国家因高技术行业的扩张导致干中学效应增大，进而推进经济增长。但是贸易通过干中学效应对经济增长的促进作用因国家之间的比较优势和分工地位而有所不同。因为分工生产低技术行业的国家，贸易后将扩大低技术行业的生产、降低高技术行业的生产，高技术行业规模降低导致干中学效应减弱，而不利于技术进步和经济增长。因而贸易的干中学效应将拉大发达国家与发展中国家之间贸易收益和经济增长的差距。因此，Redding 指出韩国对钢铁行业的保护将有助于增加其干中学效应，进而通过技术进步促进经济增长。

（3）贸易和创新

贸易影响经济增长的另一条不同的途径是对厂商创新的激励，具体的机制具有多样性。

首先，贸易自由化扩大了市场规模，形成规模效应。就中间产品的贸易而言，与其他国家进行自由贸易的可能性创造了一个扩大的市场，从而增加了中间品生产者的获利机会。这种更大的机会提高了对于研发投资的激励，并转换成了更高的创新率（即新产品种类的引入率）和更高的全球经济增长率。

第二，贸易自由化扩大了知识溢出的范围，具有技术扩散效应。一些研究认为，贸易自由化后，每个国家的研发活动都受益于其他国家的研究，因而贸易自由化会提高厂商投入研究的激励，进而促进经济增长。然而，也有一些研究表明可能存在相反的效应。当各国在人力资本、经济规模或者初始知识存量上存在差别时，贸易既可能增加也可能减少创新率，从而最终增加或减少经济增长。需要强调的是，尽管存在这样的反效应，贸易对创新的最终效应仍可能是正的，只要存在较大的国际知识溢出。

关于贸易的技术扩散效应研究的经典经验文献是 Coe and Helpman（1995），他们发现，如果一国从高技术国家的进口的比例越大，技术溢出越大，即存在进口结构效应。在进口结构不变时，总进口水平越高，技术转移效应越大。Coe et al.（1997）的进一步研究表明，发展中国家的全要素生产率与其工业化贸易伙伴的研发有着正向和显著的联系。Xu and Wang（1999）和 Gera et al.（1999）等研究证实了资本品和机械产品进口占总进口比例更高时，国际技术溢出效应更大。

除了由贸易伙伴的研发水平带来的"直接"研发溢出，在没有贸易的国家之间甚至存在"间接"的研发溢出。假定存在三个国家：国家1、国家2和国家3。如果国家2同时与国家1和国家3开展贸易，国家1就可能在完全与国家3没有贸易的情况下从国家3的生产技术中获益。Lumenga-Neso et al.（2005）发现"间接"与贸易相关的溢出效应在实证中与"直接"溢出效应同样重要。这一结果指出了开放的多边贸易体系在技术溢出方面的重要作用，因为在这里，重要的不是一国的贸易伙伴产生了多少知识，而是通过与世界其他国家的贸易联系，贸易伙伴获取知识的机会有多少。

第三，一国经济开放程度的提高将提高产品市场的竞争，形成竞争效应。最近学术界争论的一个热点是国际贸易开放所带来的竞争加剧是否对厂商的创新激励产生正向影响。在理论上，这一效应是不明确的。传统的关于竞争和增长的理论可以追溯到 Schumpeter（1942），他预测了竞争会降低创新，因为竞争降低了创新者可以获得的垄断率。然而，一些研究指出，竞争可以对创新激励产生正向影响。如 Peretto（2003）认为关税降低使厂商面临更大的外国竞争，并提高了他们在那些可以降低成本的创新上投资的激励，因为这种成本下降可以让他们通过降低价格获得更大的市场份额。Aghion et al.（2005）也指出更激烈的竞争导致更多的研发投入和创新。Burstein and Melitz（2011）模型认为企业的出口决策和创新决策紧密结合在一起，贸易自由化将鼓励出口企业提高创新力度（innovation intensity），由此提高出口企业的生产效率。Mayer and Melitz（2011）建立了一个多产品、多出口地模型，指出出口企业因面临更加激烈的市场竞争，将调整其产品组合，强化其竞争力最强的产品的生产，进而促进企业生产率的提高。

第四，有利于发展中国家的模仿与创新。迄今为止的争论大多集中于相似国家之间的贸易对创新的影响。然而，国际贸易也包含了那些处于不同发展阶段的国家，这种南北贸易是世界贸易中增长最快的部分。与之相应，一个重要的问题就是处于不同发展阶段国家之间的贸易是不是促进了世界增长。

大多数创新都发生在少数发达经济体中，然后转移到世界其他地区。国际贸易的存在从许多方面丰富了技术扩散的途径。比如贸易能决定一个"国际产品周期"的过程，某种创新产品原先只在技术先进国家生产，之后被欠发达经济体模仿和生产。这就为严格的知识产权政策同时提供了支持和反对的依据。一方面，较少的模仿通过增加创新者的预期收益而促进了创新，但另一方面，由于提高了先进国家的工资水平以及限制新竞争者的进入又增加了创新的成本。

最后，贸易自由化可能对决定厂商激励的制度和政府政策产生影响。制度结构的质量一直被视为一个具有良好功能的市场的重要组成部分。拥有"更好的制度"的国家倾向于在基础设施、培训和教育上投入更多，在这一方面更有效率，并且创新更多。贸易可能通过直接或间接途径对那些促进经济增长的制度带来正影响：①贸易改革可能意味着必须建立某种市场化的制度。Tang and Wei（2006）发现加入 WTO/GATT 通过推动国家的政策改革有助于促进增长。②制度改革可能是与贸易有关的市场机制产生间接作用的结果。Acemoglu and Robinson（2005）表明民主化可能来自与贸易自由化相关的收入分配变化。Rodrik et al.（2004）的实证研究证实了国际贸易对制度结构的正效应，从而表明贸易自由化可以通过改善制度质量来间接提高增长绩效。

（4）贸易与企业生产率

Melitz（2003）提出了一个影响深远的关于企业异质性（firm heterogeneity）的贸易模型，最早从企业层面对出口与高生产率之间的因果关系进行了理论研究。该模型指出，在均衡状态下，企业因生产效率差异而分为三种类型：生产效率最低的企业，将退出生产；生产效率居中的企业进行生产，但只供应国内市场；生产效率最高的企业不但内销，而且出口。因而，生产效率较高的企业将自动选择进入出口行业，从而产生"自选择"（self-selection）效应。而出口企业的生产效率，可能随着出口经验的积累而进一步得到提高，从而产生"出口中学"效应。因为出口企业在适应了东道国的经济环境后，能利用东道国政府的优惠政策，针对当地消费者的要求研发、生产、推销多样化的产品，并引入竞争对手先进的技术和高效的组织管理模式，生产率会更高。

Melitz（2003）开创了企业层面贸易与技术进步的理论和实证研究。Atkeson and Burstein（2007）拓展了Melitz（2003）的分析框架，提出出口企业的出口决策和投资决策是相伴相生的，出口企业通过扩大投资带来生产效率的提高。Burstein and Melitz（2011）的模型将企业的出口决策和创新决策紧密结合在一起，贸易自由化鼓励出口企业提高创新力度，进而提高出口企业的生产效率。Mayer and Melitz（2011）建立的多产品、多出口地模型表明出口企业面临更加激烈的市场竞争，将调整其产品组合，强化其竞争力最强的产品的生产，由此带来其生产效率的提高。

Hansson and Lundin（2004）利用瑞典1990~1999年数据的检验发现出口企业与不出口企业的生产率增幅差异不明显，但新出口企业比不出口企业的生产率更高。Green and Yu（2004）对英国1989~1999年的数据检验发现只有新出口企业会产生出口中学效应。Hahn（2004）发现韩国出口企业既存在自选择效应，也存在干中学效应。具体而言企业出口之前与不出口企业的劳动生产率差异明显，TFP差异不明显，新出口企业与不出口企业的生产率差异扩大，与旧出口企业的生产率差异缩小。Blalock and Gertler（2004）发现印度尼西亚出口企业没有自选择效应，但是有出口中学效应。Alvarez and Lopez（2004）利用智利 1990～1996 年数据的检验发现出口企业具有自选择效应，但是没有出口中学效应，出口企业与不出口企业的生产率差异不明显，新出口企业甚至比不出口企业的生产率更低。

⁂ 6.3　对外贸易与东亚的经济增长

东亚的经济增长到底如何实现的？或者说，对外贸易对东亚经济增长到底发挥了什么作用？世界银行 1993 年出版的《东亚的奇迹：经济增长和公共政策》对东亚经济增长的研究主要强调了政府的作用：①坚持宏观管理的重要性，包括稳定的商业环境，低通货膨胀，有利于鼓励固定资产投资；谨慎的财政措施，辅之以其他措施保证经济增长中的公平共享与高经济增长的成果；有利于出口竞争性的汇率政策；金融发展和逐步的自由化保证国内储蓄的最大化，推进资源的有效分配，以及与全球金融系统的融合；尽可能减少价格扭曲；采取措施推进初等教育，创立不同技能的劳动力结构，以利于外向经济的发展。②需要一个强有力的政府管理体系，保证长期发展意愿的实现，追求产出与就业的快速增长；政府与工商业之间的互动，同时政府要在工商业者之间创造竞争的环境。③政府采取积极的政策加快工业化的步伐，有选择地选取了关税保护和鼓励出口的政策，其中不乏道义规劝、补贴和金融手段，使得实业界可以获得低成本的融资。④政府清楚地表明了可以获得政府支持的条件，方法是实用的，手段可以灵活使用，在目标不能完成的时候将废止使用。

克鲁格曼（Krugman，1994）根据 Kim and Lau（1994）及 Young（1992，1994）对东亚经济体全要素生产率的实证研究结果，指出美国经济的增长主要来源于全要素生产率，苏联的经济增长则主要靠要素投入的增加，苏联的增长方式不能持久，导致最后的崩溃；而东亚经济的增长基本上也是靠要素投入的增加，因此，他认为东亚经济的增长也是不能持续的，是纸老虎。克鲁格曼的观点被认为是对亚洲金融危机的预言。

巴格瓦蒂（Bhagwati）1996 年 5 月在康奈尔大学的一个讲座中全面批

评了克鲁格曼的观点，其主要结论是，首先东亚经济奇迹是现实的存在，而不是如克鲁格曼所说的神话，东亚奇迹的主要表现就是私营部门投资增长非常快，这是其他国家历史上难以比拟的。导致这一结果的重要原因是这些国家所采用的出口导向的发展战略。出口扩张带来的大量外汇收入使东亚经济体有能力大规模进口含有新技术的资本设备，使得他们快速增长的投资中能够含有越来越多的技术进步的成分。这一结果导致了双重的收益，一方面是出口推动的投资快速增长，另一方面是进口中所包含的技术进步所产生的收益。另外，由于东亚经济体较高程度的识字率和教育水平，高技术资本品的社会贡献大大高于相应的国际成本，由此强化了进口中所包含的技术进步所产生的收益。东亚经济体普遍存在的外商直接投资与贸易一样具有较高的生产率，反映了出口导向发展战略的成功，而进口替代战略的不成功则是由于既不能吸引较多的外商直接投资，也不能从这些投资中获得较高的回报。人们所关注的"产业政策"与东亚经济的增长关系并不大，甚至有负面的影响。巴格瓦蒂特别指出克鲁格曼把苏联与东亚相比较是错误的，苏联的增长依靠公共储蓄与投资，而东亚依靠的是私人储蓄和投资，在吸收外国技术方面也不同，因此亚洲经济的增长与前苏联不同，是可以持久的。

陈坤耀（Edward K. Y. Chen，1997）指出了克鲁格曼文章对全要素生产率的误解。他指出在经济增长的核算中，作为技术进步代表变量的全要素生产率是核算中的残差，因此，很大程度上决定于投入要素的数据是如何测定的。关于东亚经济奇迹的争论，与所用的数据有关，也与相应的定义和概念有关，克鲁格曼、Young 和许多参与这场争论的人并没有很好地了解全要素生产率研究的理论与实证的发展，在一些基本概念上出现了错误。在实证研究中，一些人习惯用全要素生产率代表技术进步，这实际上是一个误解。所谓技术进步包括与资本融合在一起的（embodied））和不包括资本投入的（disembodied）两类，全要素生产率增长所测定的仅是不包括资本投入的技术进步。因此如果全要素生产率的增长比较低，只能说明不包括资本投入的技术进步比较低，而与资本融合在一起的技术进步仍然是存在的。更准确的表述是，全要素生产率所体现的技术进步是不包括资本投入的（disembodied）、希克斯中性的（Hicks – neutral）技术进步。而一般所说的技术进步的范围要大得多。

2000 年世界银行针对东亚经济增长与危机出版了《从奇迹到危机再到复苏：东亚四十年的经验教训》一书，对东亚经济增长的奇迹与模式做了较为全面的反思。在这本书中，作为主编之一的斯蒂格利茨（Stiglitz）对克鲁格曼的观点及其批评所涉及的全要素生产率计算提出了质疑：曾经有研究证明，只要将人力资本的计量方法稍加改变，就会大大改变全要素生产率的计算结果，因此全要素生产率计算的结果与所采用的方法和数据关系很大。由于结果的变异较大，因此展开立论就比较缺乏基础；如何将资本加以汇总的理论与方法上的困难更是尽人皆知，这一问题在最新研究中虽然有比较大的进展，但仍然可能有较大的不确定性；计算全要素生产率的方法是标准的 Solow 残差法，这个方法的假设是生产要素的报酬等于其边际产出，这只有在完全竞争的市场中才可能，而亚洲国家的市场显然不是完全竞争的市场。

派克（Pack，2001）从技术进步和经济增长的角度分析了关于东亚经济奇迹的争论。该研究认为，在过去的几十年，亚洲新兴工业化经济积累了大量的资本和技术劳动力，并且十分有效地在生产活动中使用这些资本和劳动。许多研究都证明，这些经济体中的大量企业十分成功地吸收了国际上的技术和知识，这些技术和知识可能体现在设备中，也可能体现在中间投入中，也可能是一种不包括资本投入的技术和知识。

6.4 对外贸易与中国的经济增长

一般认为，中国"出口导向"的经济增长模式使得出口与投资成为驱动经济增长的两驾马车。那么，贸易的增长效应是如何实现的呢？

斯蒂格利茨（2006）曾指出出口对中国和其他许多国家经济增长的四个方面的效应。第一，出口提供了改进技术的基础。发展中国家与发达国家的差异不仅仅是资源上的差异，更为重要的是在技术和观念上的差异，目前对于中国来说，最重要的就是如何缩短这种技术上的差异，这就是为什么中国在高等教育上投入了非常多的人力和物力的原因。事实上，中国出口导向型的增长模式能够有效很大程度上在于这种知识能够在工业部门之间自由传递，当出口导向型的工业部门接受这些观念的同时，也可能更容易把这些知识传递到其他部门去。第二，出口导向型增长帮助中国吸收了西方的标准、创造了自己的标准。第三，出口导向型的增长促进了竞争。竞争在市场上起着非常重要的作用，竞争能够提高效率，使得出口导向型增长行之有效。第四，通过出口，生产能力的扩张可以超过国内消费水平的增长。总体来说，通过出口导向性增长，中国在技术发展方面已经取得了长足进步，并且学会了如何学习，并为未来的创新型增长创立了基础。

本节将从贸易与企业生产率的关系视角，对贸易对中国技术进步和经济增长的影响进行实证研究。对于贸易对中国经济及技术进步的实证研究主要集中在省际和行业的层面上。邹武鹰等（2008）利用省际面板数据发现出口贸易对于一个地区内的研发创新和技术升级活动可能具有推动作用。邹武鹰等（2007）基于中国制造业的行业面板数据，发现在中国的出口贸易企业中，后向链接的溢出效应较为显著（通过出口贸易企业购入其上游产业中非出口企业生产的产品和劳务），而水平链接的溢出效应在出口贸易企业中并不明显。而李平等（2010）基于中国制造业的行业面板数据得出了相反结论：出口贸易并未表现出显著的后向溢出作用，而是通过水平效应促进研发创新和技术升级活动。李平和张庆昌（2010）通过省际数据发现，1979～1997年间，工资与全要素生产率的增长基本一致；工资上涨和出口增加对全要素生产率的提升都具有显著的贡献；但1998～2009年，全要素生产率的变动趋势却偏离了工资的增长路径，这主要是因为中国出口额大幅增加，抵消了工资上涨给企业带来的压力，从而削弱了企业的创新激励。

基于企业层面的实证研究尚不多见。王华等（2011）通过对北京、天津、上海、广州和成都5个城市的抽样调查发现，出口企业并不存在"自选择"效应，但存在显著的"出口中学"效应。他们认为原因在于生产效率较低的企业可能更倾向于从事加工贸易，从而使中国的出口企业整体上没有表现出"自选择"效应。余淼杰（2011）的研究在一定程度支持了上述结论。余淼杰（2011）利用企业层面的数据检验了加工贸易背景下关税削减对于企业生产效率的影响，他们发现低效率的企业会"自选择"进入加工贸易行业；相对于削减最终商品关税，削减中间商品关税对促进中国企业生产效率的提高具有更为显著的作用。

本节将利用中国工业企业数据库、中国海关进出口数据库以及 WTO 的关税数据库（Tariff Analysis Online Facility，TAO）的企业数据，检验中国出口企业的自选择效应与出口中学效应。

6.4.1　出口企业的基本特征

通过对合并后数据库的基本统计描述，可以粗略对比出口和非出口企业的差异。相对于非出口企业，出口企业的规模更大。在所有制属性上，出口企业主要代表了"外资"（港澳台资）企业，而非出口企业更多地体现为"内资"（包括国有企业和民营企业）的特点。在区位分布上，出口企业基本上反映的是东部沿海地区的特征，而中西部地区的特征则更多地反映在非出口企业中。从行业分布的角度看，非出口企业基本上均匀分布于各个行业之中，这反映出中国完整的工业体系布局，以及制造业较为平衡的企业产能分布特点；而出口企业则主要集中于制造业中的轻工业，尤其是纺织及日用品制造、化工及金属冶炼和仪器设备制造三个行业中，这部分反映出了中国企业的比较优势所在。

出口企业的盈利性高于非出口企业，成长速度较快，吸纳了更多的就业，并且贡献了更多的税收。加工贸易与中国企业整体在成长速度方面差别不大，加工贸易企业具有更高的就业吸纳能力，但盈利性表现较差，税收贡献较低。

6.4.2　企业的全要素生产率

首先在 Olley and Pakes（1996）的基础上利用半参数方法估计企业的全要素生产率（TFP）。设企业的生产函数为 $y_{it} = \beta_l l_{it} + \beta_k k_{it} + \omega_{it} + e_{it}$，其中，$y_{it}$ 为企业产出（对数值），l_{it} 和 k_{it} 分别为企业的劳动和资本投入（对数值），ω_{it} 代表企业的生产效率，e_{it} 为随机扰动项。估计需要三个步骤。第一步是估计劳动的产出弹性。设企业的投资决策为 $i_{it} = i_{it}(k_{it}, \omega_{it})$，$i_{it}$ 是关于 ω_{it} 的严格增函数，可通过企业投资函数的反函数将其不可观测的生产效率 ω_{it} 写成其可观测变量的函数：$\omega_{it} = h_{it}(k_{it}, i_{it})$。设 $\Phi_{it}(k_{it}, i_{it}) = \beta_k k_{it} + h_t(k_{it}, i_{it})$，则有 $y_{it} = \beta_l l_{it} + \Phi_{it}(k_{it}, \omega_{it}) + e_{it}$。$\Phi_{it}$ 可通过关于 l_{it} 和 k_{it} 的 4 阶多项式（包括其交叉项）加以拟合，从而可以从 $y_{it} = \beta_l l_{it} + \Phi_{it}(k_{it},$

ω_{it}) + e_{it} 中估计出劳动的产出弹性 $\hat{\beta}_l$，进而得出 Φ_{it} 的拟合值 $\hat{\Phi}_{it}$。

第二步是估计资本的产出弹性。设 $V_{it} = y_{it} - \hat{\beta}_l l_{it}$ 可通过 $V_{it} = \beta_k k_{it} + g(\hat{\Phi}_{i,t-1} - \beta_k k_{i,t-1}) + e_{it}$ 式估计资本的产出弹性。其中，g（*）为上中的半参部分。与第一步估计类似，$g(\hat{\Phi}_{i,t-1} - \beta_k k_{i,t-1})$ 可通过关于 $\hat{\Phi}_{i,t-1}$ 和 $k_{i,t-1}$ 的4阶多项式（包括其交叉项）加以拟合，得出资本的产出弹性 $\hat{\beta}_k$。第三步，将上述估计系数代入 $y_{it} = \beta_l l_{it} + \beta_k k_{it} + \omega_{it} + e_{it}$，通过残差即可推算出企业的 TFP。

在2000~2005年间，中国企业总体的 TFP 稳步提高；其年均增长率为11.22%，6年间累计增长70.19%。出口企业的 TFP 持续、显著地高于非出口企业，与出口企业表现出的更为优越的经营绩效相互印证。

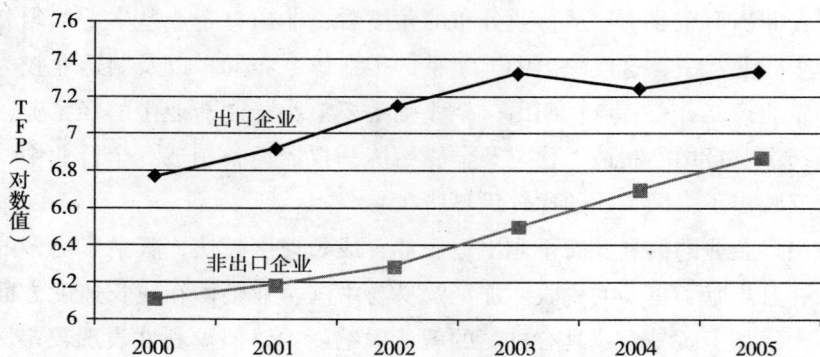

图6.4 出口与非出口企业 TFP 的比较

6.4.3 自选择效应

本节通过 *probit* 模型考察出口企业的"自选择"效应，具体方程为：

$$\Pr(EXP_{it} = 1) = F(\beta_1 TEP_{i,t-1} + X_{it}\beta_2 + e_{it})$$

其中 $\Pr$（|）为 *probit* 模型中的概率函数，EXP_{it} 为企业当期出口决策的虚拟变量（取值为1表示出口），$TEP_{i,t-1}$ 为企业上一期的全要素生产率（对数值）。X_{it} 代表控制变量，具体包括企业的资本劳动比（对数，用以反映企业的要素投入结构），企业的劳动雇佣量（对数，用以控制企业规模），所有制变量（国有企业，私营企业，外资企业）及其与年份的交叉项，以及区位变量（沿海，内陆）及其与年份的交叉项。下面通过考察

$TEP_{i,t-1}$ 的估计系数，来评估出口企业的"自选择"效应。

回归结果表明企业的出口决策存在着显著的"自选择"效应：效率更高的企业，更倾向于选择出口。就所有制属性而言，外资和民营企业的出口倾向比国有企业更强；从行业分布上看，纺织及日用品制造，以及仪器设备制造业的出口倾向较强，而采掘业、资源生产及供应行业的出口倾向较弱；从区位因素的角度看，相对于内陆地区，沿海地区的出口倾向较强。同时，在保持其他条件不变的情况下，企业的出口倾向有逐年递减的趋势，这可能反映出人民币不断升值对于企业出口的打击。

6.4.4　企业的　"出口中学"　效应

检验的基本模型为工具变量面板模型（固定效应）：

$$\log TFP_{it} = \beta_0 + \beta_1 \log \exp_{it} + \beta_2 pro_{it} + \beta_3 \log \exp\_ pro_{it} + \xi_i + X_{it}\beta_4 + e_{it}$$

其中，$\log TFP_{it}$ 为企业的全要素生产率（对数），$\log \exp_{it}$ 为企业的出口值（对数），pro_{it} 为加工贸易虚拟变量（取值 1 表示为加工贸易企业），$\log \exp\_ pro_{it}$ 为企业出口值（对数）与加工贸易虚拟变量的交叉项，通过考察 $\log \exp\_ pro_{it}$ 的估计系数可以评估一般贸易与加工贸易企业在"出口中学"方面的差异性。ξ_i 代表企业不可观测且随时间不变的特质。X_{it} 代表控制变量，具体包括企业的资本劳动比（对数，用以反映企业的要素投入结构），企业的劳动雇佣量（对数，用以控制企业规模），所有制变量（国有企业，私营企业，外资企业）及其与年份的交叉项，以及区位变量（沿海，内陆）及其与年份的交叉项。

为了解决"自选择"效应导致的内生性问题，选用企业层面上的关税值作为其出口值的工具变量。具体而言，就是通过将中国海关进出口数据库中企业对每个国家，每种商品（以 HS8 代码标识）的出口值与 WTO 中每个成员国，每种商品（以 HS8 代码标识）的从价税税率相互匹配，计算出企业对每个国家，每种商品出口所面临的关税，将其加总即为企业出口所实际缴纳的关税值。企业面临的关税对其出口量具有重要影响；但关税通过其他途径直接对企业 TFP 产生的影响较弱，因此关税值对于解决该内生性问题是一个性状优良的工具变量。

回归的结果表明，随着出口值的上升，企业的 TFP 显著提高，表明出口企业整体上存在着显著的"出口中学"效应。但加工贸易企业的 TFP 显著较低，这反映出加工贸易企业低效率的生产经营。一般贸易与加工贸易企业在"出口中学"方面存在显著的差别：加工贸易企业的"出口中学"效应显著较弱。在控制其他可能影响企业 TFP 的因素时，上述结论仍然稳健。加入工具变量模型的回归结果与上述结论基本保持一致，不过"出口中学"效应变得相对较弱，且加工贸易与一般贸易企业之间的差异变得相对模糊。

第 7 章
对外贸易与中国的经济发展

发展中国家特有的进出口结构使其在国际贸易中处于不利地位，最突出的问题是出口不稳定、贸易条件长期恶化和工业品出口遭遇的关税歧视。发展中国家采取不同的贸易政策，其工业化、人均收入、资源与环境的发展绩效会有所不同。

7.1 发展中国家的贸易问题

发展中国家参与国际贸易的一个重要特征是对发达国家的依赖性，其主要产品出口到发达国家，其绝大多数进口品也来自发达国家，发展中国家之间的贸易比重相对较小。发展中国家的进出口结构与发达国家有很大差异，出口的主要是初级产品和技术含量低的制成品，而进口的主要是技术含量比较高的工业制成品。虽然从自由贸易的角度看，参与贸易的任何一方都会从贸易中获益，但是由于发展中国家与发达国家不同的贸易结构，使其在国际贸易中处于相对不利的地位，其中较为突出的问题有出口不稳定、长期贸易条件恶化和出口工业品在发达国家的市场准入问题等。

7.1.1 出口不稳定

出口不稳定指的是发展中国家出口收入的年波动幅度一般都大于工业化国家的情况，这种收入的不稳定很大程度上是由出口价格剧烈波动造成的。出口不稳定给生产者和消费者带来很大的不确定性，也让发展中国家相当无效的宏观经济政策工具面临严峻的挑战。更重要的是给发展中国家制定发展计划带来了较大困难。在出口收入较高的年份，可以顺利地进口计划发展项目必需的设备，如果出口收入在随后的年份里大量减少，后续的设备和管理服务就缺乏外汇支持，从而造成浪费和计划项目的夭折。

（1）出口不稳定的原因

出口不稳定的根本原因在于发展中国家的出口结构，具体来看，出口供给和进口需求缺乏弹性影响出口价格，出口结构比较单一则直接影响出口收入水平。

第一，出口供给缺乏弹性。不少发展中国家的出口以初级产品为主，其供给受自然条件影响缺乏价格弹性，供给曲线接近垂直。在这种情况下，如果某种原因使得进口国的进口需求频繁波动，就会导致发展中国家出口价格的不稳定。

第二，对出口品的需求缺乏弹性。发展中国家出口的初级产品无论是最终消费产品，还是被用作中间投入，发达国家对它们需求的价格弹性都较低，需求曲线比较陡，在这种情形下，生产国如果因为天气条件变化等因素造成供给曲线移动，就会带来价格的不稳定。因为在需求曲线缺乏弹性的情况下，供应曲线的微小变动都会导致价格波动。

第三，出口组合中商品集中（commodity concentration）程度较高。发展中国家出口商品的种类比较集中，一旦其中的一种或两种商品的价格大幅度上升或下降就会引起出口总收入的大幅度变化。如果出口商品组合多元化，某些商品价格上涨的同时，可能另一些商品的价格正好下降，就能保证出口组合总价值的稳定性。

（2）出口不稳定的对策

签订国际商品协定是发展中国家解决出口不稳定的一种主要方式。国际商品协定有国际缓冲库存协定（international buffer stock agreement）和国际出口配额协定（international export quota agreement）两种形式。

国际缓冲库存协定指某一商品的生产国（通常消费国也加入）成立一个国际性的机构，分配给其一定资金和一些商品，作为该种商品的国际库存。为了保证出口国的稳定收入，通常事先会确定一个限价。当该商品的世界市场价格跌到最低限价之下时，该机构就买进商品使价格提升至最低限价；当世界市场价格涨到了最高限价之上时，该机构就出售商品使价格降至最高限价。缓冲库存协定成功的关键在于所确定的上限价格和下限价格水平是否切合长期自由市场均衡的世界价格，如果限价定得过高或过低，国际机构的运作就无法达到预期目的。

国际出口配额协定指生产国为产品选定一个目标价格（如历史上的国际咖啡协定曾将咖啡的目标价格定为每磅 2.5 美元），并对下一年度的世界市场需求做出预测，然后根据预测结果决定预定目标价格下的供应数量以及不同出口国的出口配额。出口配额协定的价格稳定机制在于，如果世界市场价格因需求减少而下跌，则出口国的出口配额将被压缩，价格就会回升。反过来，如果世界市场价格上涨，则配额将被放宽，供给增加将导致价格下跌。但出口配额协定在实际操作时面临很多困难，首先是对下一年度的世界需求很难准确预测，如果长期需求比预计的更低，世界市场价格就被压低，为了提高价格，各国必须抑制出口从而导致生产过剩；如果长期需求比预计的更高，又会抬高世界价格，虽然各国可以从价格上升中获益，但稳定价格的目标无法实现。其次，很难将某一商品的所有出口国都包括在协议内，而只要有一个出口国没有参加协定，它在配额之外的销售会导致世界市场价格偏离协议的预期目标。再次，即便所有的出口国都签署了协议，也不能保证所有出口国都遵守各自的额度限定。只要有一个国家突破配额，就会对世界市场价格造成影响。最后，协议的有效实施还要求所有进口国都加入，否则的话，出口国可能将配额以外的数量销售给这些国家，导致价格不稳定。

无论是国际缓冲库存协定还是国际出口配额协定，其直接目的都是保证世界市场价格的稳定，它们对各国的出口收入和福利的影响取决于发展中国家的出口价格不稳定是由需求曲线的变动还是供给曲线的变动引起的。

1974 年，世界银行对 17 种商品做了研究。对发展中国家是净出口国的 15 种商品来说，有 9 种都经历过由需求引起的波动，所以从发展中国家的角度看，它们并不适合采用国际商品协定。这些商品包括了铝土矿、铜、铅、玉米、橡胶、西沙尔麻、茶叶、木材和锌。其中只有橡胶签订了一个短命的国际协定，目前早已不复存在。20 世纪 70 年代，铝土矿的生产国也曾试图成立一个类似 OPEC 的组织，但并未成功。由供给引起的波动则发生在可可、咖啡、棉花、黄麻纤维、食糖和锡等商品上。发展中国家曾经付出过很大的努力来维持可可、咖啡、食糖和锡等的协定（尽管这些协定现在全都已经失效），可见，发展中国家确实选择那些具有某些潜在利益的商品来实施国际商品协定。

补偿性融资（compensatory financing）也是发展中国家解决出口不稳定的方法之一。补偿性融资指发展中国家组建一个国际性机构，赋予其一定资金，对出口收入严重下降的国家予以补偿。该机构首先对协定成员国的出口收入增长趋势做出预测，一旦某一成员国的出口收入跌至预测水平之下，就向该成员国提供短期贷款，以保证该国支付发展性进口所需的稳定的外汇来源。得到补偿的成员国在出口收入升到趋势值以上之后再清偿贷款。一般认为，补偿性融资并不影响价格的资源配置功能，所以优于国际商品协定。

7.1.2 贸易条件长期恶化

贸易条件长期恶化（long-run deterioration in the terms of trade）的问题是指在几十年的跨度里，发展中国家的商品贸易条件一直表现出持续下跌的趋势。如果把参与世界贸易的各国分成发展中国家和发达国家两组，那么发展中国家的出口就是发达国家的进口，反过来发达国家的出口也就是发展中国家的进口。不难发现，发达国家的商品贸易条件不断地在得到改善，这就意味着发展中国家的贸易条件一直在趋于恶化。在极端的情况下，贸易条件的恶化会导致贫困化增长。贸易条件的变化趋势和不同组国家的进出口结构直接相关，发达国家的出口以制成品为主，而发展中国家的出口以初级产品为主，前者的价格趋于上升，而后者的价格趋于下降。尽管随着经济的发展和产品的升级换代，发展中国家的制成品出口比重在增加，而且发达国家也存在初级产品的出口，但发展中国家出口制成品的价格比发达国家出口制成品的价格下降得更快，发展中国家初级产品价格的恶化高于发达国家初级产品价格恶化的程度，而且初级产品占发展中国家出口产品的较高比重意味着初级产品价格的恶化对它们的影响更甚于发达国家。所以发展中国家逐渐以出口劳动密集型制成品替代出口初级产品，并没有从根本上解决发展中国家贸易条件长期恶化的问题。贸易条件长期恶化的原因有以下几方面。

初级产品和制成品的需求收入弹性不同导致对两种商品需求的增长趋势差异。一般来说，制成品的需求收入弹性高于初级产品的需求收入弹性，因此随着各国经济增长和收入水平提高，人们对制成品需求的增加会大于对初级产品需求的增加，结果制成品价格比初级产品价格上涨幅度更大。由于不少发展中国家是初级产品的净出口国和制成品的净进口国，因此在其他条件不变的情况下，其进口价格将比其出口价格上涨得更快。

制成品和初级产品不同的市场结构对它们的价格走势也有影响。发达国家的制成品往往在垄断市场上以高于完全竞争市场的价格出售，而且由于工会组织强大，发达国家的工资水平相对较高，也提高了最终产品的价格。发展中国家的初级产品市场通常是竞争性的，且工会还没有形成力量，无法对工资水平和价格施加向上的压力。总体来说，初级产品的价格不像制成品的价格那样承受着向上的压力。

经济周期的变动对初级产品和制成品价格的影响具有不对称性：初级产品的价格在经济周期上升时期上涨的速度和程度小于制成品的价格上涨，而在经济周期下降时期下跌的程度又大于制成品。经过一段长时期之后，初级产品和制成品之间的价格落差越来越大。

技术进步不断降低对初级产品的需求，缓释了初级产品价格向上的压力。比如说人工合成产品（合成橡胶和合成纤维）的生产增长取代了对天然产品的需求，工业化国家制造业生产工艺的更新节约了原材料的使用。再比如，节能技术的发展和太阳能、安全核能等经济可行的替代能源的研究与开发，大大减少了石油的使用。

跨国公司的转移定价机制越来越多地成为恶化发展中国家贸易条件的重要原因。在发展中国家的跨国公司为了躲避发展中国家东道国对利润转移上的限制等，通常采用内部定价的方式降低在发展中国家子公司的利润。即以低于市场价格的价格记录发展中国家子公司对发达国家子公司的销售（发展中国家的出口价格被压低），以高于市场价格的价格记录发达国家子公司对发展中国家子公司的销售（发展中国家的进口价格被抬高）。如果跨国公司的内部交易在发展中国家的对外贸易中占有较大比重，跨国公司的这种转移定价就会明显恶化发展中国家的贸易条件。

具体计算时，一般用价格贸易条件（Net Barter Terms of Trade，NBTT）反映一国的贸易条件。用 P_x 表示一国出口商品的价格指数，用 P_m 表示一国进口商品的价格指数，价格贸易条件的计算公式为：

$$NBTT = \frac{P_x}{P_m} \qquad\qquad (7-1)$$

图 7.1 反映了以 1983 年为 100 的中国价格贸易条件指数。可以看出贸

易条件的恶化趋势。其中，无论是初级产品还是工业制成品的贸易条件都呈下降趋势。

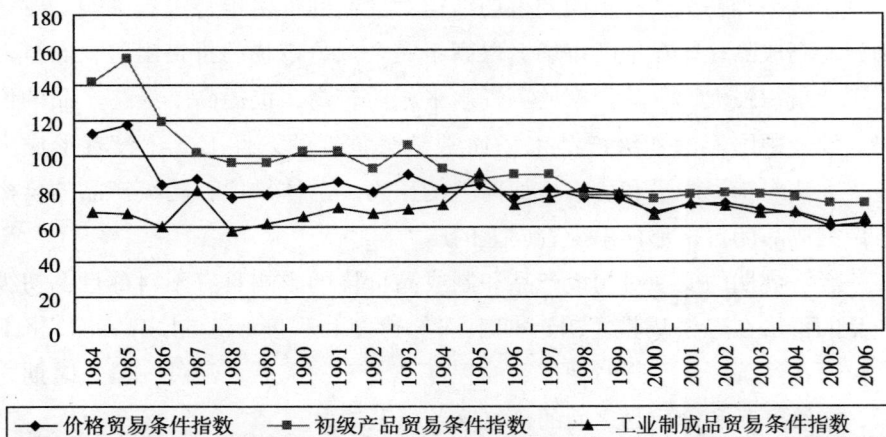

图 7.1 中国的贸易条件指数

资料来源：根据相关数据绘制。

根据联合国《国际贸易商品标准分类》（SITC），初级产品具体包括以下五类：食品及活动物、饮料及烟类、非食用原料、矿物燃料及有关原料、动植物油脂、燃料。中国初级产品贸易条件恶化主要是由于工业原料的进口价格节节攀升，导致进口价格指数的上升幅度大于出口价格指数上升的幅度所致。工业制成品具体分类包括：劳动资源密集型（皮革、纺织、服装、鞋类，玩具、运动器材，木材、纸制品，非金属矿产品），低技术、低资本密集型（钢铁，运输设备和船舶，卫生、水暖设备），中等技术产品（电气机械，橡胶、塑料，非电气机械，道路机动车），高技术型（半导体、通讯设备，飞机，精密仪器、手表、照相器材，化工品、药品）。工业制成品的贸易条件指数在波动中下降的原因也是进口价格指数增长幅度大于出口价格指数。因为中国出口的是劳动密集型产品，进口的是中高技术产品，两类产品价格上升幅度不同。比如工业制成品当中的皮鞋类商品，1994 年中国出口 1 万双的价格为 5.53 万美元，2005 年单位价格仅上涨为 5.92 万美元。而中国进口金属加工机床的单位价格由 1996 年的 2.01 万美元上升到 2006 年的 6.67 万美元。因此，工业制成品的进口价格指数相对于出口指数的上升，导致中国工业制成品贸易条件的恶化。

7.1.3　工业品在发达国家市场的准入

发展中国家对发达国家的工业品出口遭受发达国家关税结构的歧视，不利于工业品的生产与升级，因而有必要要求发达国家给予发展中国家工业品出口特别优惠措施。

（1）发达国家的关税歧视

发达国家工业品的总体关税不高，但是对发展中国家出口的劳动密集型产品和低技术产品的关税率相对较高，诸如纺织品之类的劳动密集型产品则被直接施加了数量限制。虽然 GATT 谈判取得的多边减让以单边特惠的方式给予发展中国家，但这些多边减让一般针对发展中国家难以生产的复杂工业品，发展中国家并不能真正享受减让的好处。

导致这一结果的部分原因在于过去发展中国家参与 GATT 的谈判比较消极被动，仅仅接受发达国家之间相互交换的减让，没有做出自己的减让。所以发达国家之间的谈判主要集中于只对工业化国家出口有利的商品。发展中国家在 GATT 框架下的乌拉圭回合谈判中放弃了它们一贯的消极立场，充分参与谈判进程，最终达成了摒弃纺织品配额和降低农产品保护的协议，在多边国际贸易体系中初次享受到了参与的好处。在之后的多哈回合谈判中，发展中国家继续坚持了这一立场。

另外，发达国家逐步升级的关税结构对发展中国家出口也造成了不利影响。一般来说，发达国家原材料进口的关税很低甚至为零，而随着产品加工程度的加深，关税率逐渐提高，就是说，最终产品的有效保护率远大于名义保护率。这种关税结构激励发展中国家更多地出口原材料，从而阻碍了发展中国家出口产品的国内加工程度。为此，发展中国家要求它们出口的工业品在工业化国家市场上享受关税特惠。发达国家实施普惠制就是由此而来。

（2）普惠制

普惠制，即普遍优惠制（the Generalized System of Preferences，GSP），是一种关税制度，指工业发达国家对发展中国家或地区出口的制成品和半制成品给予普遍的、非歧视的、非互惠的关税制度。

普惠制是发展中国家经过长期斗争获得的胜利成果。1968 年第二届联合国贸易与发展会议上通过了建立普惠制的决议。1971 年 7 月，欧洲共同市场首先制定了普惠制方案，并开始实施。目前普惠制的给惠国有 38 个。对中国给惠的有 36 个，分别是欧洲联盟 25 个成员国，即：比利时、丹麦、英国、德国、法国、爱尔兰、意大利、卢森堡、荷兰、希腊、葡萄牙、西班牙、奥地利、芬兰、瑞典、波兰、捷克、斯洛伐克、拉脱维亚、爱沙尼亚、立陶宛、匈牙利、马耳他、塞浦路斯、斯洛文尼亚；其他国家是挪威、瑞士、日本、加拿大、澳大利亚、新西兰、俄罗斯、白俄罗斯、乌克兰、哈萨克斯坦、土耳其。另有 2 个给惠国不对中国给惠，即美国和保加利亚。现在全世界共有 16 个普惠制方案，方案的内容一般包括给惠产品的范围、关税减让幅度、保护措施（例外条款、预定限额、竞争需要标准和毕业条款）、原产地原则、受惠国和地区以及有效期（一般以 10 年为一个阶段）。

专栏 7.1　　　　　　　　　联合国贸发会议

　　联合国贸易和发展会议（United Nations Conference on Trade and Development，UNCTAD，简称联合国贸发会议）成立于 1964 年，是联合国大会常设机构之一，是审议有关国家贸易与经济发展问题的国际经济组织，是联合国系统内唯一综合处理发展和贸易、资金、技术、投资和可持续发展领域相关问题的政府间机构，总部设在瑞士日内瓦，目前有 194 个成员国。中国于 1972 年参加贸发会议，目前是贸发会议、贸发理事会以及所属各主要委员会的成员。

　　第二次世界大战以后，众多发展中国家继政治上获得独立后开始努力发展民族经济，但由于旧国际经济秩序的阻碍，发展中国家经济遭受极大损害。表现为初级产品出口停滞，贸易条件恶化，国际收支逆差不断扩大。20 世纪 60 年代初，发展中国家对于自己在世界贸易中的地位深表关注，他们呼吁召开一次全面的大会探讨发展中国家在世界贸易中所面临的处境，并要求通过采取国际联合行动来解决发展中国家所面临的问题。1962 年 12 月 8 日，联合国大会批准召开贸易与发展问题大会。1964 年 3 月，第一届联合国贸易和发展大会在日内瓦召开。考虑到需要解决问题的复杂性和持久性，第 19 届联大在首届贸发会议的建议下于 1964 年 12 月 30 日通过第 1995 号决议，确定联合国贸易和发展会议为联合国大会的常设机构。

贸发会议每 4 年举行一届大会，大会是贸发会议的最高权力机构。截至 2008 年，贸发会议已先后在日内瓦、新德里、圣地亚哥、内罗毕、马尼拉、贝尔格莱德、日内瓦、卡塔赫纳（哥伦比亚）、米德兰（南非）、曼谷、巴西圣保罗和加纳阿克拉举行过 12 届大会。第 13 届大会于 2012 年 4 月 21～26 日在卡塔尔首都多哈召开，主要议题是当前世界经济的现状、经济发展面临的挑战及其政策性解决方案等。经过艰苦的谈判，发达国家和发展中国家终于在一些关键问题上相互妥协，就会议的成果文件《多哈授权》（Doha Mandate）达成共识。《多哈授权》提出了"以发展为核心的全球化：实现包容性和可持续增长与发展"的主题，要求贸发会议继续从政策分析、建立共识和技术合作三个主要方面开展工作，为发展中国家，特别是最不发达国家实现包容性和可持续增长与发展提供帮助，促进南北合作、南南合作和三方合作等各种形式的贸易与发展合作与伙伴关系，为世界各国处理持续存在和新出现的发展挑战提供支助，并为此加强与其他国际组织的协调与互补。

贸发会议自成立以来，在促进发展中国家的经贸发展、推动南北对话和南南合作方面发挥了重要作用，曾主持谈判达成了一些重要的国际公约和协议，如《各国经济权力和义务宪章》、《班轮公约行动守则》、普遍优惠制、《商品综合方案》等，在 20 世纪 70 年代和 80 年代初在联合国系统内改革旧的国际经济关系和建立新的国际经济秩序和热潮中曾发挥着核心作用。近十年来，随着国际政治经济形势的急剧变化，特别是由于发达国家对发展合作态度日趋消极和由于发展中国家利益要求不同而导致的谈判能力下降的情况下，贸发会议的谈判职能逐渐削弱，但在帮助发展中国家制订经济发展战略和贸易、投资、金融政策，加强它们参与多边经济贸易事务的能力方面，仍然发挥着独特而重要的作用。

普惠制的主要原则是普遍的、非歧视、非互惠的，目标是扩大发展中国家对工业发达国家制成品和半制成品的出口，增加发展中国家的外汇收入，促进发展中国家的工业化，加速发展中国家的经济增长。虽然普惠制给发展中国家提供了关税特惠，但是这些关税覆盖产品的出口仍然面临着工业化国家市场的多种非关税壁垒。在产品覆盖度、受惠国名单、施惠国的国内产出和就业保障措施等方面，不同的普惠制方案有很大差别。

专栏7.2　　　　　　　　　　**欧盟普惠制方案**

　　自2006年1月1日，欧盟开始实施第4个十年普惠制方案。欧盟普惠制由两大部分组成：具体产品的普惠制实施方案和普惠制原产地规则。

　　欧盟1999年7月1日～2001年12月31日普惠制方案的主要内容有：①给惠产品范围：将所有产品按非常敏感产品、敏感产品、半敏感产品和不敏感产品分为四类，给予不同的优惠待遇，实施统一的"一揽子"管理方式；②关税削减幅度：按产品的敏感程度，分别规定了不同的优惠幅度；③继续沿用毕业机制：根据受惠国的发展水平和相关工业的专业化程度实施产品毕业或国家毕业；④原产地规则；⑤特别鼓励条款。

　　2006～2015年普惠制方案的指导方针是维持原有的税率优惠；普惠制优惠对象更倾向于最不发达国家；简化普惠制方案；毕业制度更加透明；设立新的鼓励安排；修改原产地规则；巩固临时撤销机制、加强防护和反欺诈措施。新普惠制方案特点有：①新方案继续保持了原方案的三个普惠制安排。一般安排，对于176个发展中国家和地区的6300多种产品（分为敏感类和非敏感类）予以普惠制优惠待遇；关于可持续发展和良好管理的特别鼓励安排（也称 GSP+）；对最不发达国家的特殊鼓励安排。②毕业和反毕业：假如某个国家在欧盟市场上的进口量超过或低于预先设定的门槛，则欧盟将暂时中止给予优惠或再次给予优惠。比如一个国家的任何一种产品在欧盟市场的份额超过15%（纺织品是12.5%），该国就会丧失其特惠关税。

　　欧盟原产地规则以第2454/93号条例为基本框架和内容，并采纳了以后各项补充、修订条款。2008年11月公布了最新的普惠制原产地规则条例草案，自2010年1月1日起施行，内容包括原产地标准、直运规则和证明文件。原产地标准包括：①加工标准：欧盟对于含进口原材料和零部件的产品原产地的判定采用加工标准，对有关的加工要求列出了一个加工清单。②给惠国成分：欧盟从 1995 年起，开始实施"给惠国成分"。受惠国的产品若采用了来自欧盟的原料、零部件，往欧盟出口时可作为出口受惠国的本国成分。同时，作为互换条件，除 1～24 章的农产品外，受惠国在生产中使用了从瑞士、挪威、土耳其进口的原材料的产品向欧盟出口时，也适用"给惠国成分"。受惠国签发 FORMA 证书时均要依据欧盟成员国或瑞士、挪威海关签发的 EUR.1 流动证书或发票声明。在签发的 FORMA 证书第 4 栏需注明"EU CUMU-LATION"，"SWITZERLAND CUMULAITION"或"NORWAY CUMULA-TION"字样。③原产地累计：欧盟自 1995 年，增加了有关区域性原产地累计的具体条款，欧盟对东南亚国家联盟、中美洲共同市场和安第斯集团的成员国实施区域性原产地累计。

　　在直运规则方面，欧盟实行直接运输规则。原则上要求受惠国的产品直接运往欧盟。如果由于地理上的原因或运输需要，途经除该受惠国以外的第三国或地区时，货物在途经国/地区不能进行经过除使货物处于良好状态外的其他任何加工，并应在途经国海关的监管之下。在书面证明方面，对于享受欧盟普惠制待遇的产品需提交原产地证书 Form A。欧盟对受惠国原产品的原产地证明格式有简化的趋势。

　　根据欧盟新方案，中国只能享受 HS 第 1～24 章（农产品）、25～27 章（矿产品）和 47～49 章（木浆、纸及纸制品）的欧盟普惠制待遇。中国大部分工业产品仍然被排除在欧盟普惠制优惠安排之外。

7.2　对外开放与工业化战略

　　二战结束后，大多数发展中国家摆脱了殖民体系，实现了政治独立，开始其工业化进程。就当时的发展中国家和发达国家的关系而言，一方面，发展中国家生产力水平低下、工业化程度低、经济落后；另一方面，发达国家经过一段时间的战后恢复后积极推行自由贸易。显而易见，发展中国家在国际分工中必然处于极为不利的地位，这一背景决定了发展中国家贸易政策的一些共同特征：政策的核心必然是贸易保护，否则民族工业就无从发展；贸易政策必须和工业化战略相结合，成为推动或加速工业化的重要手段；强调贸易政策的相互协调和联合行动，惟此才能改善发展中国家在国际贸易中的地位，维护本国的民族工业发展。当然，随着发展中国家工业化程度的加深和经济的发展，工业化战略又会逐步调整。不同的国家在不同的阶段可能采取不同的战略。

克鲁格（1983）根据对战后 10 个发展中国家制造业的有效保护率的测算，将发展中国家实际执行的贸易和工业化战略分为三种类型：出口促进战略、进口替代战略和温和的进口替代战略。钱纳里等（1986）基于多国计量模型的分析与比较，提出了可供准工业化国家选择的三种贸易战略：出口促进战略、进口替代战略和平衡战略。世界银行（1987）考察了41 个国家和地区 1963 年至 1985 年的实践经验，把贸易战略分为强外向型战略、中度外向型战略、中度内向型战略和强内向型战略。并提出了划分外贸战略的数量和质量指标：①有效保护率。有效保护的范围越广泛，就越偏向内向战略。②运用诸如限额和进口许可证等非关税壁垒实施直接控制。越是依赖于对进口的直接控制，就越偏向内向战略。③采用如出口退税、出口补贴、出口信贷等对出口贸易奖励的办法。出口奖励措施越多就越有利于抵消贸易壁垒对出口的抑制。④汇率定值的高低程度。内向型战略一般都进行汇率高估。世界银行还对 41 个样本国家或地区在 1963～1973 年和 1973～1985 年两个时期的贸易战略进行了分组，其中仅有三个经济体两个时期都被划为强外向型战略组：香港地区、韩国和新加坡。

表 7.1 　　　　　　　　　　　　　发展中国家和地区的贸易战略

时间段	强外向型	中度外向型	中度内向型	强内向型
1963～1973	中国香港 韩国 新加坡	巴西、喀麦隆、哥伦比亚、哥斯达黎加、科特迪瓦、危地马拉、以色列、印尼、马来西亚、泰国	玻利维亚、萨尔瓦多、洪都拉斯、肯尼亚、马达加斯加、墨西哥、尼加拉瓜、尼日利亚、菲律宾、塞内加尔、突尼斯、南斯拉夫	阿根廷、孟加拉、布隆迪、智利、多米尼加共和国、埃塞俄比亚、加纳、巴基斯坦、印度、秘鲁、斯里兰卡、苏丹、坦桑尼亚、土耳其、乌拉圭、赞比亚

续表

时间段	强外向型	中度外向型	中度内向型	强内向型
1973~1985	中国香港 韩国 新加坡	巴西、智利、以色列、马来西亚、泰国、突尼斯、土耳其、乌拉圭	喀麦隆、哥伦比亚、哥斯达黎加、科特迪瓦、萨尔瓦多、危地马拉、洪都拉斯、印尼、肯尼亚、墨西哥、尼加拉瓜、巴基斯坦、菲律宾、塞内加尔、南斯拉夫	阿根廷、孟加拉、玻利维亚、布隆迪、多米尼加共和国、埃塞俄比亚、加纳、印度、马达加斯加、尼日利亚、秘鲁、苏丹、坦桑尼亚、赞比亚

资料来源：世界银行：《世界发展报告1987》。

我们将发展中国家的贸易战略分为三种类型：进口替代战略、出口导向战略和综合战略。

7.2.1　进口替代战略（import-substitution strategy）

进口替代战略又称内向型战略。进口替代是指用本国生产的工业制成品来替代从国外进口的工业制成品，进口替代战略指通过本国进口替代工业的发展来逐步实现工业化。

20世纪50年代，以普雷维什和辛格为代表的发展经济学家提出了"中心—边缘论"，论证了在中心国家向边缘国家出口工业制成品、边缘国家向中心国家出口农产品和初级产品的贸易模式下，边缘国家的贸易条件趋于恶化，而且不能充分得到获取技术扩散的好处。由此，普雷维什认为，传统的比较优势理论并不适合发展中国家，发展中国家应该摆脱完全依赖于比较优势的不合理的国际分工体系，走独立自主的经济发展道路。

赫尔希曼（1958）在其"联系效应论"（前向联系和后向联系）的基础上提出了一种不平衡增长战略：为了使有限的资本发挥最优效果，发展中国家应把资本投入到联系效应最大的部门上。进而指出了进口替代战略的可行性。具体而言，就是发展中国家在推进工业化中，应该优先发展那些前向联系和后向联系效应较大的进口替代工业部门，如工业部门、尤其是资本品工业部门，减少机器设备和原材料的进口，尽量多投入本国原材料，生产出国内工业发展急需的产品，从而解决工业投入不足的问题，并减少进口、节约外汇、为工业发展创造条件。

进口替代一般要经过两个阶段：第一阶段，用国内生产的非耐用消费品代替进口的同类产品，即先建立和发展一批最终消费品工业如食品、服装、家电制造业以及相关的纺织、皮革、木材工业等，以求用国内生产的消费品替代进口品；第二阶段，用国内短缺的资本品和中间产品的生产代替进口同类产品，如机器制造、石油加工、钢铁工业等资本密集型工业。

进口替代战略下最基本的贸易政策手段是高关税，但对生产必需的资本品和中间投入品的进口则采取低税或免税政策，以降低进口替代品的生产成本。其他主要保护措施还有进口配额、补贴与本币升值。第一，对最终消费品的进口征收高关税，对生产最终消费品所需的资本品和中间产品征收低关税或免征关税。第二，通过进口配额限制各类商品的进口数量，以减少非必需品的进口，并保证国家扶植的工业企业能够得到进口的资本品和中间产品，降低它们的生产成本。第三，对本国进口替代产业进行各种形式的补贴，以增强其生产能力。第四，使本国货币升值，以降低进口商品的价格，减轻外汇不足的压力。其中关税和配额是进口替代战略中最重要的保护措施。

实施进口替代战略可以节约有限的外汇资源，在一定程度上刺激民族工业中消费品工业的发展，加强发展中国家独立发展经济的能力，有效减少经济的对外依赖。如果进口替代行业能够实现规模经济，还可能创造出新的制造业出口，摆脱出口初级产品的不利地位。许多拉美、南亚、中欧国家选择了实施进口替代战略。

19 世纪 40 年代，在英国美国等西方国家的渗透和控制下，拉美各国以初级产品出口国的身份被纳入国家分工体系，并被定位为单一初级产品出口的经济结构，为西方国家提供初级产品。他们对工业部门不感兴趣，阻碍了经济的多样化发展。世界范围的"大萧条"一方面使拉美的初级产品出口锐减，无力支付工业制成品进口的费用；另一方面英美国家因自身危机而中断了对拉美的工业品出口。

然而进口替代的缺陷也逐渐体现出来。其一，拉美国家必须大量进口工业生产所必需的中间产品和资本品，而出口有限导致外汇不足，使得国际收支连年逆差。其二，汇率高估和关税政策使本国工业生产缺乏国际竞争意识，难以迅速发展，最终，进口替代产业的工业化并未提供更多的收入和就业机会，它所带来的只是有增长而无发展的奇特现象。其三，进口替代所建立的企业多是资本或技术密集型企业，在 60 年代进入高级进口替代阶段后更是如此，这种企业工资率较高且雇员较少，将大量剩余劳动力排斥在工业产品和市场之外，结果增加了国内失业的压力，加剧了社会的两极分化，引起政局的动荡。

其实，进口替代战略对推进工业化上作用确实有限。首先，它并不能完全消除对外的依赖性，它依然在很大程度上依赖进口，只是改变了进口商品的结构，从成品进口改为进口国内不具备的原料、技术专利、机器设备、中间产品与资本。其次，各种保护措施是通过价格扭曲的方式促进本国进口替代行业的发展的，这种扭曲会带来国内资源配置的非效率。另外，由于受到保护，国内工业没有来自国外的竞争压力，往往缺乏提高效率的动力。很多发展中国家国内市场狭小，生产不易形成规模经济，也就难以获得与发达国家相抗衡的竞争力。国内资源有限加上进口市场封闭，很难从发达国家进口先进的技术设备，最多建立起初级制成品的国内生产体系，大力发展资本密集和技术密集型产业也就无从谈起。进口替代战略的核心问题是它违背了比较利益原则，严重降低了经济效率，并且抑制了出口，加剧了失业，导致国际收支恶化，因而进口替代战略具有不可持续性。

故而，在 60 年代中期，一些国家和地区就先后开始转向更加开放的贸易战略，特别是亚洲的日本、韩国、新加坡、台湾等国家和地区在经过一段时间的进口替代工业化进程后，纷纷转向推行出口导向战略。

7.2.2　出口导向战略 (export-oriented strategy)

出口导向战略又称外向型战略，指通过扩大制成品的出口来带动工业化和整个经济发展的贸易战略。出口导向战略是建立在比较优势的理论基础上，认为一国应该大力推进其优势产品的出口，充分发挥其本国的比较优势，从而最大限度地获取国际分工和专业化与规模经济的好处。出口导向战略一般可以分为以出口农产品和原料为主的初级产品出口和以制成品为主的次级产品出口两个发展阶段。

出口导向战略通过各种鼓励出口的措施和在汇率、利率等各方面向出口倾斜，建立以出口为中心的产业结构和产品出口基地；同时，放宽对外国进口商品的限制，并为外资输入提供方便和优惠。这样，通过出口促进来提高本国产品的国际竞争力，占领国际市场，最终带动本国经济结构的变革和经济的全面发展。

出口导向贸易战略是一种外向型战略，是指国民经济以出口工业为动力，国家通过税收、补贴、汇率等一系列鼓励出口的措施，首先推动出口产业的发展，并通过出口产业推动其他产业的发展。同时，出口导向贸易战略主张逐步削弱和消除严重的进口限制，逐步趋向贸易自由化。出口导向战略分为初级品出口和出口替代战略。初级品出口战略即出口食物和农矿原料，进口发达国家的工业制成品。在一国工业化发展初期，通过发展初级产品出口来积累工业化资金，在此基础上发展农矿产品出口加工工业，促进国民经济的发展。出口替代战略主要分为三个阶段。第一阶段，是用劳动密集型的出口制成品取代农副矿产品等原始的初级产品出口；通过扩大劳动密集型产品的出口来引进先进的技术、设备和中间产品，而这些产品的进口又可以与密集的劳动资源相结合而进一步扩大出口。这一阶段的出口替代产品多是轻工产品。第二阶段，是用资本密集型产品替代劳动密集型产品，主要发展传统的重工业，如汽车、钢材、化工等产品。第三阶段是用高新技术产品替代资本密集型产品的出口，主要有飞机、电子、计算机等新产品。

一般而言，选择出口导向贸易战略的国家具备三个特点。一是采取出口导向战略的国家或地区内部市场相对比较狭小；二是劳动力比较便宜，因而具有廉价劳动力的优势；三是采取出口导向战略的国家国内自然资源比较稀缺，需要靠自然资源或原材料的进口才能生产制成品。总之，实施出口导向贸易战略的这类国家和地区国内市场都相对较小，封闭经济很难使本国工业达到规模经济水平，封闭就意味着放弃本国的工业化，放弃本国的经济发展。由于采取出口导向战略的国家和地区需要外部市场，因此需要有相对稳定和便利的市场环境。具体到贸易政策，主要表现为运用出口补贴、税收优惠等措施鼓励出口；不采用或很少采用直接控制和许可证办法等非关税壁垒，逐步降低进口关税，对贸易控制程度逐渐减弱；对本国市场的实际保护率很低，名义汇率接近实际汇率等。

20世纪70年代出口导向战略在不少国家和地区取得成功，加速了这些国家和地区的工业化进程，促进了它们的经济增长。最为典型的就是被称为亚洲"四小龙"的韩国、新加坡、香港和台湾地区。当然，出口导向型战略也存在缺陷。首先，出口替代工业主要面向国际市场，形成了对国外市场、技术和资金的严重依赖；其次，出口替代部门迅速发展的同时，面向国内市场的中小型工业和农业部门发展相对缓慢，导致经济发展的不平衡；最后，与发达国家经过自由竞争发展起来的工业相比，依靠政府扶持发展起来的出口工业具有先天不足，存在不少结构性问题，有可能在经济条件恶化时出现问题甚至爆发危机。

专栏7.3　韩国工业化战略：从进口替代到出口导向

　　韩国选择进口替代模式，与外部因素（尤其是美国的援助）不无关系。首先，由于美国的援助除资金以外还有农产品，韩国就必须建设一些能够加工从美国运来的初级产品和原料的工厂。其结果是，以加工小麦、皮棉和原糖为主的所谓"三白产品"（即面粉、棉花和糖）加工业取得了较快的发展，成功地替代了大量制成品进口。其次，美国在向韩国提供物资援助时提出了一些附加条件，例如，韩国用美国援助的棉花制成的棉纺织品不得向美国出口。这无疑在一定程度上限制了韩国的出口。

　　但由于韩国缺乏可供出口的自然资源和初级产品，在美援取消后，很快就出现了国际收支恶化的局面，不得不在1964年提出了"出口第一主义"的出口导向战略，利用自己在国际分工中的比较优势——"过剩的人口"，以纺织、成衣、木材加工等劳动密集型部门作为出口导向的带头产业，将廉价劳动力与外国适用技术相结合，在低成本基础上确立了自己在国际市场上的比较优势地位。为了扩大出口，1964年，政府实行统一汇率制，并将本国货币贬值100%。政府向企业提供了出口补贴和现金补贴，并允许企业通过举借外债等方式来扩大出口。政府还通过受国家控制的银行系统，以优惠的利率向那些政府有意扶持的出口活动和产业提供资金。按照政府的指示，银行把出口能力作为企业资信的衡量标志。此外，在推动出口的过程中，政府还在其他方面与企业密切配合。事实上，韩国的整个政府部门都被动员起来，为企业扩大出口提供多方位的服务，甚至韩国驻外使馆也承担了为国内企业推销产品的任务。

进入 70 年代后，韩国低工资的优势被工资更低的国家和地区所取代。但在这时，激烈的国际竞争、灵活的经营机制、先进技术和管理经验的引进已大大提高了该国企业家的经营能力和工人的素质，为新的比较利益提供了前提。韩国在此基础上大力举借外债，推行产业结构重化，发展资本和熟练劳动密集的钢铁、造船、化工等行业，推动出口产品升级，形成了新的比较优势产业群。于是韩国经济以出口为龙头，获得了高速增长，1965～1981 年，韩国国内生产总值年增长率接近 10%，人均国内生产总值也由 1962 年的 87 美元上升到 1979 年的1624 美元。

7.2.3　综合型贸易战略

自由贸易战略在现实世界中往往行不通，单方面的关税减让和贸易自由化措施只能给本国的经济造成损害；内向型战略存在自给自足的倾向，不能利用外部资源和技术发展自己，不能通过国际分工和贸易发展自己的比较优势，往往造成实行这一战略的国家的封闭和落后，替代工业部门本身也缺乏效率；出口导向战略虽然能充分利用本国的比较优势，但是容易造成贸易条件的恶化和国内产业结构的单一化和低级化，而且过分的出口促进措施往往会引起进口国的贸易保护主义倾向抬头。在这种情况下，一种结合进口替代和出口促进政策的综合型贸易战略应运而生。

综合型外贸战略是指把进口替代战略和出口导向战略各自的有效部分组合起来，在继续大力发展进口替代的同时，积极利用出口导向战略的某些政策，尽力避免政策单独使用带来的负面影响，最大限度地促进经济发展。该战略融合了出口导向战略与进口替代战略的优点，努力通过进口替代推动生产力的发展和产业结构的高级化，通过出口替代实现比较利益的最大化，充分利用国际分工与国际交换的好处。并通过外汇收入将两者联结和统一起来，形成在扩大出口的基础上加速替代，在加速替代的基础上进一步扩大出口的对外贸易与工业化相互促进的良好局面。

改革开放以来，中国的贸易战略经历了四个阶段，在第二阶段实行的就是综合型贸易战略。

（1）进口替代阶段（1972～1978 年）

70 年代初，中国在工业、技术、管理等各方面与工业化国家的差距越来越大。国家逐渐意识到了长期闭关锁国的危险性，于是有了 1972 年与美国的关系松动和中日邦交正常化，并开始转向与西方国家发展贸易关系的政策。这一时期对外经贸关系的突出体现是 1977～1978 年的"洋跃进"。当时进口了很多套大型工矿设备，仅 1978 年一年，就签订了包括 22 个大型项目在内的 78 亿美元的化肥、冶金等成套引进项目合同。但是这种引进与中国当时外汇支付能力和配套能力不相适应，因而被称为"洋跃进"。

这一时期进出口贸易有了较快发展，1977 年的进出口贸易总额是 1975 年的 3 倍多，1978 年又增长 39%。总体来说，这一时期的对外贸易的目的不是对外开放，而是通过进口替代，建立"独立自主、自力更生"的经济体系。

（2）进口替代与出口导向并存的综合性战略阶段（1979～1994 年）

以"经济特区"形式对外开放，在特定区域实行出口导向战略，形成进口替代（全国总体）与出口导向（从深圳等经济特区向沿海延边沿江推进）相结合的外向型经济。在这一阶段，贸易发展战略在总体上已经不再是进口替代，而是逐步向出口导向战略转变，因此，这一阶段的贸易发展战略表现出"进口替代逐渐淡化"和"出口导向逐渐凸现"的两者相互交错的特征。这一特征是由当时实行渐进式的"双轨制"总体改革方略决定的。

这一时期，中国政府实行了一系列兼有进口替代和出口导向两种政策倾向的措施。具有进口替代倾向的措施有：①1980 年恢复对国营外贸专业公司进口品全面征收关税，提高某些耐用消费品和国内能够生产的机器设备的关税；②1980 年恢复 1959 年已被废除的对进出口许可证实行管理的做法；③1980 年以后制定了一系列有关产业或产品进口替代的规定，尤其是在外资企业与中方合作的协议中在协议之外要求对方做出有关"当地产品含量"的诺；④实行配额管理。

具有出口导向倾向的措施有：①1979 年实行体现"谁创汇，谁留成"的外汇留成管理办法。1985 年对外汇留成比例作了修正，实行出口商品收汇金额按比例留成，由分派管理改为额度管理，因而提高了地方留成的比例。1988 年取消了对用汇指标的控制，与此同时，在各（区）、直辖市及部分沿海重要城市建立了一批外汇调剂市场，各类企事业单位和外商投资企业可以在这市场上买卖外汇。实行双重汇率制度是进口替代向出口导向转变的一个重要征兆，因为在进口替代阶段主要采取的是本币高估的政策。1991 年进一步改变外汇留成办法，把按地区实行不同留成比例的做法改为按大类商品行统一比例留成。②1982 年降低了部分国内不生产的先进的机器设备、国内供给不足的原材料、机器或仪器零部件的关税；1984 年对《进出口税则》和《暂行实施条例》进行修改，并调整进出口关税水平，关税率由平均 52.9% 降为 38%，其中农产品平均关税率为 43.6%，工业品平均关税率为 36.9%。③1988 年开始实施被称作"外贸出口奖励金制度"的出口退税政策，对实行增值税或产品税的产品，除原油和成品油之外，在报关出口后分别退还在生产环节已缴纳的增值税或产品税税款。④从 1991 年起取消对外贸企业的亏损补贴，使外贸企业实现自负盈亏。⑤为出口企业提供出口信贷。

进口替代所需的资金在 1992 年前主要来自国际借款，1992 年后主要来自外商投资和出口①。吸引外资是为了得到进口替代所需的技术和增加外销出口来创汇。直到 1994 年贸易差额转为顺差后，对外出口逐渐由创汇手段变为支持经济增长的重要力量。

（3）全面出口导向战略（1994~2001 年）

随着贸易差额逐渐转为顺差，外汇双轨制逐步向单一市场并轨，一是人民币的官方汇率逐步贬值（1993 年贬值为 1 美元兑 5.8 元人民币），二是调剂市场的成交额占全国贸易外汇成交额的比重不断上升（1993 年达80%）。外汇市场和外汇汇率双轨制对外商投资企业投资环境的改善以及中国对外贸易和国民经济的发展起到了积极作用，但也带来了不平等竞争，并造成了巨大的寻租空间，负面作用日益凸显。1994 年 1 月 1 日，中国进行外汇改革，将官方汇率与调剂市场汇率并轨，实行单一的有管理的浮动汇率制度，此后又将外商投资企业纳入银行的结售汇体系。

1994 年的外汇改革意味着中国全面实行出口导向战略。

---

① 刘刚：《社会主义经济理论研究集萃 2010——加快转变经济发展方式》，经济科学出版社2011 年版。

（4）走向全面开放（2001 年至今）

加入 WTO 之后，中国遵守承诺，大幅度降低关税壁垒、废除进口配额、完善法律和执法系统，走向全面开放。具体而言，中国依托成本优势参与国际经济的趋势加强，对外依存度明显提高；外资大量涌入，机电产品成为承接的主要产业。本土企业特别是民营企业出口提高迅速。进出口贸易额上升迅速，对外依存度提高，原先的经济模式在更大范围内普及；对外开放的部门和程度增加；对外开放的范围加大，促进了国内东西部之间的产业转移；开始有规模的对外投资；与国际经济的互动加强。

7.3 贸易、工业化与技术水平

20 不同的贸易战略下，发展中国家的经济发展状况有所不同。

7.3.1 贸易与工业化

20 世纪 50 ~ 60 年代，多数发展中国家选择了进口替代的工业化战略，通过按加工程度不同而逐级递增的有效税率保护本国幼稚产业的发展。进口替代的第一阶段，发展中国家主要发展轻工业，通过进口零部件的装配，生产服装、鞋帽、自行车、收音机及其他家电产品等简单劳动密集型消费品。进口替代的第二阶段是保护和扶持资本密集型的中间产品的生产，以替代钢材和石油化工产品、耐用消费品的进口。资本密集型产业的发展需要更大的投资规模，同时也需要更大程度的保护。高达 100% ~ 200% 的关税抬高了国内工业品的价格水平，导致国内工业的严重低效。本币高估虽然有利于机器设备进口，但是不利于出口，使得机器设备、原材料和燃料的进口因外汇短缺而难以按计划进行，影响了产业的发展。

以实施进口替代战略的典型国家巴西为例。巴西的工业化进程始于 20 世纪初，第二次世界大战后取得了较快的发展。巴西选择进口替代工业化模式也是一种历史的必然。因为 30 年代世界经济大萧条导致的国际贸易萎缩以及第二次世界大战带来的外部条件变化迫使巴西加快本国的工业发展。而发达国家实现工业化道路基本上都始于进口替代形成了示范效应，强化了巴西采用进口替代工业化模式的决心。1930 年，代表巴西新兴工商业资产阶级利益的新政府上台，为全面实施进口替代工业化奠定了基础①。

在替代工业的选择上，巴西更加注重重工业和耐用消费品工业的发展。巴西政府于 1956 年制定了"目标计划"，将汽车工业、钢铁工业和其他一些基础工业部门作为发展的重点。巴西在奉行进口替代的过程中对本国"幼稚工业"进行了多方面的保护。如在实施其第二个全国发展计划时，政府制定了保护国内市场的政策：进口商必须在银行中存入一笔资金，国内能够生产的商品不得进口，甚至国有企业的进口在数量上也被限制。政府的保护使企业在没有外来竞争的环境中生存，因此企业的效益得不到提高，产品明显缺乏必要的国际竞争力。

外国直接投资在巴西的工业化进程中始终发挥着重要的作用。尤其在"垂直型进口替代"开始后，由于机械产品和耐用消费品的生产需要更多的资金和技术，外国直接投资的重要性更加突出。除外资企业以外，国有企业也在巴西的工业化进程中发挥着举足轻重的作用。尤其在 70 年代初开始加快发展重工业后，国有企业的重要作用更为突出。

韩国作为强外向型国家的代表，其工业化进程晚于巴西，直到朝鲜战争结束后才开始大规模地发展其进口替代工业。韩国选择进口替代模式很大程度上受制于外部因素。朝鲜战争结束后，韩国获得美国的面粉、棉花和糖等援助物资，为此建立了一些工厂对这些援助物资进行加工。结果以加工小麦、皮棉和原糖为主的所谓"三白产品"（面粉、棉花和糖）加工业取得了较快发展，成功地替代了一些制成品的进口。

与巴西不同的是，韩国首先发展轻工业，直到 70 年代初才开始发展重工业和化学工业，将钢铁、石油化工、有色金属、造船、电子和机械这六个部门作为"具有战略意义"的部门，对其加以有力的扶持。政府发展前三个部门是为了实现工业原料的自给自足，发展后三个部门则是为了发展技术密集型产业，进而增加在国民经济中的技术含量。韩国对本国市场保护的力度和程度都不及巴西。更为重要的是，韩国在保护本国市场的同时还积极扩大出口。韩国于 60 年代中期开始将进口替代模式转向出口导向模式。为了扩大出口，1964 年，政府实行统一汇率制，并将本国货币贬值

---

① 江时学："韩国与巴西工业化道路比较"，《当代亚太》，2002 年第 4 期，第 7~11 页。

100%。政府向企业提供了出口补贴和现金补贴，并允许企业通过举借外债等方式来扩大出口。政府还通过受国家控制的银行系统，以优惠的利率向那些政府有意扶持的出口活动和产业提供资金。按照政府的指示，银行把出口能力作为企业资信的衡量标志。此外，在推动出口的过程中，政府还在其他方面与企业密切配合。事实上，韩国的整个政府部门都被动员起来，为企业扩大出口提供多方位的服务。虽然韩国开始奉行进口替代工业化发展模式，但 70 年代以后转向出口导向模式，其经济外向性较高，在世界银行的分类中属于强外向型国家。

《1987 年世界发展报告》发现实现不同工业化战略的国家之间制造业发展的程度相差较大。如表 7.2，外向型国家的制造业增加值、就业增长率以及制造业在 GDP 中的比重都要高于内向型国家。在第二阶段（1974 ~ 1985 年），外向型国家的优势更为明显。

表 7.2　　　　　　　　发展中国家的工业化战略与工业化

	制造业年均增加值		农业平均增加值		GDP 中制造业增加值的比重		制造业就业年均增长率	
	1964 ~ 1973	1974 ~ 1985	1964 ~ 1973	1974 ~ 1985	1964 ~ 1973	1974 ~ 1985	1964 ~ 1973	1974 ~ 1985
强外向型	15.6	10.0	3.0	1.6	17.1	26.3	10.6	5.1
适度外向	9.4	4.0	3.8	3.6	20.5	21.9	4.6	4.9
适度内向	9.6	5.1	3.0	3.2	10.4	15.8	4.4	4.4
强内向型	5.3	3.1	2.4	1.4	17.6	15.9	3.0	4.0

资料来源：世界银行：《1987 年世界发展报告》。

7.3.2　资本积累与生产率

一般认为外向型经济比内向型经济更有利于提高积累率。首先，从内向型转向外向型应当会产生额外的实际收入，这种收入一部分来自减少对资源配置的扭曲，一部分是通过扩大出口，使发展中国家闲置的生产能力投入使用而提高了收入。在发展中国家，边际积累倾向通常大于平均积累倾向，所以增加实际收入有助于提高平均积累。其次，在外向经济中，出口带来的高于平均数的收入都用作了积累，由此带来国内积累率的提高。第三，内向型经济金融抑制的程度往往更高，过低的实际利率可能抑制私人储蓄，而外向型经济要好得多。第四，外向型经济更容易吸引外资的进入，也会带来投资的扩张。

外向型经济似乎更有利于促进生产率的提高。表 7.3 显示了实施不同贸易战略国家的 GDP 增长率以及全要素生产率和要素投入的贡献。其中强外向型经济体的经济增长率总体上要高于其他国家，全要素生产率的贡献明显要高。但新加坡是例外，全要素生产率在 1972～1980 年间是下降的。中度外向型国家和中度内向型国家全要素生产率的贡献差不多，强内向型国家全要素生产率的贡献要低一些。

表 7.3　　　　　发展中国家经济增长中全要素生产率的贡献

国家/地区	贸易战略时期	GDP 年均增长率（1）	全要素生产率		要素投入		
			增长率（2）	$\frac{(2)}{(1)}$	资本增长率	劳动力增长率	总投入增长率/（1）
香港	1960～1970	9.10	4.28	47.0	7.60	2.97	53.0
韩国	1960～1973	9.70	4.10	42.3	6.60	5.00	57.7
新加坡	1972～1980	8.00	-0.01	-0.1	9.48	5.52	100.1
巴西	1960～1974	7.30	1.60	21.9	7.50	3.30	78.1
哥伦比亚	1960～1974	5.50	2.10	37.5	3.90	2.80	62.5
以色列	1960～1965	11.00	3.40	30.9	13.10	5.00	69.1
墨西哥	1960～1974	5.60	2.10	37.5	-3.90	2.80	62.5
阿根廷	1960～1974	4.10	0.70	17.1	3.80	2.20	82.9
智利	1960～1974	4.40	1.20	27.3	4.20	1.90	72.7
印度	1959/1960～1978/1979	6.24	-0.18	-2.9	4.77	1.65	102.9
秘鲁	1960～1970	5.30	1.50	28.3	4.40	2.70	71.7
土耳其	1963～1975	6.40	2.23	34.8	6.82	1.02	65.2

注：其中香港、韩国和新加坡为强外向型经济体，巴西、哥伦比亚和以色列为中度外向经济体，墨西哥为中度内向国家，阿根廷、智利、印度、秘鲁和土耳其为强内向国家。

资料来源：世界银行：《1987 年世界发展报告》。

⋮⋮ 7.4　贸易、资源与环境

7.4.1　资源类产品出口与资源诅咒

Audy（1993）最早提出"资源诅咒"的概念，指出基于比较优势出口自然资源等初级品的国家，长期内经济增长和发展比自然资源稀缺的国家更慢。尤其是在矿产资源和能源充裕的国家，其资源充裕与经济增长之间呈现出反向单调关系。其后的大量研究，如 Auty（1998，2007）、Sachs 和 Warner（1995，1999，2001）、Gylfason（2001）、Atkinson 和 Hamilton（2003），发现出现"资源诅咒"的原因可能是其他经济部门竞争力的下降，全球市场波动带来的资源行业收入的急剧变化，对自然资源出口的依赖导致教育支出低下和人力资本的挤出，以及政府管理不善或管理机构的腐败和低效等。

资源诅咒的一个原因是"荷兰病"效应，即自然资源的发现或自然资源行业的扩张导致一国制造业萎缩，经济整体滑坡的现象。Corden and Neary（1982）指出"荷兰病"导致经济萎缩的三个效应：①支出效应（Spending effeet）：自然资源出口收入的迅速增加会导致对其他可贸易部门和不可贸易部门商品的需求增大，但是却不能导致这些部门商品的价格升高，因为在开放经济中，可贸易商品的价格是由国际市场决定的，因此超额需求只能由进口来满足，从而不能对国内生产产生刺激作用。②相对价格效应（relative price effect）：资源出口收入的迅速增加会导致本国货币升值，从而使得不可贸易部门的工资成本上升，产品价格提高，不利于产品出口，使得非资源部门变得不具竞争力，不利于经济增长。③挤出效应（crowed out effect）：资源产业的扩张在一定程度上"挤出"制造业，造成人力资本积累不足。因为初级产品部门的扩张会提高该部门的工资水平和投资回报率，从而物质资本和人力资本就会转移至该部门，制造业部门因此而萎缩。资源产业扩张造成人力资本积累不足，是因为与资源型产业相比，制造业更有利于人力资本积累和"干中学"。因此，自然资源部门的扩张会对经济的长期增长造成负面作用，在制造业存在规模报酬递增的条件下，专业化与资源采掘业会损害经济效率，短期的资源收入却削弱了长期增长的动力。

也有学者认为，"荷兰病"产生的根源是"市场失灵"，即市场机制在资源收入增加后并没有将经济导入正确的轨道。

中国也有类似的问题。按照比较优势理论，中国西部地区资源丰富，就应该生产并出口该地区丰富的资源型产品。但是出口的资源型产品大多为初级产品，甚至就是未作加工的原材料出口。因而资源类产品的加工链条短，附加值低，与其他产业的关联度低，对地区经济的带动作用小，会造成地区产业结构畸形。比如煤炭资源丰富的山西省工业基础极其落后，而服务业却异常繁荣，这也是由各种挤出造成的。几十年来，中国西部地区按照比较利益原则一直强调和奉行自然资源依赖型经济发展模式，其结果非但没有使这一地域的经济走出不发达的困境，反而与东部发达地域的差距越拉越大。

7.4.2 资源与环境问题

一些研究发现发展中国家更多从事"肮脏行业"的生产（Hettige，1992），出口也多是污染密集型和资源消耗性产品，而发达国家出口的则多是清洁产品。比如亚马孙地区为满足国际市场需要曾大肆砍伐森林。加纳在贸易自由化过程中也导致了森林等生物资源的减少或灭失（Lopez，1994）。甚至韩国也曾一度出现环境恶化。现有理论对这些现象如何解释呢？

（1）污染避难所假说（Pollution Haven Hypothesis，PHH）

该假说认为，环境标准较低的国家在污染密集型产业上具有比较优势，贸易自由化会使这些国家专业化生产肮脏产业。由于一国的人均 GDP 与环境规制严格程度具有高度相关性，因此发展中国家会成为"污染避难所"。

Copeland 和 Taylor（1994）指出，在开放经济条件下，自由贸易的结果将导致高污染产业不断地从发达国家迁移到发展中国家。因为发达国家通常会实施相对严格的环境管制，所以发达国家污染产业的生产成本比较高。相对而言，环境标准较低国家的生产者就拥有明显的成本优势。这种情况下，发达国家的"肮脏产业"就可能向发展中国家转移，使后者成为前者污染避难所。

傅京燕（2006）的实证分析结论支持了污染避难所假说：从污染密集型行业产出份额的变化情况看，发达国家持续下降，而发展中国家稳步上升；从经济增长阶段看，发展中国家污染密集型产业净出口的快速增长与发达国家用于控制污染的成本增加是同步的；由于污染密集型产品的收入弹性效应以及环境标准差异性等一系列因素，使发达国家的污染水平低于发展中国家。贸易自由化有加剧发展中国家成为"污染避难所"的倾向。因此现阶段的困难是，如何使环境政策与贸易政策相互协调。

20 世纪 60 年代以来，日本已将 60% 以上的高污染企业转移到东南亚国家和拉美国家。美国也将 39% 以上的高污染高消耗的产业转移到其他国家。污染源企业的转移不仅污染了所在国家的环境，而且损害了所在国工人和居民的健康，导致人群中毒和死亡。最为典型的是博帕尔毒气泄漏事件，1984 年 12 月 3 日，美国联合碳化物公司在印度博帕尔市的农药厂盛有 40 吨异氰酸甲脂的贮罐爆裂，造成剧毒气体外泄，导致 2500 多人当场死亡，三四周后又有 2 万多人相继死亡，受害总人数达 20 多万，并有 4000 多头牲畜和动物死亡。

（2）"环境库兹涅茨曲线"（Environmental Kuznets Curve，EKC）

一些观点认为，短期内贸易的环境后果可能是消极的，但长期内，贸易自由化对环境的影响可能是积极的。贸易自由化对环境的影响可能来自三方面，分别是代表经济活动规模变化的规模效应（Scale Effect）、显示生产出来的物品变化的构成效应（Composition Effect）、代表生产技术改变的技术效应（Technique Effect）。一般认为，规模效应会加重环境恶化，但当生产构成从"肮脏物品"向更清洁的产品转换或采用清洁生产技术时，环境可能会变好。Bhagwati（1993）、Grossman 和 Krueger（1995）等发现，当一国的人均收入达到某一个水平后，构成效应和技术效应之和会超过规模效应，因而长期内，贸易自由化有益于环境改善。这是因为环境质量具有较高的需求收入弹性，经济增长与环境质量需求之间存在正相关性，收入水平的提高将使产业结构转向对环境友善的生产活动。

Grossman 和 Krueger（1993）对 50 个发达国家和 120 个发展中国家的城市空气质量与人均 GDP 之间的关系进行了考察。他们发现，空气中的

SO_2 随人均 GDP 的增加而上升，到人均 GDP 为 4000~5000 美元左右转而开始下降，形成倒 U 字形轨迹，他们称之为"环境库兹涅茨曲线"。当收入水平较低时，环境损害随着收入的增加而增大，达到最高点后，将随着收入的增加而减少。意味着在某一个水平之上，一国的人均收入越高，环境损失越低。Grossman 和 Krueger 对此的解释是当收入上升到某一水平后，人们开始要求政府制定政策控制 SO_2 的排放。但由于各国的污染源和污染类型不同，最高点的污染水平也相应地不同。

Lucas 等（1992）发现 1960~1988 年间发展中国家随着收入水平上升，其污染物排放出现了下降趋势。Wheeler（2000）发现悬浮微粒的排放在巴西、中国、墨西哥这些经济快速增长同时也是主要的 FDI 流入国是急剧下降的。除了常见的解释（污染控制成本不是企业的关键成本因素以及大型跨国企业都遵守国际环境标准）外，Wheeler 同时指出，即使不存在正式的规制或规制未能严格执行，低收入国家通常也会处罚危险的污染者。他得出结论认为，环境质量的"底线"会随着经济的增长而上升。

（3）环境标准竞次（race to the bottom）

Daly（1993）、Esty（1994）、Dua 和 Esty（1997）、Eaty 和 Geradin（1997）都认为贸易自由化会推动发展中国家降低自己的环境标准以增强其国际竞争力，导致环境标准向底线赛跑（竞次）以及阻挠环境立法等漠视环境管制的现象，最终导致全球环境标准的下降，加剧了全球的环境污染。但是越来越多的学者对这一假说表示质疑。Levinson（1995）对不同国家、不同产业的研究表明，相对于总成本来说，环境控制成本是微乎其微的，因而对相对优势几乎不产生影响。在 1997 年世界经济论坛的一次调查中，来自 53 个国家的 3000 个企业主管被要求根据投资区位选择的地位，对环境规章和包括政府税收与投资政策、劳动力质量和基础设施在内的 26 种非环境因素进行排名。最终，环境规章被排在第 22 位。此外，越来越多的证据表明，相对当地企业而言，外资企业或合资企业一般更为清洁，发达国家的大多数跨国公司拥有先进的环境技术，它们有动力游说当地政府采取更高的环境标准以提高当地竞争对手的成本。Wang and Jin（2002）在对中国 1000 多个企业的污染排放物进行研究时发现，外资企业、社区企业比国有企业和私有企业表现出了更好的环境行为，他们认为外资企业污染较少是因为它们使用了较高的技术且在能源使用上更有效。Porter（1999）指出，虽然发达国家不会因国际贸易竞争而降低环境控制标准，但快速工业化国家则极有可能"陷入低环境标准"（Stuck at the Bottom）的困境。经验证据和政治分析都表明低环境标准国家的政府不愿提高环境标准，部分因为他们害怕失去国际竞争力。例如，在一些东亚发展中国家，中小型企业占了出口企业的约50%，一旦环境标准提高，这些企业将面临比大型企业更高比例的污染消除的投资和管理成本，从而面临价格比较优势的丧失。

（4）成本转嫁说

韩忠亮（2011）指出，中国地方政府在 GDP 增长目标的驱动下，为了增强本地产品的竞争力而放宽环境标准，使高污染出口企业可能通过减少安全生产设施和治污投入，使资源产业可能通过减少对土地和资源再生产能力的投入，降低产品的成本，增强出口竞争力。其结果是将本该企业负担的成本转嫁到了社会，导致了环境污染、土地生产力下降和资源耗竭性开采等社会损失。

中国出口的工业制成品主要集中于污染密集型生产行业中。电气机械及器材制造业、纺织业、金属冶炼及制造业、化学工业、采掘业、皮革毛皮羽绒及其制品业，这六个行业产品的出口额之和占工业总出口比重近十年基本都在80%以上。其中，电气机械及器材制造业和纺织业产品，是中国出口产品的绝对主体，二者之和在工业品出口的比重一直在50%以上。这些污染密集的工业产品生产和出口的急剧增长，导致了中国环境污染物排放总量上升。吴蕾和吴国蔚（2007）用出口贸易中产生的废水量反映出口的环境成本，计算了1996～2005年化学工业、金属冶炼及压延加工业、纺织业、电气机械及器材制造业和交通运输及设备制造业等五个主要出口行业的废水排放量，其中纺织业始终排名第一，21世纪后，排名依次是电气机械及器材制造业、金属冶炼及压延加工业、化学工业。

对外贸易的主体——三资企业也不例外。根据1995年第三次工业普查，外商投资于污染密集产业（Pollution - Intensive Industries，PIIs）的企业有16998家，工业总产值4153亿元，从业人数295.5万人，分别占全国工业企业相应指标的 0.23%、5.05% 和 2.01%，占三资企业相应指标的

30%左右。其中投资于严重污染密集型产业（Most Pollution – intensive In-dustries，MPIIs）的企业有 7487 家，工业总产值 1984 亿元，从业人数118.6 万，分别占全国的 0.10%、2.41% 和 0.81%，占三资企业相应指标的 13% 左右，但占外商投资 PIIs 中相应指标的 40% 以上①。这意味着，外商投资有 1/3 集中于污染密集产业，而在污染密集产业的投资中，有 40%投资于严重污染密集产业，足见外商投资企业对中国产业污染的影响。

---

① 数据来自《中华人民共和国 1995 年第三次全国工业普查资料摘要》和《中华人民共和国1995 年第三次全国工业普查资料汇编——国有、三资、乡镇卷》。

第8章
全球贸易不平衡中的中国

在经济全球化进程中，世界贸易呈现出不平衡的发展趋势。本章分析全球贸易不平衡的基本趋势以及由于这种不平衡引发的贸易摩擦和冲突，包括日美贸易摩擦和中美贸易冲突。

8.1 全球贸易不平衡

在贸易全球化的过程中，贸易不平衡的趋势越来越明显。贸易不平衡正是上世纪 80 年代以来全球经济不平衡（global imbalances）的主要表现。国际货币基金组织总裁拉托指出：世界经济不平衡的主要表现是美国经常账户赤字庞大，债务增长迅速；日本、中国和亚洲其他发展中国家对美贸易盈余增加，以及包括俄罗斯和中东国家在内的石油产出国贸易盈余增加。

8.1.1 全球不平衡

图 8.1 反映了 1998 ~ 2006 年间几个主要不平衡国家经常账户余额的变动，美国经常账户逆差从 1998 年的 2140 亿美元（占 GDP2.4%）增加到 2006 年的 8700 亿美元（占 GDP6.6%），与美元经常账户余额的变动的方向相反，中国、日本和 3 个主要石油输出国（沙特阿拉伯、俄罗斯和挪威）都是经常账户顺差不断扩大。中国的经常账户顺差在 2002 年以后增势更为明显。

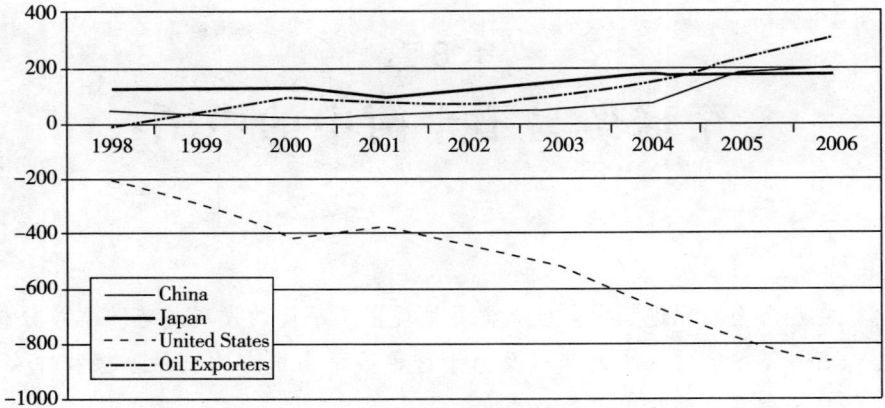

图 8.1　1998 ~ 2006 年部分国家经常账户余额（10 亿美元）

资料来源：WTO：World Trade Report 2007。

8.1.2　美国的贸易不平衡

自上个世纪 70 年代初世界经济由快速增长转入低速增长之后，美国的贸易差额开始出现逆差，1976 之后就再也没有过顺差的年份，而且逆差额越来越大。从表 8.1 可以看到，美国贸易顺差扩大并不意味着美国的出口下降，除了特殊年份出口下降外，出口的总体趋势是上升的。但是进口上升的速度更大，使得贸易差额不断扩大。

表 8.1		美国历年贸易差额					单位：10 亿美元
年份	出口额	进口额	差额	年份	出口额	进口额	差额
1960	19.7	14.8	4.9	1969	36.4	35.8	0.6
1961	20.1	14.5	5.6	1970	42.5	39.9	2.6
1962	20.8	16.3	4.5	1971	43.3	45.6	−2.3
1963	22.3	17.0	5.3	1972	49.4	55.8	−6.4
1964	25.5	18.7	6.8	1973	71.4	70.5	0.9
1965	26.5	21.5	5.0	1974	98.3	103.8	−5.5
1966	29.3	25.5	3.8	1975	107.1	98.2	8.9
1967	30.7	26.9	3.8	1976	114.7	124.2	−9.5
1968	33.6	33.0	0.6	1977	120.8	151.9	−31.1

续表

年份	出口额	进口额	差额	年份	出口额	进口额	差额
1978	142.1	176.0	-33.9	1994	502.9	668.7	-165.8
1979	184.4	212.0	-27.6	1995	575.2	749.4	-174.2
1980	224.3	249.8	-25.5	1996	612.1	803.1	-191.0
1981	237	265.1	-28.1	1997	678.4	876.8	-198.4
1982	211.2	247.6	-36.4	1998	670.4	918.6	-248.2
1983	201.8	268.9	-67.1	1999	684.0	1031.8	-347.8
1984	219.9	332.4	-112.5	2000	772.0	1226.7	-454.7
1985	215.9	338.1	-122.2	2001	718.7	1148.6	-429.9
1986	223.3	368.4	-145.1	2002	685.2	1168	-482.8
1987	250.2	409.8	-159.6	2003	715.9	1264.9	-549.0
1988	320.2	447.2	-127.0	2004	806.2	1478	-671.8
1989	359.9	477.7	-117.8	2005	892.3	1683.2	-790.9
1990	387.4	498.4	-111.0	2006	1015.8	1863.1	-847.3
1991	414.1	491	-76.9	2007	1138.4	1969.4	-831.0
1992	439.6	536.5	-96.9	2008	1277.0	2117.2	-840.2
1993	456.9	589.4	-132.5	2009	1045.5	1562.6	-517.1

数据来源：U. S. Census Bureau，www. census. gov.

如图 8.2 所示，美国贸易逆差的对象国主要有日本、石油输出国组织（OPEC）、中国、欧盟和加拿大。20 世纪 90 年代之后，美国的贸易逆差大幅度增加，其中日本对美贸易顺差始终维持在较高水平，21 世纪之后，中国对美贸易顺差大幅上升，取代日本成为美国最大的贸易逆差对象国。

从国别比重上看，80 年代后期，日本对美贸易顺差占美国总贸易逆差的 40% 以上，一度高达 65%（1991 年）。此后，虽然日本对美贸易顺差额没有下降，但是在美国贸易不平衡中的地位逐渐下降，与其相对，中国在美国对外贸易逆差中的地位不断上升。2000 年以后，中国在美国贸易逆差对象国中排位第一。2007 和 2008 年占美国贸易逆差的比重超过 30%，而日本的比重降到 10% 以下。

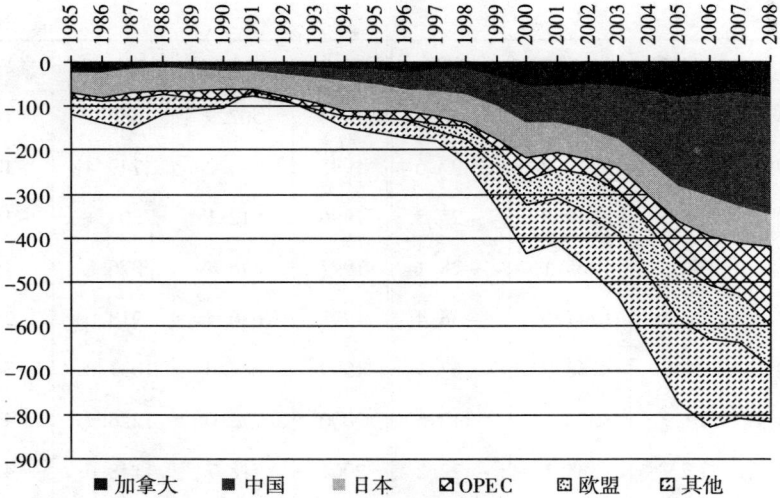

图 8.2　美国商品贸易逆差额的主要国别构成（10 亿美元）

注：欧盟的统计数据从 1996 年始。

数据来源：U. S. Census Bureau，www. census. gov.

表 8.2　美国主要贸易逆差对象国的对美贸易差额占比（%）

年份	日本	中国	石油输出国	其他
1985	39. 2	0. 0	8. 8	52. 0
1986	39. 8	1. 2	6. 4	52. 6
1987	37. 0	1. 8	8. 5	52. 7
1988	43. 7	2. 9	7. 6	45. 8
1989	44. 8	5. 7	15. 9	33. 5
1990	40. 4	10. 3	23. 9	25. 4
1991	65. 0	19. 0	20. 4	- 4. 4
1992	58. 7	21. 7	13. 3	6. 3
1993	51. 4	19. 7	10. 6	18. 3
1994	43. 6	19. 6	9. 2	27. 6
1995	37. 2	21. 3	10. 1	31. 4
1996	28. 0	23. 2	12. 9	35. 9
1997	31. 1	27. 5	10. 2	31. 1

年份	日本	中国	石油输出国	其他
1998	27.9	24.8	3.8	43.5
1999	22.3	20.9	6.6	50.2
2000	18.7	19.2	11.0	51.1
2001	16.8	20.2	9.6	53.4
2002	14.9	22.0	7.4	55.7
2003	12.4	23.3	9.6	54.7
2004	11.6	24.8	10.7	52.9
2005	10.8	26.2	12.4	50.7
2006	10.8	28.3	13.5	47.4
2007	10.4	32.0	14.5	43.1
2008	9.1	32.8	21.8	36.3

数据来源：U. S. Census Bureau，www. census. gov.

8.2　日美贸易摩擦

日美贸易摩擦始于 20 世纪 60 年代前后，以不同产品贸易为中心，历经数次高潮。60 年代，日美贸易摩擦主要集中于纺织品贸易；70 年代，贸易摩擦的领域涉及钢材、彩色电视机、汽车；80 年代后，贸易摩擦转向农产品、卫星、超级计算机、金融和服务等领域。80 年代之前的日美贸易摩擦主要是由两国的产品竞争引起的，80 年代后贸易不平衡逐渐成为引发贸易摩擦的重要因素。

8.2.1　产品竞争与日美贸易摩擦

日美贸易摩擦总是在日本产业后来居上，拳头产品占领美国市场，美国的相关企业竞争能力不足，比较成本收益不断下降的情况下发生的。随着日本产业不断升级换代，产品不断高新化，日美贸易摩擦的对象产品也在不断升级。

（1）纺织品贸易摩擦

棉纺织业是日本的传统优势产业，二战结束后，美国为了推销过剩的棉花，曾把扶植日本的棉纺织业作为其提供经济援助的内容之一。具体做法是，美国政府向日本企业提供贷款，用于购买美国棉花和机器设备，日本企业加工生产的棉纺织品出口美国，获得的外汇收入用于偿还美国债务。受惠于此，日本的纺织业得到迅速恢复和发展。1951年，日本已有纺织企业91家，173个工厂，设备能力达到637万锭。第二年，日本的纺织品（包括棉布、人造丝和人造棉）出口量跃居世界首位。当时，日本棉纺织品的60%出口美国。随着出口数量的不断增加，对美国纺织业造成巨大打击。1955年，美国市场上出现了售价为1美元的日本产裙子，被美国纺织工业界指责为"廉价倾销"，并提起反倾销的诉讼。由此引发日美纺织品贸易摩擦。两国政府经过谈判，于1957年签订了一个为期5年的《日美棉织品协定》，限制了日本方面对美国棉纺织品出口的数量。1961年，在美国的积极推动下，世界主要棉纺织品出口国和进口国签署了《短期棉纺织品协定》，对日本、香港和印度等地出口欧美的棉纺织品数量进行限制。一年期满后，各方又签署了为期5年的《长期棉纺织品协定》，之后又延期两次，据此纺织品出口国继续实行棉纺织品的自愿出口限制。

60年代，日本的化学合成纤维工业迅速发展，合成纤维制品对美出口开始大幅增加。60年代末，美国消费的毛衣有1/3是用日本生产的纤维制成的，衬衣有1/4从日本进口。从1969年6月起，两国开始就人造纤维和羊毛制品进行贸易谈判，历时两年半之久，最终签订了《关于毛和合成纤维贸易的长期协定》。此后，日美纺织品贸易摩擦趋缓。1973年，在GATT主持下，包括日美在内的42个纺织品贸易国签署《多种纤维协定》，将纺织品出口限制从棉纺织品扩大到化纤产品。

（2）钢铁贸易摩擦

钢铁行业是战后日本重点发展的行业，钢铁产量在战后初期只有50万吨，1953年增至700万吨，1961年超过美国，1964年超过德国。而且钢铁产品质量达到世界先进水平，具有很强的国际竞争力。1969年以后，日本钢铁出口占世界首位，超过了美国、欧洲的钢铁业。日本钢铁不仅物美，而且价廉，60年代，日本出口到美国的钢铁离岸价比美国厂家价格低

15% ~40%，因而日本对美国出口规模不断扩大。1967 年，日本出口美国的钢铁占美国钢铁需求总量的 15%，1969 年，这一比率攀升至 42%，造成美国钢铁业的极大恐慌，企业不断向政府施压，要求控制日本钢铁的进口。两国政府通过交涉，于 1969 年签署了为期 5 年的自愿出口限制协定。

第一次石油危机后，发达国家陷入了经济滞涨。1975 年以后出现了世界性的钢铁需求不平衡，70 年代中后期，美国钢铁业不断以倾销为名，对日本、欧洲共同体的钢铁制品发起诉讼。日美之间再次就钢铁贸易进行谈判交涉，最终于 1985 年达成协议，日本 9 种钢铁商品被禁止进入美国市场。从此，日本钢材出口到美国的数量暂时得到控制，但导致美国钢材的价格高于日本钢材价格的 15% ~30%。

（3）彩色电视机贸易摩擦

日本电视机的生产技术来自美国。1952 年，日本的日立制作所和东芝等公司从美国无线电公司、通用电器公司和威斯汀豪斯公司引进黑白电视技术，开始生产黑白电视。仅三年，日本电视机产量就达到 31 万台，五年之后的 1960 年，产量为 360 万台，当时日本家庭黑白电视的普及率达到了 50%，并开始向美国出口。1962 年，日立制作所和东芝等公司从美国无线电公司引进彩色电视机生产技术，开始生产彩色电视机。其发展速度异常迅猛，1969 年产量达到 400 万台，1970 年超过美国，随后大规模向美国出口。1975 年向美出口彩电为 121 万台，1976 年猛增 1 倍以上为 296 万台，被美国称为"洪水输出"。日对美彩色电视机出口占美国进口彩电数的比重最高时曾达 90%，日本彩电占据美国彩电市场的 30% 以上。不少美国电视机厂家被购并，或被迫停产，或向海外转移生产。1968 年，美国国内有 28 家电视机厂，到 1976 年减至 11 家。美国电视机工业也一落千丈，1966 ~1970 年，电视机工业的从业人员减少了一半，到 1976 年，又减少 30%。

美国虽然一直就日本的彩电"倾销"商讨对策，但直到 1977 年，美日两国才签订了为期三年的《维持市场秩序协定》，日本"自愿"限制对美国的彩电出口数量，每年不超过 175 万台。至此，日美彩电贸易摩擦算是告一段落。

（4）半导体贸易摩擦

美国的半导体产业曾经在世界占有领先地位，但到了 70 年代以后，受到了日本企业的挑战，日本产品逐渐占领了美国的市场，并不断取得国际市场的份额。随着日本通讯事业的迅速发展，日本电子产品从产品质量到技术都达到世界一流水平，产品开始畅销国际市场。在对美出口的过程中，与美国发生尖锐的贸易摩擦，双方摩擦时而激烈时而缓和，但一直没有中断过。

专栏8.1　　　　　　日本产品为何物美价廉

日本商品物美价廉是占领国际市场的关键。

20世纪60年代，日本同类产品的价格比美国要低20%～30%，70年代，这种差距并没有缩小，1976年钢铁出口价格为每吨294美元，比美国低38%，比西欧低10%以上。汽车的销售价格也比欧美低20%～25%。

日本产品价廉的原因之一是：日本在推行贸易自由化以前实行内外双重价格，即对外倾销政策。原因之二是：战后较长一段时期内，日本工人的工资低，劳动时间长，因而产品的劳务成本大大低于欧美国家。如1979年，日本制造业生产工人的小时平均工资比美国低56%，比原联邦德国低83%，比法国低13%。同时，日本工人的劳动时间却比别的国家长。如1975年比美国多162小时，比英国多120小时，比原联邦德国多365小时，比法国多213小时。1975年以后，状况依旧，如1985年日本工人的劳动时间是2168小时，比美国多244小时，比英国多216小时，比原联邦德国多509小时，比法国多525小时。原因之三是：日本企业的劳动生产率高于其他国家。1979年，日本丰田汽车公司每人生产汽车54.8辆，通用公司为11.5辆，大众公司为13.1辆，菲亚特公司为11.1辆。再如1978年，日本钢铁工人每人生产钢铁474.9吨，比美国高30%，比原联邦德国高74%，比意大利高50%，比法国高83%，比英国高1.7倍。

"物美"表明日本产品的质量高。战后，日本十分重视产品质量的提高，将其视为公司的生命。日本企业不断学习美国的经验，建立了全面的质量管理制度，使出口产品的质量迅速赶上并超过其他国家。

8.2.2　贸易不平衡与日美摩擦

（1）日美之间的贸易不平衡

20 世纪 50 年代以来，日本主要从美国进口农产品、原料和石油制品等，对美国出口是低附加值的轻工业品，所以不存在贸易差额。从 60 年代中期起，日本不断增加对美国的商品出口，尤其是高附加价值的商品出口，同时从美国进口的比重却相对下降。在两国贸易中，1965 年日本首次出现 4.4 亿美元的顺差，此后顺差额逐年增加。1969 年为 15.6 亿美元，1976 年为 38.7 亿美元，1980 年为 99 亿美元，1981 年为 158 亿美元，1982年为 168 亿美元，1983 年为 193 亿美元，1984 年为跃升至 336 亿美元，1985 年为 462 亿美元，1986 年为 550 亿美元。日美贸易收支进入美国长期处于逆差的不平衡状况。

进入 90 年代后，美国对日逆差规模依然十分庞大，维持在 400 亿美元以上。但是从 1992 年起，美国对日逆差占美国总逆差的比重在逐年下降。如图 8.3，从 1992 年的 65% 一路降低到 10% 以下，2008 年的比重是9.1%。而历史最高年份是 1981 年（70.8%）。

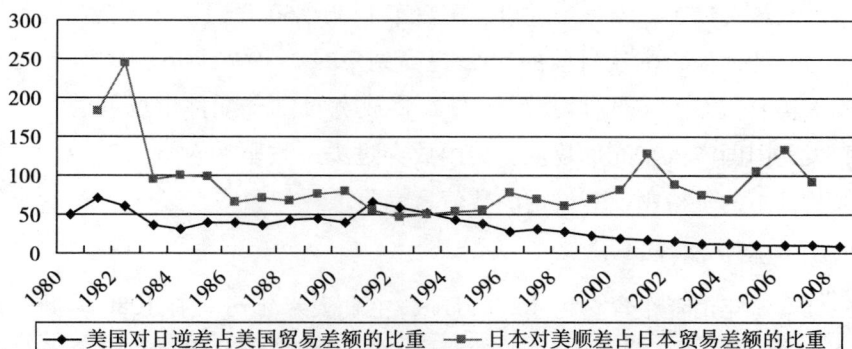

图例：◆ 美国对日逆差占美国贸易差额的比重　　■ 日本对美顺差占日本贸易差额的比重

图 8.3　美国对日贸易差额占两国各自贸易差额的比重（%）

数据来源：U. S. Census Bureau, www. census. gov. 和 www. wto. org。

从日本角度看，日本对美国顺差占日本对外贸易差额的比重除了 1992年（46.5%）和 1993 年（49.2%）外，始终在 50% 以上，甚至达到100% 以上。可见日本对外贸易顺差主要来自对美国的贸易顺差。

总之，80 年代初，急速扩大的美国对日逆差激起了美国长期、严重的不满，造成了日美尖锐、持久的贸易摩擦。

（2）美日汽车大战

日本的汽车行业在战后得到了迅速的发展。1955 年，日本的轿车年产量只有 3 万辆，1965 年增至 70 万辆，1967 年日本轿车年产量猛增至 315 万辆，跃居世界第二位。1980 年，产量更是超过美国跃居世界第一位，年产量达到 700 万辆。这一年，汽车出口超过钢铁和船舶，成为日本第一出口产品。1985 年，日本汽车出口占其总出口的比重为 22%。1975 年，日本向美国出口的小汽车是 94 万辆，1980 年上升为 199 万辆，占领了美国汽车市场的 22%。相反，日本从美国进口的汽车则很少，1980 年才区区 2 万辆。结果，美国汽车贸易的逆差占了对日贸易逆差总额的 80%。它使美国汽车业的萧条进一步加深，造成大批汽车工人失业。

为此，美国汽车界及工会多次起诉，要求日本补偿所造成的损失，并限制汽车出口。日美陷入了旷日持久的汽车贸易摩擦之中。迫于压力，日本于 1981 年决定自动限制出口，将今后三年内每年对美国出口的汽车限制在 168 万辆。1985 年以后，限额提高到 230 万辆。1992 年，双方又商定到 1994 年度把日本企业采购美国制造的汽车零部件的金额增加到 190 亿美元，日本各大汽车厂家每年进口美国汽车 1200～6000 辆，日籍企业在美国当地的零部件采购率从目前的 50% 提高到 70%。1995 年 6 月，双方终于达成《美日汽车及零部件协议》，日本将放宽对汽车配件市场的管制，增加购买美国国产汽车配件数量。美国放弃过去一贯坚持对日出口汽车、零部件及日本的车检制度等设定的数值目标要求。

（3）农产品摩擦

日本每年消耗粮食量为 4000 万吨，主食大米年产只有 1080 万吨，需要进口 2800 万吨。其中从美国进口达 1700 万吨，占日本进口粮食总量的 2/3，占美国粮食出口的 1/3。而美国对日出口的 80% 是粮食、燃料和原料。因此，对美国来说，迫使日本不断放开农产品市场，是其扩大出口、改善对日贸易逆差的一条重要渠道。

而对日本来说，粮食问题事关民族存亡，所以一直对农产品实行保护政策，在开放市场方面不愿轻易让步。日本政府在价格上对 70% 以上的农产品给予了支持和管理，90 年代以前一直实行对粮食的价格管理制度。大米由政府统一收购、统一出售，收购价格高、出售价格低，其差额由政府财政补贴。

1986 年，在原 GATT 成员国第八次部长级会谈期间，美国坚决要求日本取消对农产品进口，尤其是粮食的保护性政策，但日本竭力予以抵制。最终乌拉圭回合谈判的结果是：除大米外，对所有农产品的进口限制改为征收关税，实现进口的自由化。

（4）日元升值

1985 年 9 月，西方五国财政部长和中央银行行长密会于纽约广场饭店，就美元高估及美国巨幅经常收支赤字问题，协商采取联合行动，降低美元对日元和欧洲货币的比价，史称"广场协议"。由于日美贸易摩擦加剧，日元首当其冲大幅升值。

"广场协议"生效后，先是传播效应使美元比价下降。随后各国在外汇市场上实行协调干预，抛出美元、买入本国货币，诱导美元下跌。1985 年底，美元汇率从 $ 1 = ￥240 降到 $ 1 = ￥200。但与"广场协议"期望的美元贬值目标尚有距离。1986 年各国继续执行协调干预和缩小利差的金融政策，美元再次贬值，日元比价急剧上升，1986 年夏，日元汇率升至 $ 1 = ￥150。此后，日元不断升值，1987 年的平均汇价为 138 日元，比 1985 年 2 月升值近一倍。进入 90 年代，更是一路攀升，1993 年 8 月上升到 100. 4 日元，1995 年 4 月 19 日一度攀升到最高值 1 美元兑换 79. 75 日元。

日元升值降低了日本产品的出口竞争力，对日本对外出口及出口导向型经济的发展都是巨大打击。此后日本调整战略，倡导"科技兴国"，通过技术创新提高产品质量，维持了产品在世界市场上的竞争力。从图 8. 2 中可以看到，日元升值并没有影响美国对日本贸易逆差，相反，日本对美贸易顺差额一直呈现出缓慢上升的趋势。

（5）结构摩擦

1985 年，美国迫使日元升值后，并未能阻止日本商品源源不断地输入美国，而美国商品要进入日本市场依旧困难重重。结果，美国终于发现，原来日本国内市场在价格体系、流通体系上都有问题，正是这些问题的有机配合构筑了一道排斥外国商品乃至外资的坚强壁垒。美国人把它称为不公正的结构性贸易障碍，进而向日本提出"结构问题"协商。

从 1989 年 9 月到 1990 年 4 月，日美先后举行了四次结构协商。美国认为日本必须在经济上大动手术才能消除"结构性障碍"，向日本提出了 270 条需要改进的建议。日本则要求美国采取对等行动，也向美国提出了 80 多条建议。前三次谈判没有取得实质性进展，第四次谈判双方总算达成协议：日本同意加强法律、反对企业排他性活动，增加对违反垄断法的企业罚款；将开设大型零售商店时间由十年减为一年；增加政府在公共设施方面的投资，以扩大国内需求；修改土地税制。美国方面也许诺降低联邦政府的财政赤字；刺激个人储蓄与企业投资；降低资产税以及改善教育。

进入 90 年代，美苏冷战结束后，日美贸易摩擦曾陡然激化。日本是美苏对抗的最大受益国，这意味着，它也是冷战结构瓦解后受冲击最大的国家之一。冷战后，日美同盟战略价值下降，二者在国际竞争中的经济竞争地位上升，美国开始调整对外战略重点，对日政策日益倾向于以经济利益置换安全利益作为双边同盟的核心。美国舆论认为，战后日本经济之所以能够迅速发展，是因为受惠于美国对其单方面开放市场，现在轮到日本对美国开放市场了。美国对外战略的调整导致冷战后日美贸易摩擦不断。

尽管美国不断加大压力，要求日本开放市场，但是日本仍然说"不"，使美国对日贸易逆差持续连年上升，1994 年达到 660 亿美元，创历史最高纪录。日美为缓解摩擦举行了一系列磋商。1994 年 10 月 1 日，日美双方结束了为期 15 个月的马拉松式谈判，就日本增加政府采购、开放保险业、平板玻璃三个领域达成协议。1995 年 6 月，日美就一向被视为两国贸易摩擦象征的汽车贸易问题达成《美日汽车及零部件协议》，作为日本"一揽子经济协商"的重要组成部分，协议的达成使日美贸易摩擦出现了冷战后少有的缓和状态。也就是说，以 1995 年为转折，日美贸易摩擦开始进入了缓和阶段。1996 年 8 月初，双方又签署了第三个半导体贸易协议。

▓ 8.3 中美贸易摩擦

8.3.1 中美贸易概况

中美两国分别为发展中国家和发达国家中最活跃的经济体，国内需求旺盛，这促使两国经贸关系迅速发展。据中国海关统计，2005 年两国贸易额达到 2116.3 亿美元，是 1979 年的 86.4 倍。美国贸易代表办公室也承认，与中国贸易是其发展最快的部分。按美方统计，2005 年中国与美国的贸易总额达到 2853 亿美元，中国是排在加拿大和墨西哥之后的美国第三大贸易伙伴。美国对中国的贸易出口总额也达到 418 亿美元，比 2000 年增长了 158%。而同期，美国对加拿大的出口增长了 18%，对墨西哥的出口仅增长了 7.8%，对日本的出口则减少了 14.6%，中国成为继加拿大、墨西哥和日本之后美国的第四大出口国。

根据中国的统计，中美贸易 1993 年美方开始出现逆差 62 亿美元，到 2005 年上升到 1141.7 亿美元，12 年增长了 18.4 倍；而根据美国的统计，1983 年美方开始有逆差，为 3 亿美元，到 2005 年上升到 2016 亿美元。按美方统计，1988 年中国开始进入美国的前 10 位逆差国行列，1989 年就从第 9 位发展到第 6 位，1990 年攀升到第 3 位，1991 年中国成为仅次于日本的第二大逆差对象。2000 年以后，中国对美贸易顺差超过日本，成为美国最大的贸易逆差国。此后贸易逆差继续攀升，到 2008 年，中国对美贸易顺差占美国全部贸易逆差达到 32.8%。

中美之间的贸易同时伴随着美国对中国大量的直接投资。美国在中国的直接投资的实际数额到 2004 年累计已达 480.3 亿美元，占全球对中国直接投资的 8.5%，美国也是累计对华直接投资排名第一的国家。

8.3.2 中美贸易摩擦历程

在中美贸易摩擦中，美方是贸易摩擦的主动发起者，中方是贸易摩擦的被动应对者，这种不对称格局是由中美贸易对中国和美国的影响不平衡造成的，换句话说，就是中国对中美贸易的依存度明显高于美国对中美贸易的依存度。中美贸易摩擦主要经历了三个不同的历史阶段，在各个不同时期表现出了不同的特点。

（1）微观贸易摩擦阶段（1980～1989 年）

这一阶段，由于中美贸易额并不大，中美贸易的不平衡性尚不突出，而且以中方的统计口径来看，美方在中美贸易中还存在一定的顺差。虽然按美方的统计口径，情况并非如此。另外，这一时期正值中国改革开放的兴起之时，这一时期中美贸易是建立在两国良好的战略合作关系基础上的，因而中美贸易在国家层面上并没有表现出明显的摩擦和重大分歧，大多数摩擦都属于微观经济范畴内的技术性问题，主要表现为美国对中国的反倾销。

由于中国与美国在政治和经济上的实力悬殊，中方在贸易摩擦中总体上处于被动地位，中美贸易摩擦的解决途径也基本遵循"美方立案—中方解释—美方裁决—中方让步—双方达成协议"的模式。这一阶段中美贸易摩擦所涉及的商品大多集中在低附加值的纺织品、化工材料以及轻工产品等劳动密集型的初级大宗商品。比如在美国对中国发起的总共18起反倾销案件中，轻工产品占6件，化工产品占7件，另外纺织品占3件。

（2）贸易摩擦政治化阶段（1990~2001年）

这一阶段中美贸易摩擦的主要特征是经济问题政治化。冷战结束后，社会主义阵营的苏联解体，使中国成为美国在意识形态领域的头号政治敌手，兼之国内"六四"事件的影响，中美经贸关系出现恶化。美国对华发起贸易摩擦的范围、手段和方式都发生了质变。

美国发起贸易摩擦的方式不再简单地以反倾销为主，而是加大了"经济制裁"手段的使用力度，比如以防扩散为由限制对华高新技术及产品出口。此外，中美贸易摩擦还扩展到美国给予中国最惠国待遇问题、中美知识产权问题、中美贸易逆差问题等多个方面。而这一时期正是中国申请恢复关贸总协定缔约国地位及后来申请加入世界贸易组织的艰苦谈判阶段。中美贸易摩擦的政治化在中美关于中国申请恢复关贸总协定缔约国地位及其后申请加入世界贸易组织的谈判历程中表现得淋漓尽致。在这一时期，一方面，美国国会不断以所谓人权、敏感武器扩散、劳改产品出口等问题为借口，拒绝给予中国永久最惠国待遇，并每年对中国最惠国待遇问题进行年度审议，使中美贸易的发展饱受政治问题的干扰；另一方面，美国在中国申请恢复关贸总协定缔约国地位的谈判中，对中国的合理要求百般阻挠，致使中国申请恢复关贸总协定缔约国地位的努力失败，在其后中美就中国加入世界贸易组织的谈判中，美方又一味强迫中国以发达国家的身份加入世贸组织，致使中国加入世贸组织历经了15年的漫漫征程，而且中国还付出了正常世贸组织成员不应承受的"非市场经济国家"和遭受"特保条款"不公正待遇的代价。

这一阶段虽然仍是美国主动发起政治色彩浓烈的贸易摩擦，但随着中国经济实力的增强以及中美两国经济相互依赖程度的增强，中国在中美贸易摩擦中主动反击和自我保护的意识和能力日益提高。

(3) 宏观贸易摩擦阶段 (2002 年至今)

这一阶段，随着中国入世谈判的结束，中美贸易摩擦从微观层面和带有明显政治化色彩的层面逐渐转为因中美贸易不平衡及由此所引起的人民币汇率问题和中国市场经济体制问题为主要内容的宏观贸易摩擦。由于中美贸易额的迅猛攀升以及美国在中美贸易中的贸易逆差不断扩大，表现出美国对中国的贸易逆差在美国总的贸易逆差中的比重不断提高。由此，中美贸易不平衡引起了美国国内的普遍关注，并成为美国国会和利益集团为寻求政治和自身经济利益而鼓动对中国实施贸易保护政策的借口。这一时期，美国对中国发起反倾销的频度空前提高，"特保措施"也频频使用，截至 2004 年底，美国共对中国发起反倾销和保障措施调查案件达 128 次。另外，上自美国总统、下至普通利益集团频频在中国的知识产权保护问题上、人民币汇率问题上、维持对中国"非市场经济国家"定位的问题上向中国施压。

种种迹象表明，在中国后 WTO 过渡期，中美贸易摩擦的热点仍将集中在纺织品进口设限、人民币汇率、知识产权、入世后过渡期履行承诺、市场经济地位等焦点问题上。另外，在中国成为世贸组织成员后，技术性贸易壁垒也正逐渐成为美国实施贸易保护主义的重要手段。

8.3.3　中美贸易不平衡问题

中美贸易不平衡主要是两国比较优势差异决定的国际分工地位不同所致。中国的比较优势是丰富的劳动力，比较优势产品是劳动相对密集产品，而美国的优势在于科研能力、技术及人力资本，所以其比较优势产品是技术和人力资本密集型产品。从贸易的产品结构上看，中美贸易顺差最大的产品正是体现中国劳动力成本优势的普通机械电器、家具玩具、鞋帽和纺织服装，2004 年这四类产品贸易顺差为 522 亿美元，占当年中美贸易顺差的 89.2%。

中美双方贸易量最大同时也是贸易差额最大的是机械电器产品。在这类商品中，尤其是技术含量相对高的商品，应该是美国的优势产品，如果完全按照比较优势分工生产最终产品，美国在这类产品的贸易上应该是顺差。现实正好相反的原因可能有两个方面，一个是国际投资的影响，美国将生产点转移到海外减少了美国本土的出口，中国正好作为投资的东道国，进口半成品后经过劳动密集型的加工环节，又出口到了美国；另一个方面是，美国对华技术出口实行了严格控制，导致中国从美国进口的高技术品规模有限。比如 2003 年中国向美出口的普通机电产品以及由外商投资、在中国加工组装的高技术机电产品高达 394 亿美元，美国对中国出口仅 114 亿美元。结果，在这个美国拥有优势的产品项目下竟出现了 280 亿美元的贸易逆差。

美方认为两国贸易不平衡的原因有这样几方面：美国产品遭遇中国贸易壁垒、受中国市场准入的障碍；中国的政策缺乏透明度以及不能完全执行两国间签署的协议；中国不重视人权、劳工权和环保并且拒绝遵守这些领域的国际标准，从而获得不公平的对美国贸易优势；中国有意压低工人工资，压低人民币汇率，以促进出口。这几个方面归结为一点，就是中国市场开放不够。而中方否认中国开放度不够的问题，指出中国对美贸易顺差的原因除了中国的廉价劳动力优势使得出口规模扩张较快之外，美国方面对中国高技术产品出口限制以及美国储蓄率过低导致总需求过高也是重要原因。另外，中方还强调，中国对美国大量贸易顺差与两国统计口径的差异、东亚地区对美贸易顺差转移中国以及美国在华投资的贸易效应有关。

（1）统计口径与中美贸易差额

长期以来，中美两国在贸易统计数据上一直存在着差异，突出表现为美国统计的来自中国的贸易逆差要远远大于中国统计的对美国的贸易顺差，这一差额不仅由来已久，且呈现不断扩大的态势。如表 8.3，1993 年，中方统计的对美贸易顺差是 62.7 亿美元，而美方统计的对华贸易逆差为227.7 亿美元，双方统计的差额相差 165 亿美元。而且这种差异值有逐年上升的趋势。

表 8.3	中美双方关于中美贸易差额的统计						单位：亿美元
	中方统计			美方统计			差额的差异值
	自美进口	对美出口	差额	自华进口	对华出口	差额	
1989	78.6	43.9	-34.7	119.9	57.6	-62.3	97.1
1990	65.9	51.8	-14.1	152.4	48.1	-104.3	118.4

续表

	中方统计			美方统计			差额的差异值
	自美进口	对美出口	差额	自华进口	对华出口	差额	
1991	80.1	61.6	-18.5	189.7	62.8	-126.9	145.4
1992	89.0	85.9	-3.1	257.3	74.2	-183.1	186.2
1993	106.9	169.6	62.8	315.4	87.6	-227.8	165.0
1994	138.9	214.6	75.7	387.9	92.8	-295.1	219.4
1995	161.2	247.1	85.9	455.4	117.5	-337.9	252.0
1996	161.5	266.8	105.3	515.1	119.9	-395.2	289.9
1997	163.0	327.2	164.1	625.6	128.6	-497.0	332.8
1998	169.6	379.8	210.1	711.7	142.4	-569.3	359.1
1999	194.8	419.5	224.7	817.9	131.1	-686.8	462.1
2000	223.6	521.0	297.4	1000.2	161.9	-838.3	541.0
2001	262.0	542.8	280.8	1022.8	191.8	-831.0	550.2
2002	272.4	699.5	427.1	1251.9	221.3	-1030.6	603.6
2003	338.7	924.7	586.0	1524.4	283.7	-1240.7	654.7
2004	446.6	1249.4	802.9	1966.8	344.3	-1622.5	819.7
2005	486.2	2115.1	1628.9	2434.7	411.9	-2022.8	393.9
2006	592.1	2034.5	1442.4	2877.7	536.7	-2341.0	898.6
2007	693.9	2326.8	1632.9	3214.4	629.4	-2585.1	982.2
2008	814.4	2523.0	1708.6	3357.7	697.3	-2660.4	951.8
2009	774.6	2208.0	1433.7	2964.0	695.8	-2268.3	834.5

资料来源：美国统计局和中国商务部数据。

　　由于中美货物贸易统计差异数额巨大且连年增多，引起了社会各界的广泛关注，也影响了双方对贸易不平衡问题的认识。为了平衡认识，2004年第15届中美商贸联委会决定成立统计小组，联合研究双边贸易统计差异问题。经双方成员共同努力，2009年10月在第20届中美商贸联委会上，中国商务部与美国商务部、美国贸易谈判办公室联合签署了《中美货物贸易统计差异研究报告》，并于2010年3月分别在两国商务部网站上发布报告全文。

统计小组按"东向贸易"和"西向贸易"对双方数据分组进行比对。东向贸易指中国对美出口、美国自华进口；西向贸易指美国对华出口、中国自美进口。研究发现西向贸易统计的差异不大，2006 年仅为 40 亿美元，双方认识较为一致；同年东向贸易差异高达 843 亿美元，用一般统计因素很难解释。统计小组运用转口及转口增值、大宗商品跟单比对等方法，重点对东向贸易差异进行技术分析，得出如下结论。

第一，货物经第三地转运导致了统计差异，香港是重要中转地。中国对美出口的货物中，一部分先被运至香港、韩国、墨西哥等地，再被转运至美国，这种运输方式会使双边统计产生差异。主要原因：一是当货物经第三地转口时，往往被重新包装、简单加工或直接加价，进而产生增值；二是部分货物在中国报关时被报作对中转地的出口，但最后被转运至美国，美国按原产地规则记为自华进口。2006 年，以上两种情形导致的差异达 441 亿美元，占东向贸易差异的 52%。

第二，直接贸易差异日益显著，双方报价不同是重要原因。随着中美贸易的快速发展，直接贸易（即货物在两国之间直接运输）成为双边贸易的主要方式，其中产生的统计差异也日益显著，2006 年为 402 亿美元，占总体差异的 48%。这主要是因为中国对美出口货值的 60% 为加工贸易商品，中国加工企业通常只负责接单生产，不掌控设计、销售等环节，中方出口报关价格因此会低于美方加价后的进口报关价格，进而导致美方进口额大于中方出口额。

第三，对可识别因素进行量化调整后，美方自华进口规模及双方统计差异缩减。2006 年，中方统计出口从 2035 亿美元调为 2005 亿美元，减小 2%；美方统计进口从 2878 亿美元调为 2247 亿美元，减小 22%；双方统计差异相应由 843 亿美元调为 242 亿美元。

（2）国际投资与中美贸易差额

经济全球化背景下产生的国际产业转移，使公司内贸易和产品内贸易迅速增加。国际间的产业转移可能引发贸易逆差的转移。根据原产地规则统计出的逆差，无法反映贸易与投资紧密关联的现实。因此，分析中美贸易逆差问题还需要从国际投资对贸易的影响这一视角进行深入讨论。

如第 4 章所述，经济全球化促进了国际直接投资。跨国公司全球化生产经营，使得海外子公司的当地销售不断扩张，甚至远远大于世界出口额。据联合国贸发会议统计，跨国公司海外子公司的销售由 1982 年的 2.5 万亿美元增长到 2001 年的 18.5 万亿美元，增长了 6.5 倍，年均增长率 11.2%。2001～2005 年间，跨国公司海外子公司销售的平均增长速度是 18.1%，高于世界出口的增速 14.8%[①]。

由于大量的直接投资流入和流出，美国跨国公司的海外子公司在东道国有大量销售的同时，外国跨国公司在美国也有大量销售。这些销售在进出口统计中均无体现，因而单纯根据原产地规则统计出的美国贸易逆差，并不能衡量美国全球销售的规模和企业竞争力。产业链的内部分工和全球布局的一般模式是美国大公司控制高端生产，如微处理器、应用软件和关键网络设备，而把边缘产品按照比较优势分散到劳工成本低的世界各地制造，然后返销美国，由美国大公司加以组装，销往美国本土和世界各地。汽车、运动鞋、玩具等也具有设计营销在美国、加工制造在国外的类似特点。1988 年美国子公司在海外的生产高达 2.4 万亿美元，美国本土的出口只有 9330 亿美元，不足海外子公司销售额的 40%[②]。也就是说，通过跨国生产，一些原本由美国本土的出口，变成了美国海外子公司在当地的销售及出口，而这些最终产品的中间生产和贸易环节也增加了美国的进口。

如果将美国子公司在海外的净销售算作出口予以扣除，美国的贸易差额将如何呢？比如 1986 年，美国统计的贸易逆差高达 1400 多亿美元，如果在美国的贸易收支统计中加上其海外子公司在当地的净销售额，同时减去子公司与母公司之间的转移支付以避免重复计算，贸易收支将变为 570 亿美元的顺差。这个数据可能更为真实地反映了美国的全球销售情况和企业的竞争力水平。可见，全球化背景下，一国贸易顺逆差的实质已发生改变。

具体到中美贸易也是一样。以 2004 年为例，美国在华投资企业在中国市场销售额 750 亿美元，美资企业还以中国为生产基地对外出口 700 多亿美元。同时中国对美投资很少，在美中资企业销售额也很小。美方统计 2004 年对华逆差为 1619 亿美元，扣除跨国公司在华销售，美国对中国的逆差降到 1000 亿美元以内。而如果按照中国的统计口径的对美顺差 804 亿美元，几乎就不存在所谓的逆差问题了。

另外，从中国的出口结构来看，外资企业出口比重高、加工贸易比重

---

①②　联合国贸发会议：各年度《世界投资报告》。

高、对美贸易顺差主要是加工贸易顺差也表明中国对美大量贸易顺差并非意味着中国产品竞争力提高，进而形成对美国的竞争压力。中国并不掌握核心技术和营销渠道，通过贸易获得的实际利益有限。尤其在一些高科技产品出口中，往往是日本制造最核心的技术部件，韩国、中国台湾负责加工包装，最后把用人工最多的一道程序在中国完成，然后贴上"中国制造"的标签出口美国。

中国加工贸易或外资企业出口所占的比重高达57%，其中1/4是出口美国，占中国出口美国的66%，其中不少是美资企业的出口或为美国企业贴牌加工贸易出口。如表8.4，1993～2007年，中国对美出口额从169.7亿美元增加到3214.4亿美元，平均50%左右都是外资企业贡献的。特别是在出口增长快的机电产品、高技术产品出口中，外资企业比重很高。2004年加工贸易机电产品出口亿美元，同比增长，占加工贸易总出口的比重为74.2%，占机电产品总出口的比重为74.2%；加工贸易高新技术产品出口1479亿美元，同比增长49.4%，占高新技术产品总出口的89.3%。在机电产品中，99.9%的笔记本电脑、99%的彩色视频投影机和微型计算机、98%的等离子彩电、97%的DVD、95%的CPU、96%的船舶、数码相机和手机均以加工贸易方式出口。2004年我国高技术产品出口中，外资企业占87.3%，出口增量中占97%[1]。

表8.4	外企对美出口统计		单位：亿美元
年份	外商投资企业出口美国	中国出口美国	占比（%）
1993	67.35	169.7	40
1994	88.29	214.6	41
1995	111.89	247.1	45
1996	134.99	266.9	51
1997	168.74	327	52
1998	203.32	379.8	54
1999	225.5	419.5	54

① 以上数据来自中国商务部网站。

续表

年份	外商投资企业出口美国	中国出口美国	占比（%）
2000	287.98	521	55
2001	298.76	542.8	55
2002	405	699.4	58
2003	576.69	924.7	62
2004	822.71	1249.5	66
2005	1092.43	2434.62	45
2006	1374.7	2877.73	48
2007	1590.04	3214.43	49
2008		3377.9	

数据来源：中国商务部网站。

与此相关，中国对美的贸易顺差主要来自加工贸易。如表 8.5，1993～2007 年，外资企业对美出口的平均增速高达 25.5%，从 1993 年的 67.4 亿美元提高到 2004 年的 822.7 美元，占我国对美出口的比重也迅速上升。与此同时，外资企业的顺差从 33.15 亿美元提高到 2007 年的 1193.3 亿美元，占我国对美贸易顺差的比重从 52.8% 一度提高到 2004 年的 73.4%。2004 年，加工贸易出口占我国对美出口总额的 67%，加工贸易高新技术产品占对美总出口的比例更是高达 89.7%。加工贸易对美顺差高达 727 亿美元，占对美总顺差的 91%。在这些对美出口中，有相当一部分是美国跨国公司子公司的贸易。

表 8.5	外商投资企业对美顺差情况		单位：亿美元
年份	外商投资企业对美顺差	中国对美顺差	占比（%）
1993	33.15	63	53
1994	46.51	75	62
1995	58.42	86	68
1996	64.07	105	61
1997	92.92	164	57
1998	126.18	210	60
1999	142.4	225	63
2000	188.38	297	63

续表

年份	外商投资企业对美顺差	中国对美顺差	占比（%）
2001	183.07	281	65
2002	273.93	427	64
2003	408.61	586	70
2004	589.44	803	73
2005	833.7	2016.3	41
2006	1044.49	2325.5	45
2007	1193.3	2562.1	47

数据来源：中国商务部网站。

（3）国际产业转移与中美贸易顺差

20 世纪 90 年代后期以来，美国对亚洲主要国家的大部分逆差转变为对中国的逆差，也就是说，中国承接了亚太地区对美国的贸易顺差。Rubin（1997）认为美国对华贸易逆差一直以很快的速度增加，但同一时期美国对亚洲贸易逆差总额大致没有变化，贸易逆差构成之所以向中国倾斜，大体上是因为亚洲其他国家和地区将其生产活动转移到中国的缘故。尹翔硕和王领（2004）运用数据分析了 1993～2002 年中国对东亚贸易、中国对美国贸易以及美国对东亚贸易的变动情况，认为中国对美贸易的顺差虽然不断扩大，却并没有使中国总体贸易顺差增加，美国对中国的贸易逆差额虽然不断增加，但是这一逆差并未使其总的对外贸易逆差显著提高，由此得出中国现在对美国的贸易顺差很大程度上是从东亚其他国家和地区转移过来的结论。由于东亚其他国家和地区不断地把生产转移到中国大陆来，他们对美国的出口也因此转移为中国大陆对美国的出口。由此可得出两个推论：首先，如果没有中国，美国对东亚的贸易逆差可能比现在还要大。这是因为原来在东亚其他国家（地区）生产的产品现在转移到中国，可以更便宜地生产。假定美国的需求总量不变，较低价格的进口使得美国消费者得到了更多的实惠，同时也使美国在得到同样多商品的同时，付出比以前较少的成本，即在进口总量不变的情况下，进口总额降低。其次，由于中国对美的贸易顺差很大程度上是从东亚其他国家和地区转移过来的，因此，只要这种趋势不改变，中美贸易不平衡问题也就不可能完全解决。而这种生产转移的趋势估计是不会改变的，因为这是经济全球化引起的国家间比较优势转变造成的。

美国总统经济报告（2005）对美国对华贸易数据专门做了分析，得出结论，尽管美国扩大了从中国的进口，但这在一定程度上是其减少了从其他太平洋地区市场进口的结果，因为这一地区的企业均已把制造工厂迁移到了中国。例如 2004 年美国对中国的贸易逆差比上年上升了 24%，而同期其对日本的贸易逆差也下降了 12%。Lardy（2006）指出应该用全球化的整体观点来看美中贸易赤字，在大部分的加工业中，一般最后制成品的价值的 60%～70% 都是进口的含量，而电子类产品中进口含量的比例可能高达 90%。所以当中国越来越发挥加工厂的作用，其实是中国越来越成为组装最后一道工序的环节，美国对中国的贸易不平衡会越来越加剧。"中国制造"主要是把来自其他亚洲国家的原料及原部件在中国加工、组装成产品，这实际上是美国对全亚洲贸易逆差的一部分。

具体而言，中国的加工贸易大部分是来自日本、韩国、香港、台湾和东盟等东亚国家和地区。这些国家和地区在中国大陆设立了大量的外资企业，其产品经过加工、组装后依赖原有的销售渠道，主要经香港等地转口到美国、欧洲等传统市场。中国大陆从这些国家和地区进口原辅材料、零配件等，经过加工、组装，而后出口到美国和欧洲的这种贸易流程，导致了中国加工贸易进口原辅材料、零配件与出口市场的分离。由于各国对进口商品的原产地认定以"实质性改变"为原则，加工产品的出口国就从这些国家和地区转移到了中国。

虽然现在中国已经取代日本，成了美国对外贸易最大的逆差国，但由于自 20 世纪 90 年代初以来，美国对日本、韩国、台湾及东盟等东亚国家和地区的贸易逆差在绝对额有所提高的情况下，在其总的对外贸易逆差中所占的比重却不断下降。1993 年美国对东亚的逆差比重高达 92.7%，2005年下降到了 50.8%，降低了 41.9 个百分点。与之相反的是，中国大陆与中国台湾、韩国、日本和东盟的贸易逆差不断上升。

如果把东亚作为一个整体看，美国对东亚的贸易逆差是在相对减少。因此，中国现在对美国的贸易顺差很大程度上是从东亚其他国家和地区转移过来的，由于东亚其他国家和地区不断地把生产转移到中国大陆来，它们对美国的出口也因此转移为中国大陆对美国的出口了。从出口来看，一方面是许多中国现在出口的产品其实是原来在东亚其他国家地区生产和出口的，只是现在转移到中国来了。另一方面，从市场来看，东亚其他国家地区的市场规模总体上比欧美小，而且进入的限制也确实要比欧美严一点，因此大量的中国出口产品就主要销往欧美而不是东亚。

从进口来看，中国之所以大量从东亚进口而不是从美国进口有如下两个原因。第一，美国对向中国的高技术产品出口实行严格的限制，导致相当一部分中国愿意进口的产品无法进口。第二，由于中国需要大量的机器设备和中间投入品进行加工贸易生产，而中国目前总体上还比较落后，进口用于加工贸易的各种投入品在美国和日本都已经很大程度上失去了比较优势，因此中国更多地从韩国、中国台湾和东盟进口。

8.4　中美经济冲突

8.4.1　人民币汇率问题

有观点认为中国对美国不断上升的贸易顺差是由于人民币汇率人为地维持在很低的水平上，导致中国商品在美国市场上形成了非自然的竞争优势所致。这一观点的推论自然是人民币对美元的大幅度升值是中美贸易恢复平衡的根本性前提。因而人民币汇率问题成为中美之间的一个非常大的争端。

2003年9月，美国财政部长约翰·斯诺公开批评中国的人民币与美元挂钩政策，敦促中国在适度放宽资本控制的情况下实行人民币浮动汇率，停止在外汇市场中的政府干预行为。美国国会在关于中国的议案中突出强调了所谓的因人民币价值低估而产生的不公平贸易优势。美国参议院甚至提出所谓惩罚性法案，声称如果中国不改革人民币汇率，将对从中国的进口商品征收的关税。美国"公平货币联盟"声称人民币的价格被低估了，从而使得中国的公司能够以人为的低价向美国出口商品，导致美国就业岗位流失。

不过许多学者认为，对人民币价值低估而导致美国制造业工作岗位流失的指控在很大程度上言过其实。实际上在2001~2003年间，美国制造业工作岗位流失主要反映了美国经济的疲软。此外，美国制造业工作岗位流失集中在美国的出口密集型部门中，而中国在其中只起很小的作用。而且汇率并不是中国出口持续增长的主要原因。中国的出口是在持续发展的基础上对所有主要目的地的快速增长，并不仅限于美元区。

尽管人民币升值不会消除中国与美国的双边贸易顺差，也不会解决美国制造部门所面临的多重竞争力问题。但一些学者分析指出人民币升值可能使美国制造业贸易平衡改善 560 亿美元。具体来说，假定人民币升值 20%，而美国从中国进口和出口的价格弹性系数都是 -1.2（该系数远高于经验估计量），双边商品贸易逆差减少约 200 亿美元，这是对年人民币升值幅度及其贸易影响的极限估计。比 200 亿美元更为重大的影响将取决于所有亚洲国家追随中国进行货币升值。如果中国周边亚洲国家货币加在一起升值 20%，将减少美国与所有亚洲伙伴国包括中国的双边贸易逆差 560 亿美元——这里仍乐观地假定美国进出口的需求弹性系数是 -1.2。

总之，为了缓解人民币汇率的压力，2005 年中国发布了《中国人民银行关于完善人民币汇率形成机制改革的公告》，启动人民币汇率体制改革。主要内容包括：自 2005 年 7 月 21 日起，①开始实行以市场供求为基础、参考一篮子货币进行调节、有管理的浮动汇率制度。人民币汇率不再钉住单一美元，形成更富弹性的人民币汇率机制。中国人民银行负责根据国内外经济金融形势，以市场供求为基础，参考篮子货币汇率变动，对人民币汇率进行管理和调节。②美元对人民币交易价格调整为 1 美元兑 8.11 元人民币，升值幅度约为 2%，人民币兑其他币种币值相应调整。③中国人民银行于每个工作日闭市后公布当日银行间外汇市场美元等交易货币对人民币汇率的收盘价，作为下一个工作日该货币对人民币交易的中间价格。④每日银行间外汇市场美元对人民币的交易价仍在中间价上下千分之三的幅度内浮动，非美元货币对人民币的交易价在人民银行公布的该货币交易中间价上下一定幅度内浮动。⑤汇率浮动区间今后将根据市场发育状况和经济金融形势适时调整。

此后人民币一直处于上升的势头。2006 年人民币升值 3.35%，2007 年和 2008 年升值均接近 6%。截至 2008 年 9 月人民币累计升值 16.14%。数年来，双边贸易差额未见下降。据中方统计，2006~2008 年对美顺差分别为 1442 亿美元、1632 亿美元和 1709 亿美元。美国统计三年对华贸易逆差为 2341 亿美元、2585 亿美元和 2660 亿美元。与日本的经验相似，这三年中美贸易差额的增长势头逐年减弱，三年的增长率分别为 15.7%、10.4% 和 2.9%。美国对华逆差占美国总贸易逆差比重的增势也在放缓。

如果没有世界经济危机的影响，假如人民币持续升值，中美贸易逆差在美国贸易失衡问题中的重要性可能下降，但美国的贸易失衡将依然如故。首先，导致美国贸易逆差的主要因素——美国国内的低储蓄问题，美元作为主要国际储备货币的问题，以及中美之间的美国对中国高技术产品出口限制等问题都没有得到根本解决。其次，中国对美出口主要基于价格优势，而非技术优势，如果人民币升值，中国出口商品的价格上升而竞争力削弱后，这些产品并不会回到美国生产，而是转到成本更低的国家。

8.4.2 中国市场经济地位问题

中国被美国裁定为"非市场经济国家"是中美贸易争端中的一个重要因素。作为专业术语，"非市场经济"是反倾销调查中认定倾销幅度时使用的一个重要概念，"非市场经济"的定性意味着政府的干预严重扭曲了该国的成本和价格，因此，进口国可以使用"替代"国的成本和价格来推测该国如果为市场经济国家时"真正的"成本和价格，并以此为基础计算反倾销的利润差额。"非市场经济"概念在 WTO 的正式文件中是没有的，中国市场经济地位问题只是起因于中美双方在签署中国加入 WTO 的协定时，允许美国在 15 年内仍然可以以非市场经济国家看待中国。即在中美入世协议第 15 条反倾销和补贴方法条款中，明确规定"美国和中国同意美方将来碰到反倾销个案时可以维持美方现时的反倾销方法，即把中国视为非市场经济国家，而毋须遭遇法律挑战。这个条款在中国进入 WTO 之后 15 年内维持有效"。根据 WTO 的非歧视性贸易原则，该条款自动成为中国与其他 WTO 成员的协议条款，因而最后成为中国签署的加入 WTO 议定书的一个条款。议定书的第 15 条"确定补贴和倾销时的价格可比性"规定"如接受调查的生产者不能明确证明生产该同类产品的产业在制造、生产和销售该产品方面具备市场经济条件，则该 WTO 进口成员可使用不依据与中国国内价格或成本进行严格比较的方法"。根据中国加入 WTO 的协议，中国同意 WTO 成员可以在 2016 年 12 月 11 日前继续在针对中国的反倾销案中应用"非市场经济国家"的操作方法。该条款意味着中国 15 年内不自动具有市场经济国家地位。如果要取得市场经济地位，需重新得到进口国的承认。

根据美国立法所规定的"非市场经济"的方法，美国商务部在估计任何特定的非市场经济国家的生产成本时所依据的是"替代国"的价格。印度和新加坡就是在估计中国的生产成本时所使用的"替代国"的例子。从被告国的立场看，"非市场经济"标志的唯一好处是非市场经济国家目前不是反补贴税的主体。

在中国对外贸易额飞速上升的同时，中国企业遭遇反倾销调查的案例几乎在以同样的速度增加。被定为"非市场经济国家"后，发起反倾销调查的一方可以采用与该国经济毫不相关的第三国替代国的市场价格来计算其产品的"正常价值"，而不从这些国家产品的实际成本和价格出发来计算，使这个国家出口产品被误判为倾销，承受高额关税。比如美国经常把劳动力价格几倍于中国的新加坡当作中国商品的市场价格替代国，这样的比较往往让中国出口商品被误判"倾销"，不得不承受高关税。

据中国商务部统计，到 2011 年底为止，全球已有包括俄罗斯、巴西、新西兰、瑞士、澳大利亚、东盟 10 国在内的 81 个国家承认中国市场经济地位，而美国、欧盟及其成员国、日本等仍未予以承认。

8.4.3　中美知识产权问题

自 1991 年以来，中国一直被美国列入侵犯知识产权的黑名单。知识产权在中国加入 WTO 的谈判中居于最突出的位置。

作为对中美知识产权争端的回应，中国政府已经显著加强了与知识产权保护和执法有关的规则。中国在 1989 年 10 月加入了"实施商标注册马德里协定和知识产权海关保护规定的措施"，1996 年 8 月又加入了"确定和保护知名商标的规则"，并且于 2001 年 10 月加入了 WTO 的"与贸易有关的知识产权协议"。为了推动负责实施知识产权保护的 36 个中国政府部门之间的协调，中国在 2003 年秋天创设了由吴仪副总理领导的"领导小组"。

尽管中国在促进知识产权保护方面取得了巨大进步，但美国仍然认为中国是向美国以及世界其他地区出口赝品和冒牌货的主要国家。认为一些中国公司利用它们在技术专长和营销机会上的优势来进行伪造和剽窃活动。美国有影响力的游说团体"国际知识产权协会"估计，在 2003 年中国的盗版导致美国公司损失的销售额为 26 亿美元。美方指责中国知识产权保护上执法不力的部分根源在于虚弱的法律体系，加上各省的腐败和对中国公司的徇私枉法。

美国对中国在知识产权执法上主要有三点不满。首先，美国认为因为中国在知识产权上的罚款仅仅基于销售的冒牌货价值，而不是被仿冒的合法商品价值，并且因为不存在惩罚性的损失赔偿，所以对侵犯知识产权的惩罚可以很轻。美国的媒体报道说，中国对零售冒牌货的罚款低到 6 美元至 25 美元之间。其次，美国认为中国对启动知识产权侵权案的刑事侦查所设置的涉案金额门槛过高，在中国最高人民法院约为 6000 美元。最后，美国认为中国不透明的刑事侦查过程妨碍了刑事执法。在他们看来，中国刑事侦查的时限未定，拖延是常见现象，而地方的徇私枉法和腐败是司空见惯的情况。

美国在知识产权问题上最关心的是版权问题。美国版权业在 2001 年对国内生产总值的贡献约为 5350 亿美元。在 1977～2001 年间，美国版权业的增长速度比美国经济的其他部分的增长快两倍，约为每年 7% 对每年 3%。同一时期，美国核心版权业的就业率每年增长 5%，而整个经济领域里的就业率每年只增长 1.5%。在全球范围内，美国的版权业出口加上国外出售的总额在 2001 年达到 890 亿美元，高于诸如汽车、飞机或农业之类的产业。

由于中国高科技产业的快速发展，美国对中国的科技进步越来越怀有戒心。在这个领域，美国正在通过加强知识产权保护和其他手段加强对中国的戒备。

"337 条款"是美国《1930 年关税法》中为保护知识产权而设立的"行政救济"条款。在美国的历次贸易立法中，该条款不断得到修正和发展。对确定现行"337 条款"的架构和运作程序影响最大的是美国《1988 年综合贸易与竞争法》第 1342 条。

美国《1988 年综合贸易与竞争法》第 1342 条规定，货物所有人、进口人、收货人或其代理人将货物进口至美国或在美国销售时使用不公平竞争方法和不公平行为，其威胁或效果足以摧毁或实质性损害美国国内产业，或阻碍此类产业的建立，或限制、垄断了美国的贸易和商业或者将货物进口至美国、或为进口至美国而销售、或进口美国后销售，而该种货物侵犯了美国已经登记的有效且可执行的专利权、商标权、版权或集成电路芯片布图设计专有权，并且在这四项权利方面已经存在或有尚在建立中的国内产业，则这些不公平做法将被视为非法，美国应采取适当措施予以处理。

"337 条款"所涉及的"美国进口中的不正当贸易"包括两个方面，一是有关知识产权的不公平做法；二是一般不公平贸易做法。"条款"的绝大多数案件其争议都是涉及知识产权或其他与知识产权有关的权益，这使得"条款"在实现保护美国国内产业目的的同时，凸显了其重点旨在加强知识产权保护的功能。

在知识产权方面，如果进口商或承销商将货物进口至美国，为进口而买卖或进口后在美国销售的产品侵犯了美国法律保护的版权、专利权、商标权、集成电路布图设计权和设计方案权，而该产品在美国又有企业在生产制造，或这方面的企业正在筹建中，即构成了触犯"337 条款"的行为。

自 1972 年 4 月 4 日美国发起第一起"337 条款"调查以来，至 2004 年美国共发起 527 起"337 条款"调查。自从 1986 年 12 月，美国对原产于中国、韩国和希腊的皮毛衣产品发起第一起涉及我国产品的"337 条款"调查以来，截至 2004 年 12 月底，美国共对中国发起了 39 起"337 条款"调查，占美国同期同类案件的 13%，绝大部分都采取了最终限制措施。39 起调查中只有 2 起是在 1995 年之前发起的，其余都是在 1995 年以后发起的。1998 年以前，美国"337 条款"调查涉及中国的产品主要是轻工和纺织服装产品，但 1998 年后，主要调查产品为工程机械、化工及医药原材料，被调查产品结构不断升级。

美国对中国发起"337 条款"调查的案件数量呈增长趋势。尤其是中国加入 WTO 以后，中国企业遭受到"337 条款"调查的频率明显升高。2003 年，美国国际贸易委员会全年共发起"337 条款"调查 18 起，其中直接针对中国企业的案件多达 4 起。2004 年更高达 11 起，几十家中国企业被指控侵犯美国企业的知识产权。如 2004 年 4 月 9 日，美国国际贸易委员会依据美国企业的指控决定对中国部分 DVD 机及电脑光碟存储设备芯片展开 337 条款调查。

第 9 章
多边贸易体制中的中国

在对外贸易与经济交往中，各国都希望从国际贸易中得到尽可能多的好处，并尽可能减少风险或损失。因而各国都希望其他国家开放商品和劳务市场，同时保护自己的市场，于是利益冲突和贸易摩擦就不可避免。由于不存在一个超越国家的世界政府，一旦出现贸易纠纷只能通过贸易谈判解决。最初的谈判往往是双边的，后来逐渐出现了多边贸易谈判，如集团内或全球性协议。二战结束以来负责国际多边贸易谈判、推动国际贸易发展的最大国际条约和组织机构是关贸总协定（GATT），1995 年以后，GATT 被世界贸易组织（WTO）取代。中国于 2001 年成为 WTO 的成员国，一方面履行 WTO 义务，另一方面也享受 WTO 框架下的贸易保护。

9.1 关贸总协定与贸易自由化

9.1.1 关贸总协定（GATT）

1946 年 2 月，联合国经济与社会理事会专门成立"国际贸易组织"筹备委员会，于同年 10 月召开会议讨论美国提出的《国际贸易组织宪章》。1947 年 4 月到 10 月，筹委会第二次会议在瑞士日内瓦召开，共有 23 个国家的代表参加了讨论与谈判，最后于 10 月 30 日就具体产品的关税减让达成协议，即"关税与贸易总协定"。1947 年 11 月，在哈瓦那的联合国贸易和就业会议上，审议并通过了《国际贸易组织宪章》，又称《哈瓦那宪章》。与此同时，美国等 8 国签署了执行《关税与贸易总协定》的《临时实用议定书》，决定《关税与贸易总协定》于 1948 年 1 月 1 日正式生效。随后又有 15 个国家签署了议定书，这些国家成为关贸总协定最初的 23 个缔约国。但是美国与其他一些国家并没有在《国际贸易组织宪章》上签字，建立国际贸易组织的初衷流产。尽管没有国际贸易组织，各国依然基于关贸总协定的框架推进关税减让和贸易的发展，于是关贸总协定成为战后国际贸易多边谈判的主要机构，直到 1995 年世界贸易组织成立。

关贸总协定的总部设在日内瓦，最高权力机构是缔约国大会，一般每年召开一次讨论会决定重大事项。日常事务主要由理事会和秘书处负责处理，理事会下设各种专业委员会，领域涉及国际贸易的各个领域，以便于解决具体问题。

关贸总协定并非联合国的一个下属机构，所以并不是所有的联合国会员都是缔约国。关贸总协定的初始缔约国是 23 个，到 1995 年世界贸易组织成立前成员方已经增至 117 个。我国虽然是关贸总协定的初始缔约国，但在中国台湾地区的国民党"政府"退出之后，中国的席位一直没有由中华人民共和国接替。改革开放后，我国政府日益认识到加入关贸总协定的重要性，于 1986 年 7 月 8 日正式提出申请恢复在关贸总协定的缔约国席位。由于美国等一些缔约国的反对，中国申请恢复关贸总协定缔约国席位的谈判失败。

9.1.2　贸易自由化进展

关贸总协定的宗旨是通过降低贸易壁垒、取消歧视性的贸易行为来提高缔约国的生活水平。在此原则指导下，关贸总协定共主持了八轮多边贸易谈判，不断推动自由贸易的发展。八个回合谈判主要信息见表 9.1，其中肯尼迪回合、东京回合和乌拉圭回合最为重要。

表 9.1　　　　　关贸总协定主持下的多边贸易谈判

回合	时间	议题	国家数	关税减让幅度（％）
第一轮	1947 年 4 月 ~ 10 月	关税	23	35
第二轮	1949 年 4 月 ~ 10 月	关税	33	35
第三轮	1950 年 9 月 ~ 1951 年 4 月	关税	39	26
第四轮	1956 年 1 月 ~ 5 月	关税	28	15
第五轮 狄龙回合	1960 年 9 月 ~ 1962 年 7 月	关税	45	20
第六轮 肯尼迪回合	1964 年 5 月 ~ 1967 年 6 月	关税和反倾销措施	54	35

续表

回合	时间	议题	国家数	关税减让幅度（%）
第七轮 东京回合	1973 年 9 月～1979 年 4 月	关税、非关税措施和"框架协议"	102	33
第八轮 乌拉圭回合	1986 年 9 月～1994 年 4 月	关税、非关税措施、规则、服务贸易、知识产权、争端解决、纺织品与服装、农产品、建立 WTO 等	123	40

（1）肯尼迪回合

始于 1964 年的关贸总协定第六轮谈判由当时的美国总统肯尼迪倡议，所以又称"肯尼迪回合"，共有 54 个国家参与此轮谈判，历时三年多，在以下几方面取得了进展。

第一，提出了全面降低关税的要求。通过了线性降税协议，决定从 1968 年 1 月 1 日起，每年降低 1/5，五年减让工业制成品关税的 35%。该协议包括商品 6 万多种，涉及 400 亿美元的商品贸易额。

第二，首次包括了非关税壁垒的内容。针对越来越严重的倾销行为和纠纷制定了第一个反倾销协议，规定了倾销的定义，允许缔约国对倾销的产品征收数量不超过该产品倾销差额的反倾销税。

第三，增加了贸易与发展的部分。随着越来越多的发展中国家加入总协定，关贸总协定在推动贸易自由化的过程中开始考虑发展中国家的特殊情况，提出了针对这些国家利益的特殊措施，如为发展中国家长期依赖的某些初级产品出口提供进入的有利条件。

第四，首开允许"中央计划经济国家"加入关贸总协定的先例。当时的波兰在经过七年多的申请后于 1966 年 12 月被接纳为关贸总协定正式成员。波兰为此必须承担每年从全体缔约国增加进口不低于 7% 的义务，各缔约国则逐步取消了对波兰的歧视性禁运和数量限制。

（2）东京回合

1973 年，各缔约国在东京召开部长级会议，通过《东京宣言》，宣布第七轮多边贸易谈判开始。第七轮谈判在日内瓦举行，因为由时任美国总统尼克松倡议，被称为"尼克松回合"，尼克松总统因"水门事件"下台后改称"东京回合"。包括 29 个非缔约国在内，谈判共有 102 个国家和地区参加，历时五年多，较之肯尼迪回合又取得一些新进展。

第一，在减少非关税壁垒方面取得进一步的成果。除了修改反倾销协议外，还在削减其他非关税壁垒措施方面达成了九项协议，如进口许可证手续、贸易技术壁垒和政府采购补贴等协议。

第二，关税进一步下降。协议规定从 1980 年 1 月 1 日起八年内全部商品的关税下降 33%，其中美国关税下降 31%，欧洲共同市场下降 27%，日本下降 28%。但是纺织品、鞋类、家用电器、钢铁以及其他对发展中国家比较敏感的产品没有包括在内，农产品的贸易保护虽然已经引起重视但是没有谈判结果。

（3）乌拉圭回合

关贸总协定前七轮谈判虽然都取得了一定进展，但是依然有一些问题一直得不到解决，加之新问题不断出现，使得推动贸易自由化的贸易谈判依然任重道远。这些问题包括：各种形式的非贸易壁垒不断涌现；劳动和服务贸易中的贸易保护一直没有解决；农产品贸易保护也没有得到解决；非市场经济国家的贸易问题；欧洲、北美等区域性贸易集团出现。

1986 年 9 月在乌拉圭开始的第八轮多边贸易谈判有 15 个议题，其中14 个有关商品贸易，另一个有关服务贸易。这一轮谈判共有 123 个国家和地区参加，原定 1990 年结束，但谈判相当艰难曲折，直到 1994 年才结束，历时七年多。

乌拉圭回合谈判异常艰难的原因之一在于规模庞大。因为参加的国家多，涉及的利益方向必然就多，要想达成各家都满意的结果当然不容易。而且议题多、范围广加大了达成共识的难度。原因之二是此轮谈判涉及一些特别棘手的问题，首先是农产品保护的问题，涉及发达国家之间的利益冲突。虽然欧美都实行农产品的贸易保护，但美国相对欧洲来说有一定的比较优势，所以愿意取消农产品保护，同时要求当时的欧共体削减农业补贴的 90%。而欧共体考虑共同体内农民的利益坚决反对，导致农产品谈判几陷僵局。其次是纺织品和服装贸易问题，牵涉到发展中国家和发达国家之间的利益冲突。作为纺织品的重要出口国，发展中国家要求取消可以对纺织品实行配额等保护措施的规定，将纺织品贸易纳入关贸总协定的贸易规则。而发达国家则要求把纺织品贸易同服务贸易的市场准入和知识产权等联系起来谈，企图为纺织品的自由贸易设置障碍。最后，服务贸易的市场准入和知识产权保护的谈判也很棘手。美国在其中的利益最大，在这一议题中提出的条件也最高。而大多数发展中国家不愿意轻易让步，因为过高的条件不利于其工业发展。

旷日持久的乌拉圭回合谈判最终还是取得了很多重要成果，对贸易自由化进程起到了非常重要的推动作用。主要成果包括：

第一，进一步削减关税。经过这一回合，关贸总协定中的发达国家工业品加权平均关税率从 6.3% 降低到 3.8%，发展中国家工业品加权平均关税率从 20.5% 降低到 14.4%。

第二，在降低非关税壁垒、限制不公平竞争和进一步促进货物贸易发展方面达成了一系列协议，制定了一些新规则。如补充修订后的货物贸易总协定——《关税与贸易总协定1994》，两项具体的部门协议——《农业协议》和《纺织品协议》，七项有关非关税壁垒和影响贸易发展的一些具体问题的协议——《技术性贸易壁垒协议》、《海关估价协议》、《装船前检验协议》、《原产地规则协议》、《进口许可程序协议》、《实施动植物卫生检疫措施的协议》、《与贸易有关的投资措施协议》，以及三项维护公平竞争的协议——《反倾销措施协议》、《补贴与反补贴措施协议》和《保障措施协议》。

第三，首次签订了《服务贸易总协定》，强调了服务贸易的非歧视性、透明度和市场准入等原则，同时承认发达国家和发展中国家在服务业发展上的差距，允许发展中国家在开放服务业贸易市场方面有更大的灵活性。

第四，首次将知识产权保护纳入多边贸易谈判并达成共识，签署《与贸易有关的知识产权协议》。协议明确了国际法律对知识产权保护的目标、范围、措施和处置，为保护知识产权、反对不公平竞争和维护正常贸易秩序制定了规则，并对发展中国家作出了特殊的过渡期安排。

第五，建立了世界贸易组织。由于乌拉圭回合的议题尤其是服务贸易和知识产权保护已经远远超出了负责货物贸易谈判的"关贸总协定"的职能范围，所以有必要建立功能更广泛、更具权威性的国际贸易组织。1990年，欧共体首先提出倡议，得到了其他国家的支持。1994 年 4 月 15 日，在摩洛哥马拉喀什通过了《建立世界贸易组织马拉喀什协议》，正式决定成立世界贸易组织。

9.2　世界贸易组织及其规则

世界贸易组织（World Trade Organization，WTO）成立于 1995 年 1 月 1 日，总部设在日内瓦，有成员 140 多个，是世界上最大的多边贸易组织，成员的贸易量占世界贸易的 95% 以上。世界贸易组织与世界银行、国际货币基金组织被并称为当今世界经济体制的"三大支柱"。

9.2.1　世界贸易组织的基本性质

WTO 是具有法人地位的国际组织，与其前身关贸总协定相比，在调解成员国争端方面具有更高的权威性和有效性。WTO 的最高决策权力机构是部长大会，至少每两年召开一次会议，可对多边贸易协议的所有事务作出决定。部长大会下设总理事会和秘书处，负责 WTO 日常会议和工作。总理事会设有货物贸易、服务贸易、知识产权三个理事会和贸易与发展、国际收支、行政预算三个委员会。秘书处设总干事一人。

WTO 的基本职能体现在三个方面：制订和规范国际多边贸易规则；组织多边贸易谈判；解决成员之间的贸易争端。

WTO 的宗旨是提高生活水平，保证充分就业，大幅度和稳定地增加实际收入和有效需求，扩大货物和服务的生产与贸易，按照可持续发展的目的，最优运用世界资源，保护环境，并以不同经济发展水平下各自需要的方式，加强采取各种相应的措施；积极努力，确保发展中国家，尤其是最不发达国家在国际贸易增长中获得与其经济发展需要相称的份额。

WTO 的具体目标是建立一个完整的、更具活力和永久性的多边贸易体制，以巩固原来的关贸总协定为贸易自由化所作的努力和乌拉圭回合多边贸易谈判的所有成果。为实现这些目标，各成员应通过互惠互利的安排，切实降低关税和其他贸易壁垒，在国际贸易中消除歧视性待遇。

9.2.2 世界贸易组织的规则与协议

在货物贸易方面，WTO 的主要规则是关于关税和非关税措施的规则。WTO 就降低关税和承诺不同产品的关税上限制定了规则。非关税措施不允许普遍使用。例如，WTO 成员一般不得禁止或限制货物的进口或出口。实施此类非关税措施有明确的前提条件，而且只能通过规定的程序加以实施。WTO 规定了这些条件和程序。例如，一成员可以提高产品的关税或实行数量限制，保护其国内产业免受进口激增的冲击。若遇到国际收支困难，也可以采取措施减少进口。同时，在有关协议中对采取上述行动的条件和程序作出了详细的规定。为确保竞争机会的连续性，WTO 反对不公平的贸易做法，并提供了保护公平贸易的措施。例如，若某成员对其出口或生产进行补贴，或某公司通过不合理地降低产品价格进行倾销，则受到不利影响的成员可以采取措施，抵消这些不公平贸易做法所带来的影响。

在国际贸易中，有时存在变相的贸易壁垒，比如对产品的质量或性能规定不必要的高标准，或者高估进口产品价值以征收不合理的高额关税，或用其他手段削弱进口产品的竞争能力。WTO 对于这些行为都规定了明确的防范措施。WTO 协议还制定了规范服务贸易的基本规则和规范知识产权保护的基本规则。

同时，所有这些领域都已通过保障、争端解决与贸易政策审议机制而被统一在一个共同的实施框架内，以保证各成员方的权利得到保护，其义务得到履行。上述的基本原则和主要规则在《1994 年关税与贸易总协定》和其他 WTO 的协议中都有详细的规定。世界贸易组织的有关协议如下。

（1）关于货物贸易的多边协议

《1994 年关税与贸易总协定》是有关关税与非关税壁垒减让的总协定。其他有关货物贸易其他领域的协议是世界贸易组织货物贸易理事会管辖的下列 12 个领域的协议：《农业协议》，《实施动植物卫生检疫措施的协议》，《纺织品与服装协议》，《技术性贸易壁垒协议》，《与贸易有关的投资措施协议》，《关于实施 1994 年关税与贸易总协定第 6 条的协议》（即《反倾销措施协议》），《关于实施 1994 年关税与贸易总协定第 7 条的协议》（即《海关估价协议》），《装船前检验协议》，《原产地规则协议》，《进口许可程序协议》,《补贴与反补贴措施协议》,《保障措施协议》。

从 1974 年起至乌拉圭回合结束,纺织品贸易一直由《多种纤维协定》管辖,据此确定的配额,允许一国在国内产业因进口快速增长而面临严重损害时限制纺织品的进口。配额是最显著的特点,但与 GATT 最惠国待遇原则是有冲突的。自 1995 年起,WTO《纺织品与服装协议》取代《多种纤维协定》,协议规定到 2005 年纺织品配额将全部取消,同时该协议本身也将不复存在,它是 WTO 协议中唯一规定了自行废止内容的协议。

另外《技术性贸易壁垒协议》、《进口许可程序协议》、《海关估价协议》、《装运前检验协议》、《原产地规则协议》、《与贸易有关的投资措施协议》(TRIMS)是 WTO 中专门针对除关税措施之外的可能对贸易造成障碍的技术、管理和法律方面的协议。

(2)《服务贸易总协定》

由于经济发展的推动,美国早在东京回合期间就在积极推动服务贸易谈判,在 1982 年的 GATT 部长级会议上,美国提出在 GATT 内制定一个工作方案,为在服务领域进行多边谈判作技术准备,但由于发展中国家和某些发达国家的反对,最后只通过了一个折中方案,鼓励对服务贸易有兴趣的缔约方就这一问题进行研究并交换信息,将结果提交 1984 年 GATT 缔约方大会审议。在 1984 年的大会上成立了专门工作组,埃斯特角部长级会议筹委会也将这一问题纳入讨论范围。1986 年,埃斯特角部长级会议决定将服务贸易与货物贸易分开谈判,平行进行,并考虑了发达缔约方和发展中缔约方的立场。

乌拉圭回合就服务贸易成立了专门谈判组,经过一系列的详细讨论和讨价还价,终于在 1993 年 12 月 15 日通过了最后文件草案,其中包括《服务贸易总协定》。1994 年 4 月 15 日签署的《乌拉圭回合最后文件》中,《服务贸易总协定》作为一项重要的谈判成果,被正式纳入了多边贸易体制的管辖范围。

(3)《与贸易有关的知识产权协定》

协议覆盖的知识产权类型包括:版权及相关权利;商标,包括服务商标;地理标识;工业设计;专利;集成电路外观设计;未公开信息,包括商业秘密。协议中的主要议题包括:如何运用贸易体制及其他国际知识产权协定的基本原则；如何给予知识产权充分的保护；各国如何在其领土内充分实施这些权利；WTO 成员之间如何解决有关知识产权的争端；在引入新体制期间的特殊过渡性安排。发达国家的过渡期为 1 年，发展中国家 5 年，最不发达国家 11 年；协定中规定的义务适用于过渡期结束时存在的知识产权，也适用于新的知识产权。

（4）《关于争端解决规则与程序的谅解》

规范成员国之间争端解决机制，以便更有效地处理成员之间的贸易纠纷和摩擦、维护它们之间的权利与义务，督促各成员更好地履行各项协议的义务及其所作的承诺。

（5）诸边协议

1995 年 WTO 成立时，几乎所有东京回合协议都成了多边义务，只有 4 个协议由于签署国很少，被称为诸边协议，即《民用航空器协议》、《政府采购协议》、《国际奶制品协议》和《国际牛肉协议》。《国际奶制品协议》和《国际牛肉协议》于 1997 年底废止。《民用航空器协议》于 1980 年 1 月 1 日生效，规定取消除军用航空器外的所有民用航空器的进口关税以及协议覆盖的其他所有产品的关税，包括发动机及其零部件、飞行模拟器及其零部件等。还包括对政府指导下的民用航空器采购和采购动机的纪律，以及政府对民用航空器部门提供财政支持的纪律。《政府采购协议》的目的是尽可能将政府采购业务向国际竞争开放，使有关政府采购的法律、法规、程序和做法更加透明。共有 27 个签署方，乌拉圭回合后，协议覆盖面扩大了 10 倍，将国际竞争扩大到中央政府实体和地方政府实体，扩大到服务贸易、地方政府以及公用事业的采购。1996 年 1 月 1 日生效。

9.2.3　世界贸易组织的基本原则

WTO 作为世界上最大的多边贸易组织，其运作以成员经济体之间达成的一系列有关贸易协议为基本原则。1995 年 1 月 1 日正式生效的《建立世界贸易组织协议》及其若干附件是 WTO 各成员在制定国际贸易领域中有关货物贸易、服务贸易和知识产权的政策和做法时所必须遵循的一整套规则。

WTO 的主要目标是为各成员之间的贸易提供充分的竞争机会，并为此规定了两条基本原则，即最惠国待遇原则（简称 MFN）和国民待遇原则

（National Treatment）。最惠国待遇保证各成员享有平等的竞争机会，而国民待遇则保证出口国的产品和进口国的产品享有平等竞争的机会。WTO 有关条款规定，各成员间要对等地开放本国市场；各成员发展对外贸易不应采取不公正的贸易手段进行竞争，特别是不能以倾销和补贴的方式销售本国产品；各成员的贸易政策法规要有透明度。这些就形成了 WTO 的市场开放、公平竞争和透明度原则。

（1）无歧视原则

无歧视原则包括最惠国待遇原则和国民待遇原则，是 WTO 最基本原则。

最惠国待遇是国际经济贸易关系中常用的一项制度，指的是缔约国双方在通商、航海、关税、公民法律地位等方面相互给予的不低于现时或将来给予任何第三国的优惠、特权或豁免待遇。条约中规定这种待遇的条文称"最惠国条款"。最惠国待遇可分为无条件最惠国待遇和有条件最惠国待遇两种。前者指缔约国的一方现在或将来给予第三国的一切优惠，应无条件地、无补偿地、自动地适用于缔约国的另一方。后者指缔约国的一方现在或将来给予第三国的优惠，缔约国的另一方必须提供同样的补偿，才能享受。

最惠国待遇范围广泛，其中主要的是进出口商品的关税待遇。在贸易协定中一般包括以下内容：①有关进口、出口或者过境商品的关税和其他捐税；②在商品进口、出口、过境、存仓和换船方面的有关海关规定、手续和费用；③进出口许可证的发给。在通商航海条约中，最惠国待遇条款适用的范围还要大些，把缔约国一方的船舶和船上货物驶入、驶出及停泊时的各种税收、费用和手续等也包括在内。

在特殊条件下，最惠国待遇源于自由贸易原则，即各国在世界市场上享有平等的、不受歧视的贸易机会。是用来作为对付重商主义保护关税政策的一种手段。到自由资本主义时期，为各资本主义国家普遍采用。后来帝国主义国家往往利用他们签订的最惠国条款，在殖民地、附属国中享受各种特殊优惠，而后者则由于所处的从属地位，实际上难以享受到相应的优惠。二战后，许多发展中国家为了改变这种不合理状况，要求发达国家对所有发展中国家的出口商品实行单方面的、普遍的关税减免，即实行关税普遍优惠制。

国民待遇原则是最惠国待遇原则的有益补充。在实现所有世贸组织成员平等待遇基础上，世贸组织成员的商品或服务进入另一成员领土后，也应该享受与该国的商品或服务相同的待遇。这正是世贸组织非歧视贸易原则的另一体现——国民待遇原则，严格讲应是外国商品或服务与进口国国内商品或服务处于平等待遇的原则。

《1994 年关税与贸易总协定》国民待遇原则主要规定有：一个成员领土的产品输入到另一成员时，另一成员不能以任何直接或间接的方式对进口产品征收高于对本国相同产品所征收的国内税或其他费用；给予进口产品的有关国内销售、分销、购买、运输、分配或使用的法令、规章和条例等的待遇，不能低于给予国内相同产品的待遇。据此，如果没有对国内产品在上述方面做出任何规定，则不能规定进口产品必须满足某些方面的要求；任何成员不能以直接或间接方法对产品的混合、加工或使用有特定数量或比例的国内数量限制，或强制规定优先使用国内产品。成员不得用国内税、其他国内费用或定量规定等方式，从某种意义上为国内工业提供保护。

值得指出的是，《1994 年关贸总协定》规定对产品的混合、加工或使用须符合特定数量或比例要求的国内数量限制条款，在实施时应遵守最惠国待遇原则。此外，在《服务贸易总协定》、《与贸易有关的知识产权领域》以及其他相关协议中，国民待遇原则都有较详细的规定得以体现。

（2）贸易自由化原则

为了维护一个更自由的贸易环境，通过多边谈判，开放市场，为货物和服务在国际间的流动提供便利。贸易自由化原则有五个要点：以共同规则为基础，有规则地实行贸易自由化；以多边谈判为手段，根据各成员方在谈判中做出的承诺，逐步推进贸易自由化；以争端解决为保障，该机制具有强制性；以贸易救济措施为"安全阀"，成员方可援引有关例外条款或采取保障措施等消除或减轻贸易自由化带来的负面影响；以过渡期的方式体现差别待遇，通常允许发展中成员履行义务有更长的过渡期。

（3）公平竞争原则

公平竞争原则包含三个要点：首先，体现在货物贸易、服务贸易和与贸易有关的知识产权三个领域；其次，涉及成员方的政府行为及企业行为；最后，要求维护产品、服务或服务提供者在本国市场的公平竞争，不论他们来自本国或其他任何成员方。

WTO 的前述原则都是维护公平竞争的手段，并且在三个领域内都适用。最惠国待遇原则旨在保证来自不同国家的产品、服务的公平竞争，国民待遇原则是为了使外国产品或服务与本国产品或服务处于平等竞争的地位。在货物领域，其他具体协议，如《反倾销措施协议》、《补贴与反补贴措施协议》、《保障措施协议》、《农业协议》等都体现了公平竞争的原则。

知识产权领域的公平竞争原则主要体现在对知识产权的有效保护和反不正当竞争上。关于有效保护知识产权，前面提到了国民待遇优于最惠国待遇、要求同等保护来自本国和外国的知识产权等。关于反不正当竞争，由于一些限制竞争的知识产权许可活动或条件，妨碍技术的转让和传播，并对贸易产生不利影响，《TRIPs》协议专门对知识产权许可协议中限制竞争的行为做出了规定，允许成员采取适当措施防止或限制排他性返授条件、强制性一揽子许可等商业做法。

（4）透明度原则

透明度原则指世贸组织成员需要公布有效实施的、现行的贸易政策法规。包括：海关法规：海关对产品的分类、估价方法的规则，海关对进出口货物征收的关税税率和其他费用；进出口管理的有关法规和行政规章制度；有关进出口商品征收的国内税、法规和规章；进出口商品检验、检疫的有关法规和规章；有关进出口货物及其支付方面的外汇管理和对外汇管理的一般法规和规章；利用外资的立法及规章制度；有关知识产权保护的法规和规章；有关出口加工区、自由贸易区、边境贸易区、经济特区的法规和规章；有关服务贸易的法规和规章；有关仲裁的裁决规定；成员方政府及其机构所签订的有关影响贸易政策的现行双边或多边协定、协议；其他有关影响贸易行为的国内立法或行政规章。

透明度原则规定各成员方应公正、合理、统一地实施上述的有关法规、条例、判决和决定。统一性要求在成员领土范围内管理贸易的有关法规不应有差别待遇，即中央政府统一颁布有关政策法规，地方政府颁布的有关上述事项的法规不应与中央政府有任何抵触。但是，中央政府授权的特别行政区、地方政府除外。公正性和合理性要求成员对法规的实施履行非歧视原则。

透明度原则还规定，鉴于对海关行政行为进行检查和纠正的必要，要求各成员应保留或尽快建立司法的或仲裁的或行政的机构和程序。这类法庭或程序独立于负责行政实施的机构之外。除进口商在规定允许的上诉期内可向上级法庭或机构申诉外，其裁决一律由这些机构加以执行。

（5）鼓励发展和经济改革原则

WTO 贸易体系虽然有助于发展，但对发展中国家来说，执行协定还需要时间上的灵活性，并且 WTO 协定本身也承袭了以前 GATT 的规定，给予发展中国家特别援助和一些贸易特许。

3/4 以上的 WTO 成员国都是发展中国家或是经济转型国家。在 7 年半的乌拉圭回合谈判中，60 多个上述类型国家实施了贸易自由化改革。一些国家是把实行贸易自由化改革作为其入关谈判工作的一部分，另一些国家则是主动进行改革。同时，发展中国家及经济转型国家在谈判中发挥了比以往任何一轮谈判都重要的作用。

乌拉圭回合的谈判结果表明发展中国家准备承担大部分与发达国家同样的义务。但是，为使其适应更陌生或者更困难的贸易组织条款，发展中国家特别是最不发达国家仍被允许有一段过渡期。另外，关于帮助"最不发达国家"的部长决议同意这些国家在实行 WTO 协定时拥有"特别的弹性"，并呼吁加快实施对这些国家出口商品的市场准入承诺以及努力增加对它们的技术援助。

9.2.4 世界贸易组织的最高决策机构

世界贸易组织由部长会议、总理事会和总干事负责管理。部长会议是最高权力机关，由所有成员方的代表参加。总理事会执行部长会议政策决议，下设争端解决机构、贸易政策机制评审机构和理事会等附属机构。秘书处为世贸组织的日常办事机构。它由部长会议任命的总干事领导。秘书处设在日内瓦，拥有 500 多名工作人员。

部长级会议是世贸组织的最高决策机构。世贸组织的成立宪章《马拉喀什建立世界贸易组织协定》规定至少每两年召开一次部长级会议，讨论和决定涉及世贸组织职能的所有重要问题，并采取行动。

1996 年 12 月 9 日至 13 日，WTO 首届部长级会议在新加坡召开。会议成立 3 个工作组（贸易与投资、贸易与竞争政策、政府采购透明度），发表了针对信息技术产品贸易自由化的"新加坡部长宣言"。WTO 于 1998 年 5 月 18～20 日在日内瓦举行第二次部长级会议和多边贸易体制 50 周年大庆，会议主要围绕乌拉圭回合各项协议的执行情况、下届部长会议议程以及发动新一轮多边贸易谈判的准备工作等展开讨论。本届部长会议通过的《部长宣言》除总结多边贸易体制在过去半个世纪中所发挥的作用之外，还就新一轮多边贸易谈判的有关事宜作出安排，欢迎申请加入方尽早加入 WTO。会议决定在 1999 年底在美国召开第三届部长级会议，选举美国贸易代表巴舍夫斯基为下届会议主席。《部长宣言》强调指出，解决 1997 年发生的亚洲金融危机等问题的关键是按照 WTO 的章程实施贸易自由化，坚决反对贸易保护主义的倾向。在这次会议上，还产生了一个具体协议——所有 WTO 成员都对因特网上的电子商务免税至少一年。

1999 年 11 月 30 日至 12 月 3 日，在美国西雅图举行了 WTO 第三届部长级会议。根据乌拉圭回合协议以及各方在部长级会议前所达成的共识，新一轮多边贸易谈判的"既定议程"确定为农产品和服务贸易的进一步开放；而"新议题"包括竞争政策、贸易便利、电子商务、政府采购透明度等。会议中，美国总统克林顿公开提出将劳工标准纳入新一轮谈判议程，并首次表示要对违反劳工标准的国家实行经济制裁。事实上，多年来美国等发达国家一直试图把贸易与劳工标准问题挂钩。其实，1996 年新加坡部长会议已经决定将劳工问题交由国际劳工组织解决，不列入新一轮谈判议程。因此泰国、印度、巴西等许多发展中国家的代表指出，美国此举没有尊重发展中国家的权力，利用劳工问题向发展中国家施压只会干扰正常的贸易发展，并坚决抵制美国的提议。由于在此问题上发展中国家和发达国家互不相让，磋商难以继续。最终，会议未能达成协议，启动新一轮多边贸易谈判的努力失败。

其实，在这次会议中，发达国家内部为了获取全球化市场的利益，也是争得不可开交。美国、欧盟、日本等发达国家在涉及农业、反倾销等一系列问题上分歧严重，都不愿做出让步，这也是导致西雅图会议磋商破裂的一个重要原因。

西雅图会议的黯然还不止会场内。会议第一天，4 万多人组成的示威游行队伍走上街头，抗议全球化，具有全球化象征的麦当劳快餐店被捣毁，防暴警察试图用催泪弹和橡胶子弹驱散示威群众。由于游行队伍与警察发生大全面冲突，部长会议被迫推迟 5 小时开幕，不少代表团未能出席当天的会议。示威活动一直持续到第四天会议结束。当西雅图会议宣告失败后，街道上传出示威者的欢呼声，他们将此视为自己的胜利。西雅图会议是 WTO 成立以来遭遇的最严重挫折，使其试图为下一世纪的全球贸易体系建立规范与秩序的努力没有丝毫进展。

2001 年 11 月 9 日至 14 日，WTO 第四届部长会议在卡塔尔多哈举行。经过艰苦磋商，与会 142 个成员国部长最终达成协议。会后发表的联合宣言的主要含五点内容：①对中国（大陆）和中国台北完成必要程序加入世界贸易组织表示欢迎；②对非贸易争端尤其是农产品贸易分歧表示关注；③于 2003 年第五次部长级会议上达成一致后，开始就投资、竞争规则、政府采购透明度和贸易简化等进行协商；④将对反倾销条款的制定和实施进行商讨；⑤所有内容谈判都必须在 2005 年 1 月 1 日前结束。会议结束后，WTO 主持的首轮多边贸易谈判——多哈回合启动，WTO 的发展迈上了新的历程。

2003 年 9 月 10 日至 14 日在墨西哥坎昆举行第五次部长级会议，对 WTO 新一轮谈判进行了中期评估，发表了《部长会议声明》。会议原本计划就主要谈判范畴确立谈判框架，并展开新议题谈判，藉此开展第二阶段的多哈发展议程谈判。不过，这次会议最后未能达成共识。这是 WTO 成立之后无果而终的第二次部长级会议。

专栏9.1	部长级会议与反全球化浪潮

1999 年爆发的"西雅图骚乱"不仅伴随着西雅图部长级会议的黯然而终，还将反全球化运动以一种狂暴的姿态拉到了台前，进而掀起反全球化运动的浪潮。这之后，各地爆发的所有反全球化的示威游行都被冠以这个名字，反全球化运动的参加者都被称为"西雅图人"，与所有重大国际会议如影随形，只要世界各国领导人开会，就会有人聚集在会场周围进行反全球化示威抗议活动，并常常发展到暴力冲突。

2000 年 1 月底，世界经济论坛年会在瑞士达沃斯召开，反全球化的示威者与来自世界各国的各界精英同时抵达。4 月，魁北克美洲国家首脑会议，警察首次动用催泪瓦斯和高压水枪对付反全球化的示威群众。6 月，哥德堡欧盟峰会，4 万人举行示威，警方以实弹镇压，造成至少 3 人受枪伤。7 月，意大利热那亚 8 国峰会期间，爆发大规模反全球化示威，警察镇压过程中打死一名意大利青年，激起更加猛烈的抗议浪潮。12 月，法国尼斯欧盟首脑会议，反全球化抗议活动使会议一度中断。2002 年 9 月，各国反全球化人士为西方七国财长会议而云集华盛顿，结果导致暴力冲突。

2003 年在墨西哥坎昆举行的第五次部长级会议期间，狂热的示威人群达数万人，据会议组委会说，仅登记在册的抗议者就有来自 15 个国家的 5000 名农民和 5000 名反全球化人士，未登记的社会活动团体人数约 2 万人左右。会议第一天一名韩国农民举出"世贸杀死韩国农民"的横幅，并将匕首刺向自己的胸膛，表示对全球不公平贸易的不满，后不治身亡。

反全球化的人群主要来自发达国家的各个阶层及各种非政府组织，如认为全球化造成了工人失业的工会组织及其活动分子、认为全球化加剧了环境恶化的环保组织和环保人士、认为全球化造成了南北差距的拉大和穷国"边缘化"的第三世界同情者、主张保护发达国家农产品的农民及其代言人、反对跨国公司和国际资本的人士、反对资本主义的左翼组织和民主派人士（麦当劳、耐克运动鞋、星巴克咖啡、好莱坞电影等遍布全球的国际品牌，成为此类反全球化人士的首选攻击目标），以及无政府主义者、激进的女权主义者、学院中的新左派等等。虽然他们各自的主张五花八门，但有一点是共同的，即把当前世界的所有经济、政治、民族、社会、文化问题的根源都归因于"全球化"，似乎只要反对了全球化，就能拯救世界。反全球化人群的又一个特点是常常让激情压倒理性，甚至偏爱街头暴力对抗。

2005 年 12 月 13 日至 18 日 WTO 在香港召开第六次部长级会议。大会通过的《部长宣言》在农产品贸易、非农产品市场准入、服务业和发展议题等方面均取得实质成果，为发展中国家，特别是最不发达国家提供了发展方案。内容包括：发达成员将在 2013 年全面取消所有形式农产品出口补贴，发达成员和部分发展中成员 2008 年前向最不发达国家所有产品提供免关税、免配额的市场准入；发达成员 2006 年取消棉花的出口补贴；并在大幅度降低农产品国内支持方面取得共识。香港会议也为非农产品市场准入的谈判定下具体方向。

2009 年 11 月 30 日至 12 月 2 日在日内瓦召开第七次部长级会议，在金融危机和经济萧条的大背景下，会议主题被定为"世界贸易组织、多边贸易体系和当前全球经济形势"。除全体会议外，还举行两场工作会议，议题分别是"审议世贸组织工作"和"世贸组织对经济复苏、增长和发展的贡献"。所以与往届部长级会议不同，这次会议没有试图推进贸易谈判，而是为各成员提供一个回顾、审议世界贸易组织工作的平台，包括回顾、审议多哈回合的进展情况。

9.2.5　世界贸易组织的运行机制

（1）决策机制

WTO 的决策机制是指 WTO 对有关事项诸如条文的解释、修改、义务的豁免以及接受新成员、贸易争端的解决等作出决定的机制，有正式和非正式两种制度安排。

正式的决策机制有"协商一致"、投票和"反向协商一致"三种情形。协商一致的决策由所有成员国的代表、大使或部长们通过"协商一致"原则做出，每个成员国都有投票否决权。协商一致原则并非要求所有各方明确表示赞成，只要没有正式提出反对，就算协商一致通过。

如果某一决定未能达成协商一致，则以投票决定。投票决策的方式主要有四种：简单多数、三分之二、四分之三以及全体成员方同意。但如果贸易大国反对，即使通过投票达成协议，该协议不被贸易大国执行，其影响和作用在国际贸易中没有任何实质作用和意义，反而威胁到 WTO 的地位和权威。因此，各成员国都尽量避免出现这种情况，正式的投票程序常常被"协商一致"取代。

此外，WTO 还有"反向协商一致"的决策方式，即所有与会成员以

"协商一致"的方式做出否定的表示，只要无人明确表示否决就赞成，任何不出席会议、出席会议不发言、发言只作一般评论、弃权等均不构成对决定的否决。这种决策方式主要用于争端解决机制。

非正式的决策机制指"休息室"（Green Room）决策过程，实际上是一种由惯例形成的制度安排，WTO 并没有明文规定此种决策方式。经选择的少数发达国家和发展中国家（排除大多数的 WTO 其他成员国）聚集在一起讨论相关议题，形成议案，然后提交部长大会讨论和谈判，最后达成"协商一致"。世贸组织的大多数决策都是通过这种小范围的会议和磋商做出的，然后作为既成事实提交给大会。

最初，参加"休息室"讨论的代表由在世界贸易中居核心地位的四方（美国、欧共体、加拿大和日本）组成。随着发展中国家在国际贸易中实力上升，参与"休息室"讨论的成员国数量逐渐增加。东京回合时，参与会议的代表有 8 个。目前参与"休息室"讨论的一般有 25 至 30 个代表，其中包括传统四国、澳大利亚、新西兰、瑞士、挪威，一至两个转型国家，以及许多发展中经济体，如阿根廷、巴西、智利、哥伦比亚、埃及、香港、中国、印度、韩国、墨西哥、巴基斯坦、南非和至少一个东盟国家。会议一般由美欧主导，他们提出议程和方案，然后提供给其他国家讨论。在这一机制下，欧美以外的成员体对议程的影响力微乎其微。世贸组织虽然注意到"休息室"决策制度招致众多成员国和民间组织的抗议，但它声称"到目前为止，WTO 各成员还没有找到更好的谈判方式"。近几年来，由于多边贸易谈判机制停滞不前，WTO 的决策机制越来越受到质疑与批评。

（2）争端解决机制

WTO 解决争端机制的性质是成员间就国际贸易争端的解决所必须遵从的国际法律实体和程序，是一种集各种政治方法、法律方法的综合性争端解决体制，具有外交和司法两种属性。WTO 争端解决机制的程序分六步。

第一步，双边协商。协商解决争端是 WTO 成员解决贸易争端的主要办法，是两个或两个以上成员为使问题得到或达成谅解进行国际交涉的一种方式。争端发生后，要求协商的一方应将申请通知争端解决机构（DSB）及有关的理事会和委员会，接到协商申请的成员自收到之日起，10 天内需作出答复，并在 30 天内（紧急情况下是 10 天内，如对易于腐烂的产品）

进行协商，60 天内（紧急情况下 20 天内）解决争端。收到申请的一方在规定的日期内未作出答复或进行协商或双方未能解决争端，则申请协商的一方可要求成立专家小组。

第二步，调停、调解、斡旋和仲裁。在解决争端的 60 天期限内，进行斡旋、调解和调停是争端双方自愿执行的程序，可由任何一方提出，随时开始，随时结束。斡旋是第三方为争端当事者提供有利于进行接触和强制的条件，并提出自己的建议或转达各方意见，促使双方进行协商谈判或重新谈判。调解，是指当事人将争端提交由若干成员方组成的委员会，委员会在调查的基础上提出解决争端的建议，该建议不具有法律约束力。调停，是第三方不但为争端当事方提供谈判或重新谈判的便利，而且提出作为谈判基础的条件并亲自主持谈判，提出建议，促使争端双方达成解决争端的协议。如果争端双方一致认为前述三种方式不能解决争端，则可提出建立专家小组的要求。一种可供选择的解决方法是由争端双方达成一个一致的仲裁协议，直接将案件提交仲裁，并将结果通知争端解决机构和有关协定的理事会和委员会。

第三步，进入专家小组程序。当协商、斡旋、调解、调停均不能解决争端时，争端一方向争端解决机构提交设立专家小组申请。专家小组通常由秘书处指定的 3~5 名在国际贸易领域有丰富知识和经验的资深政府和非政府人员组成。专家小组的职责是按照其工作程序和严格的时限对将要处理的申诉案件的事实、法律或协定的适用及一致性做出客观评估，并向争端解决机构提出调查结果报告及圆满解决争端的建议，从报告提交争端解决机构起 60 天内，由争端解决机构会议通过报告。如争端一方提出上诉，则报告不予通过。

第四步，上诉审查程序。当争端一方对专家小组的报告持有异议并将上诉决定通知争端解决机构，或后者一致反对采纳专家组的报告时，则由争端解决机构设立的常设上诉机构处理对该案件的上诉。上诉只能由争端方提出，且上诉事由仅限于专家小组报告中论及的法律问题及该小组做出的法律解释。上诉机构的报告应自上诉决定通知争端解决机构之日起 60 天内做出（特殊情况下不得超过 90 天）。上诉机构的报告可以确认、修改或反对专家小组的结果和结论。如上诉机构报告被争端解决机构采纳，则争端各方均应无条件接受。常设上诉机构由广泛代表世界贸易组织成员的 7

名公认的，具有法律、国际贸易和有关协定专门知识的权威人士组成，期限4年。

第五步，争议解决机构接受或批准。在 WTO 成员解决争端中，无论是专家小组的报告，还是上诉机构的报告，不经争端解决机构批准，均不具有法律效力，争端任何一方均有拒绝接受的权利。

第六步，进入制裁程序（如撤销减让或其他义务）。在适应范围方面，该程序主要适用于"违法之诉"与"不违法之诉"两类争议。

（3）贸易政策审议机制

为加强对 WTO 成员贸易政策的监督，提高成员在贸易政策上的透明度，督促成员更好地遵守多边贸易规则，WTO 特设贸易政策审议机制（Trade Policy Review Mechanism，TPRM），定期对每个成员的贸易政策和做法及其对多边贸易体制的影响进行审议和评估。贸易政策审议关注的重点是成员的贸易政策，也涉及成员更宏观的经济和发展问题。所有 WTO 成员都必须接受审议，审议频率取决于该成员的国际贸易规模。贸易额排名前4位的成员每两年接受审议一次，其后的16个成员每4年审议一次，其他成员每6年一次，最不发达成员可以享受更长期限。

WTO 秘书处的贸易政策审议司（TPR Division）负责贸易政策审议事务，每年年初做出全年的审议计划并负责独立撰写成员的贸易政策审议报告，即 WTO 秘书处报告。贸易政策审议司一般会提前 14～18 个月与将接受审议的成员联系，收集信息。秘书处首先会向接受审议的成员提出一份贸易政策信息收集清单，并会在对这些资料和信息进行研究的基础上，进一步提出具体的问题单。秘书处官员一般还要多次访问接受审议成员的首都，时间在 8～10 天不等，主要会见贸易政策的主管和相关政府部门。WTO 秘书处在其报告中除了对接受审议成员的贸易政策和措施作整体评论以外，还会针对贸易政策的某一个或几个问题或者部门，展开进行详细评论。

秘书处报告形成之后，一般都送交审议成员进行评论。接受审议的成员对报告中的事实性内容和结论性内容，都可以提出意见和建议。但原则上 WTO 秘书处对其独立撰写的报告负全责，没有接受该意见和建议的义务。秘书处报告的形成应该是中立的，其他 WTO 成员不参与。它们在报告散发后才进行评论，并在贸易政策审议的大会上进行讨论。贸易政策审议中，被审议成员自己也需要起草一份报告，即政府声明或报告。成员自己的报告一般篇幅要小得多，主要是概述本国贸易政策的目标和一段时间以来贸易政策的走向，以及与 WTO 规则的一致性。对于 WTO 秘书处和接受审议成员存在的分歧，该成员可以在其自己的报告中阐述自己的观点，双方可以求同存异的方式处理。

根据审议程序，每次审议一般进行两天，中间间隔一天。会前将指定 1~2 位讨论人，引导会议上的讨论。讨论人一般由各成员驻日内瓦或驻 WTO 的大使或其他高级外交官担任。讨论人由 TPRB 主席（也由各成员驻日内瓦或驻 WTO 大使轮流担任）与接受审议成员协商后确定。

专栏9.2　　　　　WTO 对华第三次全面贸易政策审议

2010 年，WTO 对华第三次全面贸易政策审议分别于 5 月 31 日和 6 月 2 日在日内瓦世贸组织总部举行。此次审议既有常规审议的特点，又有后危机时期特定国际经济环境下的特殊性。从发布的初步审议结果来判断，中国顺利通过了这次审议。在为期两天的审议中，许多世贸组织成员称赞中国在应对全球经济危机中抵制贸易保护主义和帮助增加全球需求的努力，并肯定中国为推动全球经济复苏所做出的重要贡献。但与此同时，来自发达国家的压力也明显增大，我国在理顺与贸易有关的政策方面依然任务艰巨。

本次进行对华贸易政策审议，不能忽视世界贸易环境审议的特定背景。与 2006 年世贸组织第一次对华全面贸易政策审议和 2008 年的第二次审议相比，2010 年的第三次审议具有新的特点。

首先，中国的贸易地位发生了新的变化。中国 2001 年 12 月加入世贸组织，当时贸易额排名全球第六位，因此世贸组织对中国的首次贸易政策审议在 4 年后的 2006 年进行。2007 年，中国跃居世界第二大出口国；2009 年中国超过德国成为世界第一大出口国。目前按照进出口总额排序，中国名列世界第三，作为世界重要的贸易国和世界贸易组织重要发展中成员，对中国的贸易政策审议举世瞩目，受到各成员方高度关注。

其次，世界经济环境有了新的变化。2008 年金融危机爆发后，贸易保护主义再度抬头，世界贸易在 2009 年出现了下降。中国的经济政策和贸易政策，对于推动世界经济复苏和遏制保护主义举足轻重。2010 年的第三次审议是后危机时代世界贸易组织首次对华贸易政策审议，对于世贸组织和中国都具有非常重要的意义。

再次，这次贸易政策审议是中国在改革开放 30 年和新中国成立 60 周年后对全世界公开进行的一次经济和贸易成就的全面展示，此次的贸易政策审议有助于让世界了解中国经济体制和贸易政策的进步。中国在这次贸易政策审议中获得了高度评价。世贸组织公布的《中国贸易政策审议报告》，详细分析了中国的经济环境、贸易政策体制、相关贸易政策和措施等，高度赞扬了中国近两年来经贸领域所取得的显著成就。与会的世贸组织成员也普遍认为，中国经济发展给世界带来了机遇，在应对全球经济危机中发挥着重要作用。

最后，此次贸易政策审议有助于中国在回顾总结既往成就的基础上，展望未来的贸易政策趋向。在这次贸易政策审议中，世贸组织成员向中方提出了 1500 多个书面问题，涉及贸易体制透明度、技术性贸易措施、出口退税和补贴、出口限制、知识产权执法、产业政策、政府采购以及服务业的进一步开放等各方面。

值得重视的是，秘书处报告和各代表团发言也不乏对中国贸易政策的指责和批评，尤其是来自美国和欧盟的指责比较尖刻。例如，2009 年中国推出了 10 大产业振兴规划，被指认为歧视外国企业而有违反世贸规则之嫌。

与前两次审议相比，出口限制是此次一个比较突出的问题。出口限制是中国出口体制的重要特征，具体方式包括出口禁令、出口许可、出口配额、出口税和出口商品增值税不足额返还等。我国为保护环境淘汰落后产能而实施的对部分资源性产品的出口规范行为被认定为出口扭曲行为。增值税不足额返还被认为是变相构成了出口税。中国的外资政策仍包含出口实绩、当地含量、外汇平衡和技术转让等要求，违反了世贸规则。中国在标准和合格评定方面也被认为存在违反透明度和国民待遇等问题，如 WAPI 加密标准、"绿坝"事件、3G 标准、3C 认证等被认定为典型的技术性贸易壁垒。另外，在开放银行、保险、电子支付系统、电信、快递、法律服务等服务领域方面存在提高要价的要求，无视我国完全履行加入世贸组织的承诺的客观实际。在中国加入《政府采购协定》谈判问题上，有关各成员方也表达了催促加价的意图。

资料来源：摘自赵忠秀"详解 WTO 对华第三次贸易政策审议"，《国际商报》，2010 年 6 月 4 日。

(4) 多边谈判机制

WTO 的一项重要机制就是发起并推动多边贸易谈判。WTO 自成立以来发起的首轮多边贸易谈判是多哈回合。

多哈回合谈判于 2001 年 11 月启动，旨在改善全球贸易规则，进一步降低贸易壁垒，是 1995 年 WTO 成立后的第一轮多边贸易谈判，也是多边贸易体制建立 60 多年来参加方最多、议题最广的一轮谈判，涉及农业、非农产品市场准入、服务、知识产权、规则、争端解决、贸易与环境以及贸易与发展等众多领域，涵盖 95% 的全球贸易。多哈回合谈判首次将"发展"作为谈判主题，因此，又称为"多哈发展议程"。尽管大多数 WTO 成员均认为多哈回合谈判意义重大，但因谈判议题复杂，各谈判方（集团）利益交错，且受主要成员国内政治、经济等因素影响，谈判启动七年来一波三折，经历过重大挫折，也取得过阶段性成果。

各方于 2004 年 7 月达成"多哈框架协议"。根据这一协议，发达成员方同意在具体时限内取消所有形式的农业出口补贴，对扭曲农业贸易的国内支持方面进行实质性的削减。作为补偿，发展中成员方同意降低工业品的进口关税和其他壁垒，进一步开放非农产品市场，降低市场准入门槛；对一些极度贫穷的成员方，协议允许他们继续在一些关键领域实行贸易保护政策。同时，还增加了对最不发达成员和新成员的待遇安排上的灵活度。但这一协议只设定指导原则和基本内容，不包含具体的减让数字，框架协议明确了多哈回合谈判结束的时间将推迟，并确定了 WTO 第六届部长级会议于 2005 年 12 月在中国香港举行。

2007 年，在 WTO 农业谈判组主席和非农谈判组主席分别推出了农业和非农谈判模式协议的主席案文后，谈判节奏明显加快，但主要方在农业和非农一些关键问题上的分歧仍难以弥合。

2008 年 7 月 21 日至 30 日，WTO 总干事拉米召集 35 名成员部长在日内瓦召开小范围部长会议，但经过 9 天 9 夜的努力，由于美国和印度在发展中国家农产品特殊保障机制（SSM）上的分歧无法弥合，会议未能取得突破。在这次会议上，名义上是 35 个成员的部长参会，但实际在大部分时间中，谈判都是在"七方"（美国、欧盟、日本、澳大利亚、中国、印度、巴西）之间进行的。"七方"成为了多哈回合谈判最新的核心决策圈，而中国也是首次进入了核心决策圈。

9.3　中国加入 WTO

2001 年 12 月 11 日中国正式加入 WTO，成为其第 143 个成员。

9.3.1　中国的承诺

中国政府在入世议定书中承担的主要超 WTO 义务涉及以下领域：透明度，司法审查，统一管理，国民待遇，外国投资，市场经济和过渡性审议。

（1）透明度

透明度是 WTO 体制基本的价值取向之一——开放的市场要求透明的规则和程序。《GATT》、《GATS 协定》、《TRIPs 协定》以及其他的 WTO 协定都含有关于成员国内制度透明度的条款。根据这些条款，WTO 成员应该在影响进出口的法律、条例、国际协定、司法判决、行政规章及其他普遍适用的有关措施实施或生效前，及时予以公布，以便使其他成员方政府及商家了解其内容；对这些法律、条例、决定及措施的任何变更，应通知WTO 和其他成员。

中国议定书及工作组报告的若干段落都涉及到透明度问题。中国对透明度要求的承诺主要体现在法律法规的公布方面：第一，只执行已公布的，且公众易于获取的有关或影响贸易的法律、法规及其他措施。第二，在实施或执行前公布所有有关贸易的法律、法规及其他措施。第三，指定一个官方刊物用于此类公布。定期出版该刊物，并使个人和企业易于获得该刊物各期。第四，设立一个或多个咨询点，以使任何个人、企业或WTO成员能够获得所公布的措施的全部信息。第五，在收到提供此类信息的请求后30天内作出答复，以书面形式向有关当事人提供延迟的通知及其原因。向WTO成员作出的答复应全面并代表中国政府的权威意见，向个人和企业提供的信息必须准确可靠。第六，在有关法律、法规或其他措施在指定的刊物上公布之后但实施之前，提供一段可向有关主管机关提出意见的合理时间（涉及国家安全的法律法规，确定外汇汇率或货币政策的特定措施以及一旦公布则会妨碍法律实施的其他措施除外）。第七，将有关贸易的所有法律、法规及其他措施译成至少一种WTO正式语言，并在实施或执行后90天内使WTO成员可获得译文文本。

上述第一项至第四项所设立的义务基本上确认或阐释了现有的WTO规则，而第五、六及第七项的要求则并未包含在任何一个WTO协定当中。WTO成员并无义务就其拟议中的全部有关贸易的法律法规征求公众意见。根据现有WTO规则，WTO成员只是在有限的几种情况下有义务征求其他成员的意见。例如《技术性贸易壁垒协定》规定，在缺少有关的国际标准（或拟议中的技术法规与有关国际标准不一致）时，或拟议中的技术法规可能对其他成员的贸易有重大影响时，成员应提供一段合理的时间以使其他成员可对拟议中的技术性法规提出书面意见，据其他成员的请求讨论这些意见，并对这些意见予以考虑。比较而言，中国承担了就范围广泛的法律法规征求公众意见的普遍义务。议定书要求中国就"全部有关或影响货物贸易、服务贸易、与贸易有关的知识产权及外汇管制的法律，法规和措施"提供在实施之前向有关主管机关提意见的合理时间，除非这些法律、法规、措施涉及国家安全、确定外汇汇率或货币政策，以及一旦公布将会妨碍其实施。虽然征求意见的期间是在这些法律法规公布之后，而且有关主管机关并无义务考虑这些意见，但这一条款的目的显然在于给予公众一个机会，以便在已公布的措施实施之前对其施加影响。

（2）司法审查

GATT、GATS和《TRIPs协定》都包含了有关对成员的行政决定进行独立审查的条款。这些条款要求成员提供机会，使得一个司法或行政庭能够对有关的行政行为进行客观和公正的审查。为保证审查的客观公正性，审查庭必须独立于作出有关行政行为的机构。然而，成员并无义务设立一个与其宪法结构或法律体制的性质不一致的审查机制。

议定书第 2 条（D）项和工作组报告的第 76～79 段（其中第 78 段和 79 段被纳入议定书）为中国设立了有关司法审查的具体义务。议定书第 2 条（D）项由以下两部分组成：第一，独立的审查庭。中国应设立或指定并维持审查庭、联络点和程序，以便迅速审查所有与 GATT 第 10 条第 1 款、GATS 第 6 条和《TRIPs 协定》相关规定所指的法律、法规、普遍适用的司法判决和行政裁定的实施有关的所有行政行为。此类审查庭应是公正的，并独立于被授权进行行政执行的机关，且与审查事项的结果无任何实质利害关系。第二，上诉权利。审查程序应包括给予受须经审查的任何行政行为影响的个人或企业进行上诉的机会，且不因上诉而受到处罚。如初始上诉权需向行政机关提出，则在所有情况下应有选择向司法机关提出上诉的机会。上诉审查的决定及其理由应以书面形式提供。上诉人应被告知是否有进一步上诉的权利。

以上关于独立审查庭的规定基本上确认了 GATT、GATS 和《TRIPs 协定》中现有的义务，尽管这些规定进一步阐释了有关义务的内容。然而关于上诉权利的规定却比 GATT、GATS 和《TRIPs 协定》所要求的义务更加严格。在 GATT 第 10 条下，对一个独立审查庭的决定进行上诉仅是一种可能性。GATS 则没有关于审查结果上诉的条款。

（3）统一实施

原则上，WTO 协定应该适用于每一成员的全部关税领土，包括其地方政府，成员应以统一、公正和合理的方式实施所有的法律、法规、判决和裁定。然而，成员究竟在何种程度上必须保证在其全部领土内统一实施 WTO 规则并非完全清楚。从字面上看，成员们仅被要求"采取其可采取的合理措施"来保证其领土内的地方政府及主管机关遵守 GATT 和 GATS 的规定。因此可以说，只要中央政府已经采取了其权限之内的所有合理措施来保证地方政府对协定的遵守，那么即使地方政府违反了 GATT 和 GATS 的规定，中央政府也并未违反相关义务。虽然这一"合理措施"标准原是出于联邦政府无宪法权利控制其下级政府的考虑，但《WTO 协定》中并没有条款明确排除对非联邦制成员也应适用相同的标准。正是由于这一背景，要求加入成员保证其地方政府完全遵守 WTO 规则被认为是一种"超 WTO"义务。

按照议定书，中国政府作为一个非联邦制的政府组织结构，承担了以下有关其地方政府的义务：第一，废止与 WTO 义务不一致的地方性法规。议定书明确要求"中国地方各级政府的地方性法规、规章及其他措施应符合在《WTO 协定》和本议定书中所承担的义务"。中国必须"及时废止与中国义务不一致的地方性法规、地方政府规章和其他措施"。第二，统一、公正与合理地实施法律。中国应以统一、公正及合理的方式，适用和实施"中央政府有关或影响货物贸易、服务贸易、与贸易有关的知识产权或外汇管制的所有法律、法规及其他措施以及地方各级政府发布或适用的地方性法规、规章及其他措施"。第三，建立投诉机制。中国应建立一种机制，使个人和企业可向国家主管机关提请注意有关贸易制度未统一适用的情况。如未统一适用的情况被证实，中国主管机关必须迅速采取行动，运用中国法律下可获得的补救措施并考虑中国的国际义务和提供有意义补救的必要，处理这一情况。中国主管机关应以书面形式将其采取的决定和行动及时告知投诉的个人或实体。

上述有关统一实施法律法规的义务比起 GATT 和 GATS 所明确要求的要更为具体而严格，它们不仅涉及 GATT 和 GATS 的实施，而且也涵盖了其他任何适用于中国的 WTO 条款。在这些义务中，有关建立投诉机制的要求是中国所独有的，任何其他的加入成员都未被要求承担此项义务。

（4）国民待遇

涉及国民待遇的条款散布在中国议定书的全文当中。其中一些条款仅确认既存的 WTO 义务，而另外一些则规定了 WTO 各协定中未涉及的国民待遇义务。这类超 WTO 规则主要是要求中国向外国个人及企业就其在中国的投资和商业活动提供国民待遇。

第一，有关影响在中国境内生产条件的国民待遇。议定书第 3 条规定，"除本议定书另有规定外，在下列方面给予外国个人、企业和外商投资企业的待遇不得低于给予其他个人和企业的待遇：生产所需投入物、货物和服务的采购，及其货物据以在国内市场或供出口而生产、营销、或销售的条件；及国家和地方各级主管机关以及公有或国有企业在包括运输、能

源、基础电信、其他生产设施和要素等领域所供应的货物和服务的价格和
可用性。"

这一国民待遇义务适用于影响外国人及外国投资企业在中国境内生
产、营销和销售产品的条件。这一义务明显超出了 GATT 第 3 条的范围，
因为该条仅给予进口产品以国民待遇；也超出了 TRIMs 的范围，因为
TRIMs 关注的是与 GATT 第 3 条不一致的措施。同样地，这一义务也明显
超出了 GATS 国民待遇的范围，因为中国在 GATS 下的国民待遇义务仅以
中国服务贸易减让表中所列的特定服务部门为限。

第二，与贸易权有关的国民待遇。作为其市场经济改革承诺的一部
分，中国承担了逐步放宽国营贸易体制的义务，并承诺在加入 WTO 之后
三年内给予所有在中国的企业进出口贸易权。议定书明确，"除本议定书
另有规定外，对于所有外国个人和企业，包括未在中国投资或注册的外国
个人和企业，在贸易权方面应给予其不低于给予中国企业的待遇。"此外，
"对于外国个人、企业和外商投资企业在进出口许可证和配额方面，应给
予不低于给予其他个人和企业的待遇。"这些条款涉及的是外国人在中国
的商业和贸易机会方面的国民待遇，而非进口货物的待遇，因此它们超出
了 GATT 第 3 条和 TRIMs 的范围。

第三，中国国民与外国国民之间的平等待遇。除议定书中具体的国民
待遇条款之外，工作组报告第 18 段规定了一项总括性的承诺："中国代表
进一步确认，中国将对包括外商投资企业在内的中国企业、在中国的外国
企业和个人给予相同的待遇。"此项承诺被纳入到议定书当中。从字面上
看，这项对中国企业及所有在中国的外国企业和个人给予相同待遇的承诺
在其适用范围上没有任何限制。这种无限制的国民待遇义务也许并非中国
政府的本意，但就其内容而言，这一条款无疑超出了所有的 WTO 协定所
规定的国民待遇义务的范围。

（5）投资措施

如前所述，除了 TRIMs 所规定的被认为是直接影响了货物贸易的投资
措施以及 GATS 所调整的影响服务贸易的投资措施以外，现有的 WTO 框架
并未对成员方政府限制跨国投资的措施进行约束。按照 TRIMs 的规定，成
员方不得采取对进口产品有歧视性效果的投资措施（违反 GATT 第 3 条）
或对进出口产生限制的投资措施（违反 GATT 第 11 条）。具体而言，

TRIMs 禁止的投资措施包括：当地成分要求、贸易平衡要求、外汇平衡要求以及出口限制。

议定书明确重申了中国在 TRIMs 下的义务。此外，议定书第 7 条第 3 款对中国设定了一项特殊义务："在不损害本议定书有关规定的情况下，中国应保证国家和地方各级主管机关对投资权的任何其他批准方式不以下列内容为条件：此类产品是否存在与之竞争的国内供应者；或任何类型的实绩要求，例如当地含量、补偿、技术转让、出口实绩或在中国进行研究与开发等"。这一义务在工作组报告第 203 段（纳入议定书）中得到进一步阐释："……投资的分配、许可或权利将不以国家或地方各级主管机关所规定的实绩要求为条件，或受到诸如进行研究、提供补偿或其他形式的产业补偿，包括规定类型或数量的商业机会、使用当地投入物或技术转让等间接条件的影响。投资许可……应不考虑是否存在与之竞争的中国国内供应商。在与其在《WTO 协定》和议定书（草案）项下义务相一致的情况下，企业的合同自由将得到中国的尊重。"

上述条款中包含的是中国向外国投资提供市场准入的一个全盘承诺。根据这一承诺，中国不得以任何形式的实绩要求作为批准外国投资的条件，也不得以保护国内产业为目的而限制外国投资。这样一种放松对外国投资市场准入管制的普遍性义务远远超出了 TRIMs 要求的范围。中国承担的有关投资的普遍性义务加之上文所述的给予外国投资者国民待遇的承诺在 WTO 法律框架内是没有先例的。

（6）市场经济承诺

WTO 各协定虽没有要求成员必须实行某种特定的经济制度，但多边贸易体制却是建立在市场经济假设之上的。因此，如何将中央计划经济，或称"非市场经济"（NMEs）纳入到多边贸易体制当中曾是多边贸易体制历史上的一项重大挑战。冷战结束以后，大多数的前中央计划经济国家向市场经济转型，这一问题也随之不再凸显。在中国入世之前有 10 个转型经济国家加入了 WTO。鉴于其经济的过渡性质，所有这些国家都就其市场导向的经济改革作出了某些承诺。然而，这些承诺大多是确认对特定 WTO 规则的遵守，或者是对已有的市场经济实践进行认定。唯一的例外是关于持续地就私有化进程提供信息的承诺，这是 WTO 体制所未规定的一项义务。

与其他的转型经济国家相比，中国作出的市场经济承诺并不限于确认将遵守 WTO 规则或对经济现状进行陈述。相反，中国的承诺是一种持续的（on an ongoing basis）义务，其中最为重要的有以下几项。

第一，由市场力量决定价格。议定书第 9 条对中国规定了一个总括性的市场经济义务：除议定书附件 4 中所列的产品和服务以外，"中国应允许每一部门交易的货物和服务的价格由市场力量决定"。附件 4 列出的产品和服务部门可在符合 WTO 规则的前提下实行价格控制，它们包括：可实行国家定价的四类产品（烟草、食盐、天然气和药品）和四类服务（公用事业、邮电服务、旅游景点门票费、教育服务）；可实行政府指导价的六类产品（粮食、植物油、成品油、化肥、蚕茧和棉花）和六类服务（运输服务，专业服务，服务代理，银行结算清算、传输服务，住宅销售价格和租用服务，以及医疗服务）。除非在特殊情况下，并须通知 WTO，否则不得对附件 4 所列货物或服务以外的货物或服务实行价格控制。同时，中国承诺将尽最大努力减少和取消这些控制。

由市场决定全部价格（少数指定的产品和服务除外）的义务体现了中国政府对以市场为基础的经济体制的根本性的承诺。在某种意义上，这一承诺是中国所承担的所有 WTO 义务中最为重要的一项，因为实现这一承诺将最终保证中国的经济体制与 WTO 体制相契合。

第二，不对国有及国家投资企业施加影响。与其他转型经济加入成员不同，中国议定书中没有任何关于私有化的内容，这是因为中国政府没有像其他转型国家那样实行大规模的经济私有化。但中国对"国有及国家投资企业"作出了一些普遍性的承诺。具体而言，中国保证"所有国有和国家投资企业仅依据商业考虑进行购买和销售，如价格、质量、可销售性和可获性，并确认其他 WTO 成员的企业将拥有在非歧视的条款和条件基础上，与这些企业在销售和购买方面进行竞争的充分机会。此外，中国政府将不直接或间接地影响国有企业或国家投资企业的商业决定，包括关于购买或销售的任何货物的数量、金额或原产国，但以与《WTO 规定》相一致的方式进行的除外"。

这一承诺的前一部分几乎照搬了 GATT 第 17 条第 1 款 b 项有关对国营贸易企业施加特定约束的内容。议定书将 GATT 的这一要求延伸至所有的国有或国家投资企业，无论这些企业是否从事外贸经营活动。此外，中国政府承诺将不直接或间接地影响国有企业或国家投资企业的商业决定，这一义务从未被明确规定在任何 WTO 协定当中。

第三，放宽外贸体制。在入世之前，中国限制拥有进出口权的公司的数量，并对此类公司可进口和出口的产品进行控制。根据议定书第 5 条第 1 款，中国承诺将"逐步放宽贸易权的获得及其范围，以便在加入后三年内，使所有在中国的企业均有权在中国的全部关税领土内从事所有货物的贸易"，但议定书附件 2A 中所列的货物除外。根据中国承担的超 WTO 国民待遇义务，未在中国进行投资或注册的外国个人或企业也将享有此种贸易权。议定书附件 2B 规定了含有 245 种具体货物的放开计划表，被纳入议定书的工作组报告的一些段落又对此进行了详细阐述。中国承诺将在三年过渡期内"完成所有执行这些规定所必须的立法程序"。

（7）过渡性审议

在 TPRM 之外，议定书第 18 条建立了一个特殊的过渡性审议机制，以检查中国对 WTO 义务的履行情况。根据过渡性审议机制，中国将在入世后头 10 年内接受总共 9 次的审议：前 8 次审议在加入后 8 年内每年进行；最终审议将在第 10 年或总理事会决定的较早日期进行。每次审议均须通过两个层次，先由授权涵盖中国的承诺的 16 个 WTO 下属机构进行审议，然后由总理事会再行审议。每次审议之前，中国须向 16 个 WTO 下属机构提供议定书附件 1A 中所列的信息（议定书附件 1A 对中国在《WTO 协定》及议定书中所作的各类承诺列出了一个全面的清单）。下属机构将审议结果向总理事会报告后，由总理事会依照附件 1B 所列的框架再行审议。总理事会可根据审议结果向中国提出建议。

因此，在贸易政策审议方面，中国将比任何其他的 WTO 成员受到更为严格的约束。在加入后头 10 年内，TPRM 所规定的正常的贸易政策审议将不被适用，取而代之的是 WTO 对中国遵守 WTO 规则及其特殊承诺情况的持续的监控。此外，在过渡性审议机制下，总理事会有权向中国提出建议，这一权力是 TPRM 所没有的。尽管此类建议的法律约束力并不明确，中国肯定会被期望在今后的实践中参照这些建议。

9.3.2 行业开放承诺

（1）金融业

取消外资银行在中国经营人民币业务的地域限制，在加入 WTO 后，立即取消在上海、深圳、天津、大连等城市的限制，在加入 1 年内，取消在广州、青岛、南京和武汉的限制，加入两年内，取消在济南、福州、成都和重庆的限制，加入 3 年内，取消在北京、珠海、厦门和昆明的限制，在加入 4 年内，取消在西安、沈阳和汕头的限制，加入 5 年内，取消全部的地域限制。

取消外资银行在中国经营人民币的业务客户限制，加入两年内，允许外资银行对中国企业提供人民币业务服务，即人民币的批发业务放开，加入 5 年内，允许外资银行对中国居民提供人民币业务服务，即人民币的零售业务放开。

自加入之日起，全面开放再保险业务，但中外直接保险公司需向中国再保险公司承担分保比例，第一年 20%，次年 15%，第三年 5%，第四年取消。非寿险比寿险开放幅度大，但健康险、团体险和养老金/年金险开放较晚，承诺三年内开放。自加入之日起允许外国非寿险公司设持股 51% 合资公司，可从事统括保单的大型商业险。入世两年内，可独资，并从事个人险。允许外国寿险公司设外资占 50% 合资企业，将允许外国保险公司在上海、广州、大连、深圳和佛山提供服务。入世两年内，地域放开至北京、成都、重庆、福州、苏州、厦门、宁波、沈阳、武汉和天津。入世三年内取消地域限制。

自加入时起，允许外资设合资公司，从事国内证券投资基金管理业务，外资最多可持股 33%。入世三年内，外资股权可增至 49%，允许外资参股的合资公司从事 A 股、B 股和 H 股及政府和公司债券的承销和交易、基金的发起。但外资股权不超过 1/3。

（2）商业服务业

在批发服务领域，2001 年 1 月前允许外资在合资企业占大多数股权，取消地域或数量限制，2003 年以前，取消企业股权及形式限制，2002 年 1 月以前，允许外资拥有控股权。允许在所有省会城市、重庆及宁波成立合资企业。在零售服务领域，入世后，合资企业允许在 5 个经济特区，以及北京、上海、天津、广州、大连、青岛、郑州、武汉成立，在北京及上海，允许设立 4 家合资零售企业，在其他地方，可最多成立两家合资企业，北京的两家合资企业可在市内开设分店。在 2003 年 1 月前，取消所有地域、数量、外资持股比例的限制，2 万平方米以上的百货商店、分店在 30 家以上的连锁店，仍允许外资持有 50% 以下股权的合资企业经营。

（3）中国电信服务业

入世一年内，初步开放网络服务（主要是 ISP），入世第二年，逐步开放增值服务的地域限制，重点是移动通信、无线寻呼、Internet 服务，入世第 3 年，有线网及光缆开始放开，全面取消增值服务地域限制。取消半导体、计算机、计算机设备、电信设备和其他高技术产品的关税限制，入世第 4 年，允许外资在基础电信中持股比例由放开初期的 25% 逐步提高到 49%，在寻呼业务、数据压缩转发等电信增值服务领域，外资持股比例由放开初期的 30% 逐步提高到 50% 以内，入世第 5 年，逐步取消外资在寻呼机、移动电话进口，以及国内固定网络电话服务领域的地域限制。完成开放网络服务。入世第 6 年，有线网及光缆完成全面开放。中国电信服务业传统垄断格局基本打破，形成竞争性市场。

（4）旅游业

旅行社在入世 3 年内允许外资在合资旅行社中占有多数股权，6 年内允许外国设立独资旅行社，并取消地域限制和对成立分支机构的限制。在饭店业，入世后外资可以占有合资酒店的多数股份，4 年内准入不再受限制，且可由外资独资。

（5）农业

农产品的平均关税从 2001 年的 17.9% 降到 2004 年的 15.6%，已经接近了入世承诺的货物贸易关税降低的终点，即 2010 年的 15%；预计 2005 年平均关税为 15.4%，2006 年为 15.2%；到 2006 年后基本只是小数点后两位的变化。

（6）汽车业

自加入时起，分阶段取消汽车及关键零部件进口配额，至 2005 年取消配额。入世三年内取消许可证。关税方面，以轿车为例：2002 年发动机排量在 3 升以下的轿车关税由 70% 降到 43.8%；以后平均每年再降低 4% ~ 5%；排量 3 升以上的，关税由 80% 降到 50.7%，以后每年再降 6% 左右，到 2006 年 1 月 1 日减为 28%，同年 7 月 1 日减为 25%。汽车分销自加入时全面放开。汽车连锁店 2002 年开始放开，允许合资，如连锁店数量超过 30 家，外方不能控股，2006 年取消限制。汽车制造取消国产化率要求。

专栏9.3　　　　　**入世10年，中国做了什么**

入世 10 年，中国做了很多。

首先，认真履行入世的承诺。包括以下方面。

①清理不符合 WTO 规则的法律法规。清理法律法规是中国入世之后面临的最大挑战。中国的法律法规是不是都符合 WTO 规则？这是各国非常关注的。中国政府的态度明确，行动迅速。短短的两三年时间，仅中央各部委就清理了 2000 多件、废除了 500 多件不合 WTO 规则的法律法规，加上地方政府清理的文件，共清理了 9 万多件。

②外贸管理体制的改革。外贸经营权放开充分调动了相关企业的积极性。2009 年，民营企业进出口贸易达 5100 亿美元，占全国进出口贸易总额的 23.1%。外资企业进出口贸易额达 1.2 万亿美元，占全国进出口贸易总额的 55.2%。外贸经营权的放开促进了进出口贸易的大发展，使我国外贸以年均 20% 以上的速度递增。进口配额和进口许可证的取消也是一大进步，对外贸系统的管理体制改革和廉政建设发挥了重要作用，促进了外经贸主管部门从重审批、重直接干预向重宏观指导、重协调、重服务转变。外贸专业公司长期以来的垄断地位被打破，也为外贸的大发展奠定了基础。

③调整关税。我国完全按照承诺降低了涉及几千个税号的关税，关税总水平从 20 世纪 90 年代初的平均 43.2% 降低到过渡期完成后的 9.8%。总体来说，中国履行降税承诺的情况是非常好的。这个履行承诺的过程对于促进国内海关管理体制和税则体系的改革都产生了重大影响。过去中国的关税确实是高关税，尤其在敏感部门，典型的是汽车。汽车整车的关税高达 200% ~ 250%，这也使走私活动可以产生巨额利润，很有诱惑力，导致一些人为了追求高额利润不惜以身试法。当时在

中国南方，汽车走私成了一个很大的问题。一些不法分子通过拆装，在境外把汽车拆开，以零部件的形式低关税进来，到国内重新组装，按整车卖，获取高额利润。还有洋酒洋烟，当时的走私进口也非常严重，现在这种情况就少多了。关税的降低，除了在防止走私方面起到重要作用之外，在反腐方面也有很大的帮助。过去关税高，再加上进口配额、进口许可，很多人找领导批条子，通过减免进口关税获利。批条子本身就是产生腐败的重要渠道。特批进口许可证和配额，也是一个腐败的渠道。关税的调整，对国内的法制建设、政府职能的转变和企业经营环境的改善都是很重要的。

④统一检验检疫标准。加入 WTO 以后，中国在卫生检疫和产品质量检验领域的标准也有重大变化：把国内的检验检疫部门与对外商检部门合并起来，三检合一，成立了中国质检总局。这是外国人非常关注的。质检总局按照 WTO 的要求，把国内检验检疫标准与进出口商品的检验检疫标准统一起来，对内对外的标准就一致了，符合了世贸组织的非歧视原则。随着国内人民生活水平的提高，人们对食品和药品的安全越来越关注，所以国内的标准也必须和国际标准一致起来，对国内外人民的健康都要负责。

⑤对外商企业的非歧视待遇。对外商投资企业与本地企业一视同仁是世贸组织追求的目标。我们对外商企业来华投资的市场准入和不同行业投资的股比要求做了调整，并对鼓励类、限制类、禁止类行业导向目录做了调整，使外商企业在华投资和经营环境得到较大改善。另外，过去外商企业享受超国民待遇，只缴纳 15% 的所得税，而我国企业的所得税是 33%。经过调整，现在企业所得税一律调整为 25%，符合世贸组织非歧视性原则。

⑥农业方面的举措。加入世贸组织大家最担心的是农业，如果农业受了冲击问题就大了，国家的稳定就会受很大影响。入世之后我国农产品关税大幅下降，从加入前的 60% 以上降到平均 15.3%。一些大宗商品如大豆甚至降到 3%。尽管降税的风险和难度很大，在中央各部委特别是农业部和财政部的共同努力下我们还是履行了承诺。与此同时，我们也采取了一些相应措施。很重要的一个就是取消了农业税。两

千多年来中国一直有农业税，种地纳皇粮对中国农民来说是天经地义的。然而在西方发达国家，农民不但不交农业税，而且政府还给非常高的补贴，在OECD国家每天平均高达10亿美元。我们借鉴了他们的经验，除了取消农业税以外，还通过各种渠道加大了支持三农的力度，按照WTO规则，给农民更多的支持，以保证他们的生活水平不受影响。

其次，学习规则、掌握规则，运用规则来应对国际上的贸易摩擦，解决争端。

发达国家利用反倾销、反补贴等贸易保护措施限制中国的出口，发展中国家也担心中国抢占它们的国际市场份额。怎么应对贸易摩擦是中国面临的很大挑战。加入世贸组织之后，中国出口增长势头很猛，甚至在金融危机时期也不例外，尽管2009年中国出口下降了20%，但是在世界市场的份额反而从9.1%增长到9.9%。中国出口下降了，但是由于其他国家出口下降更多，中国的份额反而增长了，说明中国的出口竞争力仍然是非常强的。有些国家时不时对我们搞一些反倾销，我们也没有反应特别激烈，有时用一些我们自己的反倾销措施，抵消一下。一方面由于国内出口企业要求强烈，另一方面也是警告一下其他成员要慎用贸易保护措施。虽然我们也理解他们的处境，但是我们必须很好地有理有利有节地加以应对。在这个过程中，中国的企业也积累了很多经验，很多企业应对得非常好，及时回答问卷调查，反馈各种信息，最终获得较低的反倾销税，把负面影响降到最低程度。

在WTO的框架下解决争端也是很重要的内容。在不断解决争端的过程中，我们逐渐积累了经验。入世之后，我们加入欧盟、日本、加拿大、印度、巴西的行列对美国的钢铁保障措施发起争端解决起诉。欧盟人教我们如何避免程序中可能出现的陷阱，几个国家分工，协调得非常好，最后打赢了官司。欧盟人和我们开玩笑，说现在我们教你们怎么打官司，将来你们可以拿来对付我们。他们还真的不幸言中了，不久前我们就告了他们紧固件反倾销的案子，最后我们胜诉。这也是我们在干中学的结果吧。当然，欧盟在知识产权、紧固件反倾销、出版物案等也起诉了中国。此外，我们在诉美国禽肉进口限制案、反倾销、反补贴案和紧固件反倾销案上也都胜诉。

在其他成员告中国的案子中，汽车零部件案我们是败诉的，但是我们争取了三四年的时间，使国内汽车产业有了进行调整的空间。裁决下来以后我们也服从了改正了。知识产权的案子美国告我们，表面上它胜诉了，但在关键的刑事门槛这一条款上，即在造成多大侵权以后才足以判刑，以及海关如何处置侵权产品的问题上，中国的做法得到认可。还有出版物和轮胎特保案等，在这些方面我们虽然是败诉的，但在实际上有助于加深我们对世贸规则条文的理解，裁决下来我们也是要履行的。这是维护多边体制、负责任的表现，同时也起到了促进国内改革的作用。

在所有案件的处理方面，中国的成绩与欧盟、美国相比差不多。一般他们告别人 80% 胜诉，别人告他们 80% 败诉。作为一个新成员，这个成绩来之不易。通过 WTO 争端解决机制赢一个案子以后，就会促使其他国家内部修改一些法律。如果没有 WTO，任何一个政府让另外一个政府，尤其让美国、欧盟修改内部的规定，是非常难的。在这方面我们不断地积累经验，也锻炼了专业队伍。

再次，参与规则的制定。中国加入世贸组织，不仅要履行承诺，更重要的是参与国际贸易规则的制定，这主要体现在多哈回合谈判中。

根据多哈部长会议的授权，谈判涉及内容十分广泛。发展中成员最关心的是大幅削减发达成员的农产品补贴。这是多哈回合谈判最核心的问题。多年来发达成员对农产品的巨额补贴使发展中国家农民深受其害。一方面发展中国家农产品出口难以扩大，另一方面，发达国家廉价的农产品充斥发展中国家市场，造成这些国家农民进一步贫困化。OECD 国家对农产品的补贴每年高达 3600 亿美元，这种现象再也不应当继续下去了。发达国家在谈判中更关心的是发展中国家的市场开放。尤其是美国，把矛头指向新兴经济体，要求巴西、中国、印度、南非等发展中成员进一步降低关税，开放农业、工业品和服务贸易市场。

在多哈回合谈判初期，中国尚处于学习阶段，处于谈判的外围，随着谈判不断深入，中国的作用越来越大，最后进入了谈判核心圈。中国是积极推进多哈谈判的。2005 年，中国召集了大连小型贸易部长会议，为年底的香港贸易部长会奠定了基础。2008 年月，总干事拉米（Pascal Lamy）在日内瓦召集小型贸易部长会议，旨在为多哈回合谈判做最后冲刺。陈德铭部长同美国、欧盟、巴西、印度、日本、澳大利亚的贸易部长进行了长达 10 天的谈判，尽了最大努力，既坚持了原则，又显示了一定灵活性。最后因为印度和美国国内政治问题，谈判没有取得突破，非常遗憾。

资料来源：孙振宁："中国入世十周年之际的回顾与展望"，《国际经济评论》，2011 年第 4 期。

⠿ 9.4　WTO 允许的相机保护措施

WTO 允许的相机保护措施成为中国加入 WTO 后可以合法使用的保护本国市场和产品免受不公平不公正竞争行为侵害的有力武器。

9.4.1　反倾销

一般来说，倾销（dumping）指出口国以比国内更低的价格在国际市场上销售，是国际贸易中的价格歧视。倾销可分为持续性倾销和间歇性倾销。持续性倾销（persistent dumping）指产品连续不断地以低于本国市场的价格在进口国内销售，通常是垄断性的出口厂商出于利润最大化动机，根据各国市场的需求状况以不同价格出售，是一种价格歧视。间歇性倾销又分为掠夺性倾销和偶发性倾销。掠夺性倾销（predatory dumping）指出口国企业以低价向进口国出售商品将进口国生产商逐出市场后再提高价格的倾销行为；偶发性倾销（sporadic dumping）指出口国将暂时性生产过剩的产品以更低的价格在进口国出售的倾销行为。在实际操作中，有时很难判断一种倾销行为到底是上述中的哪一种。

倾销经常被企业用来作为争夺国外市场的手段，这时倾销变成了一种不公平不正常的竞争，为此，关贸总协定以及目前的世界贸易组织在努力降低各国关税壁垒的同时，却允许各国对倾销征收关税，以消除国际贸易中的不公平。至于如何确定某一进口产品是否存在倾销，《WTO 反倾销协议》明确规定主要看这一产品是否以低于它的正常价值在国外市场销售。具体来说，看这一产品的价格是否符合以下条件：低于相同产品在出口国正常情况下用于国内消费时的可比价格，如果没有这种国内价格，则低于①相同产品在正常贸易情况下向第三国出口的最高可比价格；或②产品在原产国的生产成本加上合理的管理费、销售费等费用和利润。符合其中任何一个条件，则倾销存在，否则不算倾销。

倾销成立是进口国政府实行反倾销的必要条件，但不充分。进口国是否应该对倾销采取反击措施还要看倾销是否真正伤害了本国产业。根据 WTO 规定，实施反倾销措施必须满足三个条件：①倾销成立；②国内产业受到损害；③倾销与损害有因果关系。国内产业应该包括进口国境内相同产品的全部生产商或产量占绝对高比例的部分生产商，不能根据少数几个生产商的情况就认定行业损害。需要根据倾销进口商品数量的增长、进口国境内市场相同产品的价格变化和进口国境内相同产品生产商受到的冲击等几个方面的情况判断国内产业是否出现损害。

当进口国认为外国企业有倾销行为时可以发起调查。反倾销调查可以由受倾销影响的国内企业申请，也可以由政府有关部门直接进行。目的在于核实是否存在倾销、产业损害以及二者之间的关系。调查当局有义务将调查内容及要求提供的信息资料通知所有相关当事人，出口商收到调查表后至少有 30 天的时间准备应诉。

如果调查结果表明倾销存在、产业受损且两者之间存在因果关系，并确定了倾销幅度，进口国政府就可以实施反倾销措施。一般是征收反倾销税，以抵消出口国厂商不合理的价格优势（倾销），即通过征收关税的反倾销行为来抵制出口国"不公平"的倾销行为。征收额不可大于倾销幅度。

反倾销的初衷是反对国际贸易中的不公平竞争，但实际上反倾销常常被用作保护主义的工具。尤其在传统的贸易保护手段越来越不易使用的情况下，以反倾销之名实行保护的做法越来越普遍。从 1987 年到 1997 年的 11 年中，由美国、西欧等发达国家指控别国倾销的案例就超过 1376 起，占此期间反倾销调查案的 63%。反倾销政策已成为反对外国竞争者的主要武器。1993 年初，美国新总统克林顿执政后的第一项重大贸易措施是对从日本、韩国、德国、英国等 19 国进口的钢材课征"反倾销税"。这项平均税率为 27% 的反倾销政策足以使许多外国钢材从美国市场上消失。随着中国与国际市场关系的日益紧密，针对中国产品发起的反倾销案也越来越多。中国改革开放以来被控"倾销"的第一个案例是 1979 年 8 月欧共体对中国糖精和盐类征收反倾销税。到 2000 年底，中国已经遭到了近 400 起反倾销调查。2003 年全球 WTO 成员发起的 194 项反倾销调查中，针对中国的案件就有 54 起。

中国频繁遭受反倾销调查的一个主要原因是中国的市场经济地位问题。WTO 对倾销的定义是一国产品以低于"正常价值"的价格出口到另一国，并对进口国相关工业造成了损害的行为。由于 WTO 绝大部分成员是市场经济国家，其运作遵循着市场经济规则，所以所谓产品的"正常价值"是以市场经济国家生产的产品价格来衡量的。对非市场经济国家，"只要用来确定正常价值的方法是合适与合理的"，就可用某一市场经济国家相似产品的价格作为标准，即所谓的第三国参照，反倾销案发起国的调查当局如果认定调查商品的出口国为非市场经济国家，将引用与出口国经济发展水平大致相当的市场经济国家（替代国）的成本等数据，计算所谓正常价值并进而确定倾销幅度。其依据是非市场经济国家的资源由政府控制，企业多属于政府或受政府干预，产品价格扭曲，不是由市场决定的；当这些产品流入市场经济国家，就会构成对后者相关企业的不公平竞争。

尽管中国在改革开放和市场经济建设中取得了有目共睹的巨大成就，但是欧盟和美国等世界经济巨头一直没有承认中国的市场经济地位。在中国加入 WTO 时，主要贸易伙伴坚持加入了几项对中国贸易不利的条款，即有效期为 12 年的"特定产品过渡性保障机制"条款，持续 15 年的"确定补贴和倾销时的价格可比性条款（非市场经济条款）"和到 2008 年底终止的"纺织品特别限制措施"。据此，中国在加入 WTO 后 15 年内，WTO 其他成员国有权不承认中国的市场经济地位。欧美国家根据这一规定，在反倾销法中，视中国为非市场经济国家，在比较中国产品的反倾销幅度时，拒绝使用中国企业本身的内销价和成本，而以替代国的正常价格作为比较的基础。替代国某种产品正常价格的认定越高，判定中国该项产品的倾销幅度就越大，这样中国就处于非常不利的地位，要依据倾销幅度缴纳更多的保证金和征收高额反倾销税。比如历经数年之久的美国针对中国浓缩苹果汁出口的反倾销一案中，美国商务部对中国企业进行立案调查时，选用印度作为替代国确定中国企业产品的生产成本，由于印度劳动力等成本远高于中国，导致替代价格的参考价格是中国的两倍以上，结果中国企业在初裁时被课以高额临时反倾销税。

经过中国政府长期不懈的努力，欧盟1998年修订了反倾销法，规定了5条标准，若企业能达到这5条市场经济标准，在反倾销调查中可不用替代国正常价格，而用企业自己的正常价格，这5个标准是：①生产投入、销售、投资方面的价格成本要反映供求关系，不得有国家干预；②企业要有一套适用于所有场合、按国际会计标准审计的会计账簿；③生产成本和财务状况，包括资产的折旧、债务的偿还等，按市场经济法则，不得有歪曲；④企业在法律保护下经营，包括受制于破产法和企业财产法的约束，企业不受政府干预而成立或关闭；⑤货币的兑换按照市场汇率。但该修正案及其实施状况表明，大多数的中国应诉企业并不能从此修正案中获益。迄今为止，因获得市场经济地位用企业自己的正常价格和出口价格比较，从而确定倾销幅度和税率的案例十分有限。

在积极应对外国对华反倾销诉讼的同时，中国也不断拿起反倾销的合法武器，保护自己的合法权益。1997年首次颁布有关反倾销的法规《中华人民共和国反倾销和反补贴条例》，2002年1月《中华人民共和国反倾销条例》取代了原法规，对反倾销和反补贴予以分别规定。2004年4月再次颁布新《中华人民共和国反倾销条例》，统一了反倾销调查机关，明确反倾销调查由商务部负责；增加了"征收反倾销税应当符合公共利益"和有关有利于追溯征税措施的规定。1997年12月中国发起了第一例反倾销调查，对来自美、加、韩的新闻纸调查，随后中国对来自20多个国家和地区的30种产品发起了反倾销调查，涉案金额累计约59亿美元。目前中国反倾销调查呈现出三大特点：第一，反倾销立案数急剧增加，在1997年至2001年底中国加入WTO前的5年中，反倾销立案12起，而从2001年底加入WTO后到2004年初不到3年的时间内立案18起。这表明了中国加入WTO以后，进口关税进一步降低，非关税壁垒进一步削减，进口贸易额迅速增加，加之进口产品不公平贸易行为的客观存在，国内产业运用反倾销措施的情况日渐增多。第二，反倾销调查涉案产品类型较集中，所属行业均为中国贸易逆差的行业。涉案产品多为原材料性产品，主要涉及化工化纤（23 起）、钢铁（3 起）、造纸（3 起）、光纤（1 起）等行业。第三，反倾销涉案国家和地区比较集中。30 起案件共涉及 22 国家和地区（包括欧盟和中国台湾地区），特别高度集中在韩国（22 起）、日本（17 起）、美国（14 起）、欧盟（9 起）、俄罗斯（7 起）和中国台湾地区（7 起）。地区集中主要是因为中国目前对韩国、日本和台湾地区处于逆差地位，双边贸易不平衡带来的贸易摩擦必然反映在反倾销调查当中，而且像美国、欧盟、俄罗斯等中国主要贸易伙伴在某些产业上具有比较优势，存在侵占中国市场的可能。在已经受理的 30 起反倾销案件中，23 起已做出初裁或终裁。

9.4.2　反补贴

如前所述，一国可以通过出口补贴鼓励出口。补贴降低了企业的出口成本，使企业能够在较低的价格下出口更多产品。补贴破坏了自由贸易基础，给进口国带来利益损失。为了维护公平贸易，关贸总协定"乌拉圭回合"的多边贸易谈判中达成了《补贴和反补贴协议》，明确了 WTO 规则下的反补贴机制。

并不是所有补贴都可以成为实施反补贴措施的对象，协议将补贴分为三类：禁止使用的补贴、可起诉补贴和不可起诉补贴。针对不同的补贴协议有不同的规定。

协议规定 WTO 成员国不可使用以下补贴：按出口指标完成情况向企业提供现金补贴；出口企业的外汇留成或类似鼓励措施；在运输上为出口货物提供优于内销产品的待遇；对出口产品的生产以比内销产品更有利的条件提供投入要素；减免、退回或缓征出口企业应缴或已缴的直接税；给予出口企业比内向企业更高的征税基数折扣；向出口企业提供优于内销企业的间接税减免或其他优惠；在按生产流程分级征收的间接税上，给予出口企业的减免或其他优惠高于内销企业；对出口企业使用的进口原材料实行的进口退税超过进口税实际征收额；政府机构以比内销企业生产更为优惠的条件向出口生产企业提供信贷担保或保险；政府机构为出口企业提供的信贷利率低于市场实际利率；对初级产品以外的任何出口产品所给予的直接或间接补贴，并导致其出口价格低于其可比的内销价格；以任何形式向出口经营活动和进口替代经营活动提供的其他政府补贴。

可起诉补贴指 WTO 成员国在一定范围内允许实施，但如果在实施过程中对其他成员国的经济利益造成严重损害就可以成为反补贴对象的补贴。具体包括：政府机构的活动涉及向某些特定企业提供直接或间接的资金转移（赠款、贷款）或承担责任（贷款担保等）；政府机构对某些特定企业实施缓征税收、差别税率、注销拖欠税款、减免税收等优惠措施；政府机构以特别优惠的条件向某些特定企业设备或原材料等货物；政府机构通过民间基金组织或其他私人机构向某些特定企业提供资金、安排税收优惠或提供货物或服务；政府机构对某些特定企业或产业所实施的各种收入保证或价格支持；政府机构为某些特定企业提供的其他任何优惠。

协议规定以下补贴不属于实施反补贴措施的调查对象：对所有企业都适用、不是专门向某些特定企业提供的补贴；在一定的地理区域内对所有企业都适用的补贴；为推动科学研究和技术进步而向某些特定企业提供的补贴；以环境保护为目的的补贴；严格限制在短期内实施并逐步取消的补贴；在执行前一个月已经通报补贴与反补贴委员会和各成员方并未得到任何反对意见的补贴；政府按商业惯例提供的产权资本、贷款、贷款担保、供应或购买商品或服务。

具体操作中，反补贴措施不是任意使用的。在向进口商品征收反补贴税前，政府必须提供足够的证据来证明：①补贴确定存在；②同类或相同产品的国内产业已受到实质损害；③补贴与损害之间存在着因果关系。只有满足了这三个条件，进口国政府才可以对出口补贴采取反补贴措施，即向受到补贴的进口产品征收反补贴税。反补贴的原则是征收与外国政府对外国进口品供应商发放的补贴相当的关税，使本国和外国的产业重新站在同一起点上从事贸易。所以反补贴税的总额不超过进口产品在原产地直接或间接得到的补贴。

与以反倾销之名实施贸易保护一样，反补贴也成为 WTO 成员国进行贸易保护的重要工具。但和反倾销调查的案件相比，反补贴调查的案件要少得多，原因在于调查国很难获得出口国提供给该国生产商补贴的详细资料，而且，补贴在全世界范围内广泛存在。除非在非常明显存在补贴的情况下，否则各国一般不愿进行反补贴调查，以免引起其他国家的报复。

根据 WTO 统计，自 WTO 正式成立起（1995 年 1 月 1 日）至 2001 年 6 月 30 日，共有 13 个 WTO 成员发起 128 起反补贴调查。其中，发起调查最多的国家是美国，为 48 起；其次为欧盟、加拿大、南非、新西兰，分别为 34 起、11 起、10 起和 6 起。被调查最多的国家是印度，为 25 起；其次为意大利、韩国、欧盟、泰国、南非，分别为 11 起、10 起、7 起、7 起、6 起。在这期间有 11 个 WTO 成员在 67 起反补贴调查中采取了反补贴措施。其中，采取反补贴措施最多的是美国，为 21 起；其次为欧盟、墨西哥、加拿大、巴西，分别为 15 起、7 起、6 起、5 起。被采取反补贴措施最多的是印度，为 11 起；其次为意大利、巴西、欧盟和印度尼西亚，分别为 8 起、6 起、6 起、4 起。在国际反补贴案件中，发达国家明显占据主动和优势地位。在发达国家总计发起的 100 件反补贴调查中，针对发展中国家就发起了 71 起，比例为 71%；而发展中国家对发达国家只发起了 12 起。在发达国家最终实施的 47 起反补贴措施中，其中针对发展中国家的就有 30 起；发展中国家对发达国家则只实施了 6 起。在所有提交至 WTO 争端解决机构的 27 起争端中，发达国家之间的争端达到 19 起，发展中国家针对发达国家提起的申诉只有 6 起。

中国反补贴法的有关规定最早出现在 1994 年 7 月实施的《对外贸易法》中的第 31 条："进口的产品直接或间接地接受给予国的任何形式的补贴，并由此对国内已建立的相关产业造成实质损害或者产生实质损害的威胁，或者对国内建立相关产业造成实质阻碍时，国家可以采取必要措施，消除或者减轻这种损害或者损害的威胁或者阻碍。"1997 年 3 月颁布的《中华人民共和国反倾销和反补贴条例》首次对反补贴作了明确的规定。2001 年 11 月国务院又颁布了反补贴的专门法规《中华人民共和国反补贴条例》，共六章五十八条，详细规定了补贴和反补贴的问题：进口产品存在补贴，并对已经建立的国内产业造成实质损害或者产生实质损害威胁，或者对建立国内产业造成实质阻碍的，依照本条例的规定进行调查，采取反补贴措施。对补贴的调查和确定，由外经贸部负责；对损害的调查和确定，由国家经贸委负责，其中涉及农产品的反补贴国内产业损害调查由国家经贸委会同农业部进行。条例规定了在确定补贴对国内产业造成损害时应当审查的事项。国内产业或者代表国内产业的自然人、法人或者有关组织可以依法向外经贸部提出反补贴调查的书面申请。条例还规定了反补贴调查、反补贴措施（包括临时措施、承诺、反补贴税）、反补贴税和承诺的期限与复审，并对出口补贴清单做了规定。外经贸部、国家经贸委可以采取适当措施，防止规避反补贴措施的行为。2004 年 3 月对条例做了进一步修订，将原来外经贸部和国家经贸委的职责归并到商务部。

9.4.3 保障措施

WTO《保障措施协议》规定国内产业受进口产品严重损害时，政府可以实行临时的进口限制以保护国内生产者。在关税和非关税保护政策日益受到限制的情况下，许多发达国家利用这一措施对本国企业实行"紧急保护"。《协议》规定了实施紧急保障措施的条件：经过调查确定某项进口产品的大量增加对国内同类或直接竞争产品的生产商造成或即将造成严重损害。

协议强调采取保障措施的目的是促进"结构调整"和"提高而非限制国际市场的竞争"，保障措施实施的程度只能以制止或挽回严重损害和促进调整的必要为限，并基于最惠国待遇原则。应该由调查当局决定提高关税或实施配额的数量。协议特意对发展中成员国规定了差别和特殊待遇。如果某一产品来自发展中成员国的进口数量不到进口国同一产品总进口量的 3%，则进口国不能对这一发展中成员国实施保障措施。但如果来自这一发展中成员国的总进口量达到该国总进口量的 9% 以上，则此免责条款不适用。此外，为了促进发展中国家发展新兴工业或幼稚工业，发展中国家拥有特殊的灵活性，可以暂时采取保障措施限制进口。但必须在实施前向 WTO 秘书处通知以下内容：为促进某一特定产业或几个产业部门发展而实施更高水平保护的必要性；打算实施的限制措施的类型；进口对发展上述产业的不利影响；采取限制进口以外措施的不可行理由。

为了防止各国利用这一措施实行贸易保护，协议对紧急保障措施的使用有时间限制：保障措施不得超过 4 年，延长后总期限不得超过 8 年，发展中国家为 10 年。为帮助受影响产业适应保障措施取消后的竞争环境，协议要求任何一项保障措施必须从期限还剩下 1 年的时间起逐步实现自由化。并规定保障措施实施 3 年后要接受中期评审，以判定是否需要撤销或者加速自由化。

| 专栏9.5 | 中国输美轮胎特保案 |

2009 年 9 月，美国总统奥巴马宣布对中国进口美国轻型卡车和乘用车轮胎启用特保措施，在 4% 的原有关税基础上，在今后三年分别加征 35%、30% 和 25% 的附加关税。这是 2001 年美国支持中国加入 WTO 以来，第一次运用"特保条款"对中国产品征收惩罚性关税。此前，中美之间共发生了 7 桩"特保"纠纷，其中四起被美国国际贸易委员会判定成立，但都未能启动"特保"措施。

"特保"是"特定产品过渡性保障机制"和"特殊保障措施"的简称，是西方国家对他国出口商品"数量激增"的手段。中国在加入 WTO 时曾承诺，中国产品在出口有关 WTO 成员国时，如数量增幅过大，以至于对这些成员国的相关产业造成"严重损害"或构成"严重损害威胁"时，这些 WTO 成员国可单独针对中国产品采取保障措施。特保实施期限为 2001 年 12 月 11 日至 2013 年 12 月 11 日。

美方认为中国输美轮胎增加扰乱了美国市场，导致美国轮胎企业倒闭及工人失业。源起是 2009 年 4 月，美国钢铁工人协会（代表美 9 个州 13 个工厂的 1.5 万轮胎工人，产量占全美产量的 50%）宣布，依据美国 1974 年贸易法第 421 条款，向美国国际贸易委员会提出对中国输美商用轮胎的特殊保障措施案申请，要求美政府对中国出口的用于客车、轻型卡车、迷你面包车和运动型汽车的 2100 万个轮胎实施进口配额限制。根据美方统计，2008 年中国出口美国的轮胎达 4600 万个，金额 17 亿美元，成为美最大商用轮胎来源地。2004～2008 年，中国轮胎对美出口快速增长，5 年间数量增长 215%，金额增长 295%。而中方认为，2007 年以来中国轮胎产品对美出口增长并不明显，2008 年比 2007 年仅增加了 2.2%，2009 年上半年比 2008 年上半年同期还下降了 16%；中国涉案产品主要供应美国的维修市场，而美国自产轮胎主要供应原配市场和替换市场，两者并不存在直接竞争关系；美国内轮胎产业的经营状况在中国产品进入美国市场前后并无明显变化，即使在中国产品出口增幅最大的 2007 年，其盈利情况也表现良好；美国内产业关停部分工厂和生产设备的行为是出于选择高端市场而主动进行的结构调整，与中国产品的进口无关。即使美国停止进口中国产轮胎，此类轮胎仍然要从其他国家替代进口。

2008年，中国的轮胎产量已经达到3.5亿条，其中40%出口，出口中又有30%到美国。美国对中国轮胎加征高额关税，意味着中国轮胎将失去美国市场，有10万人可能因此失业，而美国则有2.5万人要失业，加上轮胎销售、仓储、运输、装卸等环节，受影响的也将近10万人。现在美国经营中国轮胎的进口经销商有200多家，零售商也有43100多个，美国在华有4家轮胎生产企业，并占中国对美轮胎出口的2/3，特保案也将直接影响这些美资企业的利益。这样一个结果可以说是两败俱伤。

2009年9月13日，中国商务部宣布对来自美国的部分汽车和肉鸡产品启动反倾销与反补贴立案审查程序。9月14日，中方向WTO申诉。2011年5月，WTO终裁，宣布中方败诉。

资料来源：根据有关报道整理。

第 10 章
区域经济合作中的中国

从 20 世纪 90 年代后期开始，在 WTO 主导下的多边贸易谈判机制停滞不前的背景下，区域贸易及经济合作却如火如荼地全线铺开。中国也以东亚为中心，不断扩大其区域经济合作的范围。本章主要讨论区域经济合作的内容、效应及与多边主义之间的关系，以及世界三大洲区域经济合作的进程。

10.1　区域经济合作的内容与效应

根据区域经济合作协议内容的不同，区域经济合作有不同层次的合作类型，对经济、社会的影响也有不同。

10.1.1　区域经济合作的内容与形式

从合作内容上看，区域合作最初级的形式可能只是特惠贸易协定（PTA），高级的形式可能是商品和服务的自由贸易，甚至实现经济的一体化。按合作程度从低到高排列，分别有特惠贸易协定、自由贸易区、关税同盟、共同市场和经济同盟。

根据特惠贸易协定进行的区域合作是最松散的合作形式，参加协定的成员国之间的贸易壁垒要低于与非成员国进行贸易时的壁垒。如 1995 年实施的"南亚特惠贸易安排协定"。当合作内容进一步扩展到成员国之间解除彼此所有的贸易壁垒，同时保留各自对非成员国的贸易壁垒时，合作形式即成为自由贸易区（FTA）。如北美自由贸易区、中国—东盟自由贸易区、东南非洲自由贸易区、欧盟—地中海沿岸国家自由贸易区。关税同盟（CU）的合作又比自由贸易区更为紧密，不仅成员国之间解除了所有的贸易壁垒，还协调彼此的贸易政策，对外建立统一的关税政策及贸易壁垒。

如东部和南部非洲共同市场（1999 年）、安第斯集团（1993 年）、南方共同市场（1995 年）和西非关税同盟（2000 年）。共同市场（CM）的合作内容比关税同盟更进一步，取消要素流动的壁垒。就是说成员国不仅实现了商品和服务的自由流动，还实现了彼此之间资本和劳动的自由流动。经济同盟（EU）是非常高级的合作形式，除了上述所有的合作内容外，成员国之间协调，甚至统一货币和财政政策。欧盟是其典型代表。最高阶段的经济合作就是完全经济一体化，成员国建立超国家的管理机构，完全统一各国的财政、货币和国际经济政策，使用共同货币，在国际经济决策中采取统一立场。

10.1.2 区域经济合作的效应

前一章分析了 WTO 主导下的多边贸易机制推动了全球贸易自由化，WTO 成员国无疑享受了贸易自由化的好处，但与此同时，他们又积极地推行区域经济合作。一定存在某些理由，使得区域经济合作的效应超过了多边贸易体制。区域经济合作的效应最早是从分析关税同盟的静态效应开始的。

（1）关税同盟的静态效应

关税同盟具有贸易创造和贸易转移两种效应。贸易创造指关税同盟建立后同盟国之间的贸易规模增加。比如，中国与东盟成立关税同盟，彼此之间取消关税，对外实行统一的关税政策。过去因为关税而难以进入中国市场的东盟农产品现在可能出口到中国，同样原来由于关税而难以进入东盟市场的中国制造业产品现在可能出口到东盟，结果，彼此之间的贸易规模增加。

贸易转移指原来来自同盟外非成员国的进口现在被同盟内成员国的进口取代，贸易对象从非成员国变成了成员国。假设中国对某一矿产品征收20% 的进口关税，假设考虑运输成本后，澳大利亚的这一矿产品价格仍然比东盟国家低，中国应该会选择从澳大利亚进口。如果中国与东盟建立关税同盟，取消对东盟的关税，保留对澳大利亚的关税，这时从东盟进口的价格可能低于来自澳大利亚的进口价格，于是，贸易发生了转移，自澳大利亚的进口变成了自东盟的进口。我们发现，来自澳大利亚的更低成本的进口被同盟内成员国相对更高成本的进口所取代了。

关税同盟对一国的福利影响大小取决于一系列因素。如果成员国之间建立关税同盟前的贸易壁垒较高，关税同盟更可能在成员国之间创造贸易而不是将贸易从非成员国向成员国转移；建立关税同盟前成员国与非成员国的贸易壁垒越低，贸易转移的空间越小；建立关税同盟的国家数量越多规模越大，在同盟国范围内产生低成本生产者的可能性就越大，建立关税同盟的效果就越好；同盟国间经济竞争的程度越高，在同盟国中就有更多的机会实行生产专业化和贸易创造，从这个角度看，两个竞争的工业国建立关税同盟要比由一个工业国和一个农业国形成的关税同盟更有可能增加福利；关税同盟成员国之间的地理位置越靠近，运输成本成为成员国之间贸易创造的障碍的可能性越小；成员国与潜在同盟成员国之间的贸易和经济交往较多，就越有可能增大福利。

（2）关税同盟的动态效益

关税同盟除了具有上述静态福利效应外，还会带来不少动态效益。这是竞争加强、投资增加、经济资源的有效利用以及规模经济的作用形成的。

首先，建立关税同盟能够加强同盟内的竞争。存在关税等进口保护措施时，国内价格被抬得较高，一些高成本的生产者得以进入市场，低成本的生产者，尤其是那些垄断者也就缺乏创新和进一步降低成本的动力。建立关税同盟后，同盟国之间的贸易壁垒消除，各国生产者面临着同盟国低成本产品的威胁，必须努力提高效率、降低成本，以增强竞争力，从而刺激同盟内各国总体竞争水平。

其次，关税同盟形成的广大的市场更容易实现规模经济。贸易壁垒取消后，同盟国低成本的生产者现在面对更大的市场，可以出口更多商品，所以更容易实现规模经济。另一方面，由于同盟内专业化分工程度加强，各成员国生产的产品种类大为减少的同时，产品单位成本大大降低。

再次，关税同盟的建立有可能刺激非成员国到关税同盟内投资设厂（即所谓的关税工厂），就地销售，以避免关税同盟对非成员国产品继续保持歧视性贸易壁垒。

最后，建立关税同盟后，在更大范围内自由流动的劳动力和资本可以使同盟内各国的经济资源得到更有效利用。

专栏 10.1　　　　　　　**区域贸易协定的非传统收益**

许多政策制定者和研究人员逐步认识到，RTAs 不只提供了传统上的收益，一定还有非传统意义上的收益在区域贸易协定中发挥着作用，否则现实中的许多区域经济一体化现象将无法得到解释。因此就有了"新地区主义"这个名词。这个名词所指的区域贸易协定的非传统收益有：区域贸易协定可以在保证政策的连贯性、发信号、提供保险、讨价还价能力、发挥协调一致机制等方面为成员国带来收益。

理解以上这些区域内贸易的收益的产生，应该注意到来自 RTAs 的非传统收益都是通过投资来发挥作用的。因为不管是对本国还是外国投资者，投资的激励不但依赖于目前的贸易政策，还依赖于未来的贸易政策，依赖于不确定性的性质和水平，取决于总的宏观经济和政治环境。正是如此，许诺、发信号以及保险机制，因其具有减少不确定性或者增加可信度的实际效应而显得非常重要。可信度的增加使得私营部门更易于计划和投资。由此可见，在一些情况下，源于 RTAs 的不确定性的减少甚至是实现自由化收益的一个先决条件。

第一，时间上的不连贯。如果一项贸易自由化或国内改革的政策能提高该国的福利，但在缺乏 RTAs 约束的情况下不能持久时，则 RTAs 能为该国带来非传统收益。因为政府常常面临改变政策连贯性的诱因，比如说在经济衰退或受到外部冲击时，出于稳定经济考虑或受到国内利益集团的压力，政府常常会有改变政策的意图。在没有约束的情况下，自由化政策或国内的改革很可能被逆转，这将动摇政府政策的可信度。在存在外部约束的情况下，则不会出现这种情况。由于 RTAs 能清晰地规定国内改革和一个适当的惩罚措施，从而能作为一项承诺机制。时间上的不连贯也可用于政治分析中。当一个国家目前的政府不存在政策在时间上的不连贯问题，但是它担心后任政府不能遵循它的政策方向，那么它就会通过加入 RTAs 对后任政府的政策形成约束。因此，固守 RTAs 的规则约束能建立可信度。

然而，我们必须面对这样一个问题，即为什么一国不通过全球性贸易体制，或者通过国内的政策，而需借助 RTAs 迫使该国遵守贸易自由化呢？国内政策相对容易反驳，因为政府难以严格约束自己不去保护一个行业。关于全球性贸易体制，答案一定在于，对于两个组织（全球性组织和区域性组织）中的国家来说，惩罚违约成员的激励有很大的不同。在全球性组织内，贸易结构更为分散，对于单个成员来说，挑出违约者的激励可能更小，过程可能更慢，结果可能更为不确定。在一个区域性组织中，这些问题都得到了很好的解决。

第二，信号。来自 RTAs 的另一个潜在收益是发信号。对于作为信号机制运行的 RTAs 来说，其作用不在于约束政府，使它保持政策前后连贯，最重要的是在确定环境下加入 RTAs 这个事实本身。通过这个行动向外界发出信号，使得外国投资者看到该国的政策新动向。这个信号可能是立场信号（本国是自由主义抑或是保守主义的政府）；其次是经济状况的信号；最后，RTAs 还可发出关于政府间关系的信号。

第三，保险。通过为至少一个成员国提供防范未来或有事件的保险，一个 RTA 能改善其成员国的福利。这有助于解释为什么在一些协定中，特别是在既有大国又有小国的协定中，较小的国家愿意以较差的条件加入协定。保险收益发生在防止贸易伙伴实行贸易保护、防止在世界的贸易战中受损、取得更有利的条款保障以及能吸引更多的投资等方面。

第四，讨价还价能力。加入 RTAs 的国家可以增加它们对第三方的讨价还价能力。如果这些国家结合起来比单独行动有更大的讨价还价能力，如果 RTAs 将减少达成最佳协议时的交易成本，那么讨价还价说能够成立。这项解释对于一个关税同盟，比起对于一个自由贸易区来说更有说服力。

第五，协调一致机制。对于自由贸易协定的另一项政治经济解释是，它们能把那些从自由贸易中获益的人组织起来，使其协调行动。我们知道，来自贸易自由化的收益相当分散、不确定，也需要更长期才能觉察，然而，谁受到了损失，受到了多少损失可立即观察得到。这些因素的存在使得支持自由贸易的人比起那些反对的人更加难以协调一致。在地区的而非全球自由贸易的背景下，由于较易确定谁将从自由贸易中获益，所以能够动员支持自由贸易的力量。所以，RTAs 可以起到协调机制的作用。

资料来源：摘自白当伟、陈漓高："区域贸易协定的非传统收益：理论、评述及其在东亚的应用"，《世界经济研究》，2003 年 6 月。

⁞⁞⁞ 10.2 区域主义与多边主义

2007 年，商务部副部长易小准曾以"中国在区域经济合作大趋势下的抉择与作为"为主题，在中国政府网和商务部网上与网民进行了在线交流。针对网民提问"自贸区跟 WTO 究竟是什么关系？中国政府怎么来处理两者之间的关系？"易小准副部长指出：

"WTO 是多边贸易体制，共有 150 个成员，通常是通过谈判相互开放市场。但是自贸区是属于双边或少数国家之间的谈判和更广泛的市场开放。所以我们认为，WTO 是一个基础，包括开放水平和规则都是自贸区谈判的基础。自贸区就是要进一步开放和建立更完备的规则。但是世贸组织成员众多，大家利益是各不相同，因此谈判时间相对来说非常漫长，大家知道乌拉圭回合谈了整整 8 年，多哈回合从 2001 年开始，现在还没有结束，而且进展非常艰难。

所以和世贸组织的谈判相比，自贸区谈判因为选择伙伴少，容易找到大家相互之间的利益共同点，所以这种谈判能够比较快地达成协议。比如美韩自贸区协议，用了不到一年时间就达成协议。另外，自贸区成员相互给予的优惠条件，不必给予其他的国家和地区，使在开放市场上胆子可以更大一点。

我们认为，WTO 和自贸区都是推动世界贸易自由化的重要途径，都是中国推进对外开放，以开放促改革、促发展的重要渠道。自贸区是对 WTO 的有益补充和促进，两者应良性互动、相辅相成。跟很多国家一样，在追求贸易自由化方面，中国也是多边、区域两条腿走路，但以多边为主、区域为辅。作为政策选择，WTO 仍是中国的优先选择。"[1]

---

① 中央政府门户网站（www.gov.cn），2007 年 5 月 29 日。

我们看到，在 WTO 主持下的多边主义进展缓慢的背景下，区域主义是对国际经济合作的重要补充。问题是，各区域的双边或多边经贸合作是否会对 WTO 主导的多边贸易主义产生冲击？区域主义与多边主义到底是怎样的关系？

10.2.1 WTO 关于区域贸易协议的规定

根据最惠国待遇原则，WTO 成员国与任何其他国家或地区签署的更优惠的贸易安排都将自动适用于其他成员国。如果严格遵从这一原则，任何区域贸易协定都应该成为 WTO 主导下的多边贸易安排，如此一来，区域性的优惠安排也就不复存在。所以在 WTO 认可的情况下，其成员国签署区域贸易协定才有现实意义。

其实早在 1947 年，23 国签署《关税与贸易总协定临时适用议定书》时就以宽容的态度认可了区域贸易协定的合法性，因为对于缔约国中一些老牌发达国家来说，独立于多边协定之外的区域协定有利于维护他们与其殖民地国家或海外领地间既存的优惠贸易安排，同时排除其他国家从中获利。

1947 年 GATT 第 24 条对区域贸易安排的性质和程序做了限制性规定。①实体义务方面规定的原则是区域内成员间的贸易应充分自由化，同时不能增加对非区域成员的贸易保护程度。如第 24 条第 8 款规定，自由贸易区、关税同盟或过渡协定应对成员之间实质上所有贸易或至少对于产自此类领土产品的实质上的所有贸易，取消关税和其他限制性商业法规；第 5 款规定设立自由贸易区、关税同盟或依过渡协议设立区域经济组织，对第三方实施的关税和其他商业法规"总体上"不得高于设立之前的水平。②程序义务方面，第 24 条第 7 款规定任何缔约方决定成立或加入自由贸易区或关税同盟、或签订临时过渡协议，应当及时通知所有缔约方，并向其提供有关拟议的区域贸易协定资料，以便所有缔约方得以斟酌向缔约方提供报告和建议。但是，第 24 条的规定过于笼统，缺乏可操作性，之后，相关规定一直处于补充和完善之中。

WTO 有关区域贸易安排的现有规定包括：《1994 年关税与贸易总协定》第 24 条，1979 年东京回合的授权条款和适用于服务贸易领域经济一体化的《服务贸易总协定》（GATS）第 5 条。这些规定是多边贸易体制下区域贸易协定存在的法律基础。

第一，《1994 年 GATT》第 24 条有关区域贸易协定的规定。《1994 年 GATT》第 24 条"适用的领土范围—边境贸易—关税同盟和自由贸易区"的规定中，把区域贸易协定作为适用 GATT 规则的例外。该条共 12 款，涉及区域贸易协定的主要是第 4 款至第 10 款，主要内容包括：不影响非区域贸易协定成员的待遇；实现区域内众多贸易的自由化；加强透明度。

第二，《关于解释 1994 年 GATT 第 24 条的谅解》。为使上述第 24 条更具可操作性，乌拉圭回合通过了《关于解释 GATT1994 第 24 条的谅解》，对第 24 条的一些疑义予以澄清：①对不得高于或严于未建立同盟或临时协定时各组成领土所实施的关税和贸易规章的一般限制水平的解释；②对临时协定合理期间内成立关税联盟和自由贸易区的计划和进程表的解释；③对关税同盟成员方为形成共同对外关税而所拟增加的税率及关税同盟成员方提高约定税率的补偿的解释；④缔约方全体对关税同盟和自由贸易区的审查；⑤对争端解决程序的解释；⑥对缔约方采取合理措施保证遵守 GATT 各项规定的解释。

第三，东京回合达成的"授权条款"。1979 年，在关贸总协定的第七轮多边贸易谈判"东京回合"中，通过了一项《关于发展中国家差别、更优惠、互惠和较全面参与的决定》。由于该决定对于发达国家给予发展中国家差别、更优惠的待遇，并且给予发展中国家之间建立区域贸易安排免除 GATT 第 1 条规定的最惠国待遇的适用，因此，通称为"授权条款"。"授权条款"主要内容是：①发达国家成员在贸易谈判中对发展中国家成员的贸易所承诺的减让或撤除关税和其他壁垒的义务，不能希望得到互惠；②发展中国家成员之间采取的一些优惠减让可以不给予发达国家；③由发达国家向发展中国家提供普惠制待遇。"授权条款"对发展中国家之间签订区域贸易协定规定了条件：①促进和增加发展中国家之间的贸易，不得对其他缔约方的贸易增加壁垒或造成不必要的困难；②不得构成依据最惠国待遇原则进行的削减或取消关税的障碍，或者对贸易的其他限制。协定当事方必须通知缔约方全体，提供其认为适当的信息，且应任何有利害关系的缔约方的要求，提供及时进行磋商的适当机会。

第四，《服务贸易总协定》第 5 条。WTO《服务贸易总协定》（GATS）第 5 条规定了区域服务贸易协议必须符合的条件，与 GATT 第 24 条一样，属于最惠国待遇原则的例外。GATS 第 5 条"经济一体化"规定："本协定不得阻止任何成员参加或达成在参加方之间实现服务贸易自由化的协定"。主要内容如下：第一，一体化必须涵盖众多服务部门。第二，在上述部门取消现有歧视措施，禁止采取新的或更多的歧视性措施。第三，对发展中国家参加区域服务贸易协议在条件方面给予灵活性，对区域服务贸易协议只涉及发展中国家的，参加方的自然人所拥有或控制的法人可给予更优惠的待遇。第四，要在协定生效时或在一合理时限内实现一体化。第五，任何协议应有利于该协议参加方之间的服务贸易，对该协议外的任何成员方，不应提高在各个服务部门或分部门中在该协议之前已适用的服务贸易的壁垒水平。第六，区域性服务贸易协议的订立、扩大或任何重大修改，有关成员想要撤销或要对原承诺表中所列条件作出不相一致的修改时，应于上述修改或撤销的 90 天前发出通知，并按 GATS 第 21 条（承诺清单的修改）第 2、3 及 4 款所规定的程序进行。第七，区外 WTO 成员按协议参加方的法律所设立的法人，在该协议参加方领土上从事实质性商业经营，应享受该协议项下的待遇。第八，参加任何协议的一个成员，对其他成员从此项协议中可能增加的贸易利益不得谋求补偿。

从总体上看，《服务贸易总协定》第 5 条的规定与 1994 年 GATT 第 24 条基本上是一致的，都是在不提高贸易壁垒总体水平的前提下，便利 WTO 成员之间的贸易，促进国际贸易的发展。区别只是在于，由于 GATS 不涉及关税和数量限制等贸易壁垒，难以"关境"之类的措施来管理服务贸易，所以没有使用关税同盟和自由贸易区这一称谓，使用的是"经济一体化"概念。但总体而言，GATS 第 5 条规范更为宽松，比如，第 5 条仅要求取消"大多数行业的大部分歧视性措施"，而 GATT 第 24 条则是"实质上所有贸易"。

第五，多哈回合谈判达成的《区域贸易协定透明度机制》。2006 年 12 月，多哈回合达成《区域贸易协定透明度机制》决议，为 WTO 成员审议相关区域贸易协定提出了增进透明度的要求。根据该透明度机制，WTO 区域贸易协定委员会将依据 GATT 第 24 条和 GATS 第 5 条对区域贸易协定进行审议。同时 WTO 贸易和发展委员会将根据授权条款对区域贸易协定进行审议。这标志着 WTO 对待区域贸易协定的方式由协调为主转向以管理为主。根据此机制，区域贸易协定的成员需要履行的义务主要有预通报义务、通知义务、履行透明度程序义务以及后续通知及报告义务。此外还规定了负责执行的机构及对发展中国家的技术支持等问题。

10.2.2　区域主义对多边贸易体制的冲击

区域贸易协定作为多边贸易体制的例外，必然对后者的基本原则、规则及争端解决机制产生影响、造成不同程度的冲击。

区域贸易协定旨在促进区域间贸易，并非对第三国增加贸易障碍，其原则、目标及规则很多与GATT/WTO一致。也正因如此，区域贸易协定才成为GATT/WTO主导下多边贸易体制的最根本原则——最惠国待遇原则最大的例外。但令当初GATT缔结者们始料不及的是，随着区域贸易协定冲破了"疆土相邻"的天然纽带，跨洲跨洋地迅猛发展，其实际地位和作用已超出了当初"例外"的法律地位。截至2012年1月15日，向GATT/WTO通报的区域贸易协定有511个，目前生效的有319个①。几乎所有的WTO成员国都参与了区域贸易协定谈判，而其中任何参加区域贸易协定的WTO成员均可以区域一体化优惠为由，将给予区域贸易协定成员的优惠不给予区域贸易协定外的成员，其结果必然是区域优惠安排远远超出多边贸易体制下的贸易优惠，普遍的最惠国待遇适用例外使最惠国待遇原则名存实亡。

区域贸易协定还对WTO的某些重要规则产生冲击，比如对透明度规则。在区域贸易协定的缔结与实施过程中普遍存在"暗箱操作"现象，普惠制的具体运作就是例证。发达国家完全单方面自主确定受惠的国家、受惠的产品和程度，违背了普惠制的"普遍性"要求，发展中国家只能被动受惠。美欧等发达国家或集团通常利用普惠制向受惠的发展中国家施加各种附加的政治、军事和经济条件，甚至有时以撤销特定的普惠制相威胁。不透明现象同样存在于其他各种区域贸易协定之中。

区域贸易协定还对WTO的原产地规则产生冲击。区域贸易协定为了解决第三国"搭便车"的问题，严格规定原产地规则，但认定标准并不统一，与WTO一直致力于原产地规则协调与统一的努力方向相背离。一般而言，优惠贸易机制中的原产地规则要比非优惠原产地规则更加严格；产

---

① 世界贸易组织官网：www.wto.org。

品和纺织品原产地规则比其他部门产品原产规则更加严格？而且原产地规则也逐渐延伸至服务贸易领域，但各区域组织的认定标准比较混乱，包括注册地、所有人国籍、总部所在地、实质控制等均不统一。区域贸易协定的运作越来越偏离 WTO 原产地规则的方向，必定产生新的贸易壁垒。

最后，区域贸易协定还对 WTO 争端解决机制产生冲击。WTO 的成员往往具有双重身份，它同时也是区域组织的会员。在 EC、NAFTA 等整合程度较高的区域组织内，都有内部争端解决程序与机制，一旦区域经济组织的裁定与 WTO 争端解决机构的裁决不符，哪一项裁决优先适用也关系到 WTO 争端解决体系的完整性及权威地位。

10.2.3　区域主义和多边主义之争

自 1991 年巴格瓦蒂（Bhawati）提出"区域性贸易安排究竟是多边贸易自由化的垫脚石还是绊脚石"这个著名命题以来，理论界开始研究区域主义与多边主义的关系。研究主要沿着两条路线展开。第一，假设区域化进程与多边主义进程相互独立、互不影响，那么区域主义是否会扩张至整个世界？第二，如果区域化进程与多边主义进程是相互影响的，那么区域主义是多边主义的"垫脚石"还是"绊脚石"？

对于第一个问题，鲍德温（Baldwin，1995）的"区域主义的多米诺理论"（Domino Theory of Regionalism）从政治经济学的角度指出，一个国家在决定进行区域经济合作时主要受到两股势力或压力的影响：一是来自国内政治利益集团的政策诉求，另一个是来自贸易伙伴国同其他国家建立区域贸易集团形成的国外压力。一般而言，国内生产者和出口商形成的利益集团会影响到一国的贸易政策，他们对于贸易伙伴国贸易政策的变化也十分敏感。一旦贸易对象国的贸易政策有变，比如开始建立区域贸易集团，国内利益集团可能会审视本国的贸易政策，希望推动本国同相关国家建立区域贸易集团或直接参加区域贸易集团。这种作用会激发区域贸易集团接连产生，并且导致分散的区域贸易集团向核心贸易集团靠拢，就像多米诺骨牌一样，纷纷倒塌向某一中心靠拢。因此，集团扩张产生了多米诺效应，最终包含整个世界，从而带来全球自由贸易。

Andriamananjara（1999）利用古诺寡头垄断模型建构了非同盟成员寻求进入的激励和同盟成员提供进入的意愿。结果表明，随着关税同盟的扩张，原有成员国的利润会趋于上升，在所有国家加入关税同盟前达到一个最大化值，然后开始下降。而集团外国家的利润随着关税同盟的扩张而下降。因此，不断有集团外国家进入的激励，但原有集团内国家却拒绝所有国家加入。最终，关税同盟不会扩张成一个全球集团。

对于第二个问题，即区域主义是多边主义的"垫脚石"还是"绊脚石"问题，结论也是不同的。

（1）区域主义是多边主义的绊脚石

Levy（1997）用一个中间选民模型分析了区域主义对多边主义的影响。他认为如果原来多边主义是不可行的，那么形成区域经济一体化后，多边主义将更不可行。因为多边贸易自由化的最初不可行性就意味着，中间选民显然认为自给自足下的效用比自由贸易更高。只有当组成贸易集团能够使中间选民的效用进一步提高，中间选民才会接受贸易集团，结果会提高了中间选民的保留效用，很可能使他更不愿接受多边自由化。Krishna（1998）利用一个古诺竞争模型的研究表明，当世界存在互惠贸易区时，最初可行的多边自由化在两个或多个国家之间形成互惠贸易区后将变得不可行。因此，区域贸易自由化损害了多边贸易合作。而且，互惠贸易区成员从贸易转移中获得的收益越大，互惠贸易区就越有可能成为多边贸易自由化的绊脚石。

（2）区域主义是多边主义的垫脚石

Summers（1991）声称所有类型的贸易自由化都是可能的，区域主义同样是实现贸易自由化的路径。Ethier（1998）基于对贸易转移和国内政治的分析，指出当区域主义被发展中国家用来锁定国内贸易改革和吸引外国直接投资时，区域主义是多边贸易自由化的垫脚石。Riezman（2000）使用模拟方法也论证了双边贸易协定将有助于全球自由贸易的实现。Bond、Syropoulos and Winters（2001）认为区域贸易协定有利于多边贸易合作，并研究了区域贸易合作的深化将导致更高程度的多边贸易合作成为可能。

（3）区域主义对多边主义影响不确定

如果区域性自由贸易安排改善了其成员的福利，又不降低世界其他国家的福利，这样的区域性自由贸易安排应该与多边主义是一致的。但是实际情况并非一定如此。因为区域性自由贸易安排对多边体制的影响是双重的：一方面区域内消除贸易障碍，有益于全球贸易自由化；另一方面，如果区域性同盟针对非成员国设置共同的对外政策，则造成了歧视性，这与多边体制相违背。Bhagwati（1993）指出，区域主义对多边主义的影响有一个"动态时间路径问题"（the dynamic time - path），导致两种可能的结果。一方面，假定最惠国待遇的时间路径（多边贸易谈判）与区域贸易集团的时间路径是分离且互不影响的，则对他国既无害也无利，区域贸易集团的时间路径究竟是会停滞不前还是通过扩大成员最终转向全球范围而达成无歧视的自由贸易，要比较这两种时间路径在减少贸易壁垒、实现世界范围自由贸易的效率。另一方面，假定区域贸易集团和多边贸易自由化的时间路径相同，那么它们将相互作用，特别是区域贸易集团的政策将对多边自由贸易的时间路径产生一种或是良性或是恶性的影响。也就是说，区域自由贸易的结果要看其沿着何种方式发展，它可能对多边贸易体制形成威胁，但也有可能促进多边贸易体制的发展。

Krugman（1990）利用垄断竞争模型分析了区域集团的数量与世界福利之间的关系。他假设世界上有 N 个完全相同的国家，分成 B 个贸易集团，其中 B≤N。当 B＝N 时，每个国家都是一个贸易集团，意味着没有区域一体化。当 B 减少时，意味着存在区域一体化。当 B＝1 时，世界所有国家组成一个贸易集团，即全球经济一体化。Krugman（1989）指出，世界福利与贸易集团的数量之间的关系呈 U 形关系。就是说，在区域经济一体化浪潮的初期，区域一体化的安排会使世界福利恶化，因为共同对内自由对外保护导致的贸易转移相对明显。但当大多数国家参与了区域贸易集团后，将大为降低整个世界范围内的贸易保护程度，从而促进全球贸易自由化的进程。当 B＝3 时，世界福利水平最低，当贸易集团的数量突破这个界限的时候，世界福利又会上升。因此，区域贸易集团对世界福利的影响取决于贸易集团的发展，可能会恶化也可能会促进世界福利。

⠿ 10.3　区域经济合作的演进

迄今为止，全球的区域经济合作经历了三次浪潮。第一次浪潮始于 20 世纪 50～60 年代，以 1958 年成立的欧洲经济共同体（EEC）为标志；第二次浪潮始于 90 年代初期，标志是欧洲统一市场的形成，北美自由贸易区（NAFTA）和亚太经济合作组织（APEC）的诞生；第三次浪潮从 90 年代后期开始至今，一方面，是 WTO 主导下的多边贸易谈判机制停滞不前，另一方面，区域贸易及经济合作却如火如荼地全线铺开。与前两次浪潮主要是区域内多国的合作模式不同，第三轮区域合作以双边经贸合作为主，尤其是跨区域的双边合作、跨区域的南北双边合作异常活跃。截至 2012 年 1 月 15 日，向 GATT/WTO 通报的区域贸易协定有 511 个，目前生效的有 319 个。

目前，欧洲、北美地区已经形成了紧密的区域经济合作框架，亚洲的区域合作相对滞后，现有的中国—东盟自由贸易区、韩国—东盟自由贸易区和日本—东盟自由贸易区 3 个 "10 + 1" 格局，有待进一步整合。

表 10.1　欧洲、美洲及亚洲的主要区域经济合作框架（2008 年）

名称	成员国	人口总量（亿）	面积（万平方公里）	GDP 总量（万亿美元）
欧盟（EU）	27	4.8	432.3	18.9
北美自由贸易协定（NAFTA）	3	3.6	2129	16.8
东盟自贸区（AFTA）	10	5.92	443.6	1.5
中国—东盟（CAFTA）	10 + 1	17.99	1403.7	5.7
韩国—东盟（KAFTA）	10 + 1	5.60	452.5	2.5
日本—东盟（JAFTA）	10 + 1	6.39	481.4	6.3

10.3.1　欧洲经济一体化的进程

欧洲的区域经济合作是起步最早、层次最高的经济合作，从 20 世纪 50 年代西欧六国的《罗马条约》到 2002 年欧元正式流通、2007 年扩展到 27 个成员国，经过半个多世纪的艰苦努力，欧洲不仅形成了统一的大市场，还实现了货币的真正统一。这一漫长的过程可以分为三个阶段。

第一阶段是建立关税同盟（1958～1968 年）。1957 年 3 月，为了加强欧洲大陆各国经济合作，法国、联邦德国、意大利、比利时、卢森堡和荷兰签署《罗马条约》，建立欧洲经济共同体（European Economic Community）。协议对内实行自由贸易，取消各种贸易壁垒，对外则统一贸易政策，建立共同的对外贸易壁垒。到 1968 年，这一目标基本实现。

第二阶段是建立统一市场（1968～1992 年）。欧共体在实现关税同盟的过程中，由于内部自由贸易的推动，同盟内各国的经济都取得了很大发展。进入 20 世纪 70 年代，发达国家经济普遍陷入低速增长的困境之后，欧共体决定进一步扩大彼此之间的合作。1985 年欧洲议会作为欧共体的行政执行机构建议进一步取消内部障碍，建立包括商品、服务、资本、劳动力完全流动的统一市场，1987 年 7 月正式生效的《单一欧洲法》确立了这一目标。直到 1992 年，旨在建立统一的欧洲市场的具体内容或措施包括：取消所有的有形障碍，甚至包括取消海关、实行统一身份证；建立统一的欧洲技术标准，取消各种技术障碍；取消各种财政税收上的差别；取消商业投资法律方面的不同。与此同时，随着新成员的加入，欧共体的成员国数量增加了一倍：1973 年，英国、爱尔兰和丹麦进入；1981 年希腊进入；1986 年西班牙和葡萄牙进入。1993 年 1 月 1 日，拥有 12 个成员国的欧共体拆除了内部边界，形成了单一市场。

第三阶段是建立政治经济共同体（1993 年至今）。为了实现真正的全面的欧洲统一，1991 年欧共体 12 个成员国通过《马斯特里赫特条约》（简称《马约》），确立了缔造一个政治经济一体化联盟的目标：1994 年前成立欧洲货币协会，最迟于 1999 年建立中央银行，发行单一货币，以建立单一的金融货币体系；组成统一的政治联盟，进而实现共同体内的政治一体化。1993 年 1 月欧共体由原来的欧洲经济共同体更名为欧洲共同体（European Community），同年 11 月《欧洲联盟条约》（即《马约》）正式生效后又更名为欧洲联盟（European Union），简称欧盟。1995 年，奥地利、瑞典和芬兰加入欧盟。1998 年欧洲中央银行成立。1999 年 1 月，欧元诞生，奥地利、比利时、芬兰、法国、德国、爱尔兰、意大利、卢森堡、挪威、葡萄牙和西班牙将欧元作为官方货币，2001 年希腊成为欧元区的第 12 个成员国。2002 年 1 月，欧元正式流通。2002 年 10 月，欧盟东扩计划经欧盟 15 个成员国同意正式开始实施，2004 年 5 月 1 日，波兰、匈牙利、斯洛伐克、拉脱维亚、立陶宛、爱沙尼亚、塞浦路斯、捷克、斯洛文尼亚和马耳他等 10 国成为欧盟的新成员。2007 年 1 月 1 日，罗马尼亚、保加利亚加入欧盟后，欧盟成员国增加到目前的 27 个。扩张后的欧盟拥有 4.8 亿人，总面积 432.2 万平方公里，对外贸易额占世界总贸易额的 20%，2008

年国内生产总值（GDP）约为 18 亿欧元，占世界比重 24%。

图 10.1　欧盟版图

欧洲经济一体化的内容包括以下几个方面。

（1）实现关税同盟和共同外贸政策

1967 年起欧共体对外实行统一的关税率，1968 年 7 月 1 日起成员国之间取消商品的关税和限额，建立关税同盟（西班牙、葡萄牙 1986 年加入后，与其他成员国间的关税需经过 10 年的过渡期后才能完全取消）。1973 年，欧共体实现了统一的外贸政策。《马约》生效后，为进一步确立欧洲联盟单一市场的共同贸易制度，欧共体各国于 1994 年 2 月 8 日一致同意取消此前由各国实行的 6400 多种进口配额，而代之以一些旨在保护低科技产业的措施。

（2）建立欧洲货币体系

1979 年 3 月，在法德两国倡议下，欧共体 12 个成员国成立了欧洲货币体系（EMS）并建立欧洲汇率机制（ERM），为欧洲货币联盟奠定了基础。1991 年 12 月，欧共体 12 个成员国在荷兰马斯特里赫特签署了《经济与货币联盟条约》，规定欧盟分三个阶段建立欧洲货币联盟（Economic and Monetary Union，EMU），并引入单一货币——欧元。第一阶段是 1990 年 7 月至 1993 年底，实现成员国之间的资本自由流动，实行统一的财政货币政策；第二阶段是 1994 年至 1998 年底，加强成员国之间的经济趋同，建立欧洲中央银行，并为统一货币做技术方面的准备；第三阶段，从 1999 年起，引入单一货币。该条约还规定了进入单一货币区必须满足的五项经济趋同标准：第一，通货膨胀不超过三个最低国家平均数的 1.5 个百分点；第二，预算赤字不超过当年国内生产总值（GDP）的 3%；第三，国债累计不超过当年 GDP 的 60%；第四，长期利率不超过欧盟中物价最为稳定的三个国家平均利率的 2 个百分点；第五，各国货币的汇率稳定在规定的浮动范围内。

1993 年 11 月 1 日《马约》正式生效，欧共体更名为欧盟。1994 年欧洲货币局成立，1998 年 7 月 1 日欧洲中央银行正式运行，1999 年 1 月 1 日欧元启动，其时欧盟 15 国中，除希腊、瑞典、丹麦和英国外，奥地利、比利时、法国、德国、芬兰、荷兰、卢森堡、爱尔兰、意大利、葡萄牙和西班牙等 11 个国家因符合加入欧洲货币联盟的条件，开始正式使用，经过 3 年过渡期，2002 年 7 月 1 日，各国本国货币退出流通，欧元成为欧元区唯一的合法货币。希腊于 2001 年、斯洛文尼亚于 2007 年、塞浦路斯和马耳他于 2008 年、斯洛伐克于 2009 年、爱沙尼亚于 2011 年加入欧元区。

一般认为，采用单一货币，与统一市场相互促进，可以提高经济的相互依赖性，加之流通手续简化，成本降低，有利于欧元国家间的国际贸易。单一货币的另一个影响是各国的物价水平的差异会减少。因为由欧洲中央银行制定和实施统一的货币政策，各国的物价、利率、投资利益将逐步缩小差别或趋于一致，形成物价和利率水平的总体下降，居民社会消费扩大，企业投资环境改善，最终有利于欧盟总体经济的良性发展。也有一些经济学家认为，在这样一个大而不同的区域内使用单一货币有负面作用。因为欧元区的货币政策和利率水平由欧洲央行决定，各国丧失了货币自主权，不能根据自身的情况调整其经济。而欧盟各国的经济并非始终"同步"，某些国家位于经济周期的底部而另一些国家则位于顶部，不同的国家面对着不同通货膨胀压力，单靠公共投资和财政政策难以有效地解决问题。

（3）实行共同农业政策

1962 年 7 月 1 日欧共体开始实行共同农业政策，主要内容是制定共同经营法规、共同价格和一致竞争法则，建立统一农产品市场，实行进口征税、出口补贴的双重体制以保护内部市场，建立共同农业预算，协调成员国之间管理、防疫和兽医等条例。1968 年 8 月开始实行农产品统一价格；

1969 年取消农产品内部关税；1971 年起对农产品贸易实施货币补贴制度。1992 年 6 月，欧盟第一次较为全面地对共同农业政策进行了改革，把过去以价格支持为基础的机制过渡到以价格和直接补贴为主的机制，降低价格支持水平，控制农产品生产和财政预算开支的过度增长。1999 年，为了面对世界贸易组织新一轮农产品贸易谈判要求，尤其是来自美国等国家的压力，欧盟委员会通过了《欧盟 2000 年议程》，强调对农业政策进行更为彻底的改革，提出建立欧洲农业模式，将共同农业政策转变为"共同农业和农村发展政策"，强调农业的多功能性和可持续性。

（4）基本建成内部统一大市场

1985 年 6 月欧共体首脑会议批准了建设内部统一大市场的白皮书，1986 年 2 月各成员国正式签署为建成大市场而对《罗马条约》进行修改的《欧洲单一文件》。统一大市场的目标是逐步取消各种非关税壁垒，包括有形障碍（海关关卡、过境手续、卫生检疫标准等）、技术障碍（法规、技术标准）和财政障碍（税别、税率差别），于 1993 年 1 月 1 日起实现商品、人员、资本和劳务自由流通。为此，欧共体委员会于 1990 年 4 月前提出了实现上述目标的 282 项指令。1993 年 1 月 1 日，欧共体宣布其统一大市场基本建成，并正式投入运行。

（5）建立政治合作制度

1970 年 10 月建立了政治合作制度。1987 年生效的《欧洲单一文件》把在外交领域进行政治合作正式列入欧共体条约。为此，部长理事会设立了政治合作秘书处，定期召开成员国外交部长参加的政治合作会议，讨论并决定欧共体对各种国际事务的立场。1993 年 11 月 1 日《马约》生效后，政治合作制度被纳入欧洲政治联盟活动范围。

10.3.2 北美自由贸易区

北美自由贸易区的建立经过了两个阶段，首先是美国和加拿大建立美加自由贸易区，随后将墨西哥纳入其中，扩大到北美自由贸易区。

美国和加拿大都是发达国家，而且土壤相接，应该有很好的自由贸易基础，但是由于两国都有巨大的国内市场，经济独立性强，不像欧洲国家那样相互依靠，所以实行自由贸易的动力不足。加上加拿大一直试图摆脱美国的阴影，树立自己的文化经济地位，不愿意积极向美国靠拢。因而虽然 1965 年两国在汽车及其零部件生产方面签订自由贸易协议，以降低汽车生产成本，提高两国汽车在国际市场上的竞争力，但此后并没有进一步的行动。直到 1986 年两国才就建立自由贸易区进行了长达两年的谈判，1988 年签订了自由贸易区协定。1989 年 1 月 1 日生效的《美加自由贸易协定》约定 10 年内取消两国间的所有贸易壁垒。

考虑到墨西哥的潜在市场，美加自由贸易区生效后不久，美国决定将自由贸易区扩大到墨西哥。经过谈判，美国、加拿大和墨西哥三国于 1992 年 12 月签署了《北美自由贸易协定》（North America Free Trade Agreement，NAFTA），并于 1994 年 1 月 1 日生效。目标是经过 15 年过渡期，于 2008 年建成一个取消所有商品和贸易障碍的自由贸易区，实现生产要素在区内的完全自由流动。

北美自由贸易区建立之初就遭遇了墨西哥金融危机。1994 年 12 月，当时的墨西哥政府宣布将墨西哥新比索贬值 15%，引发了货币和证券市场剧烈动荡，墨西哥新比索一度贬值 70% 以上。外资大量抽逃的同时，恰逢 200 多亿美元的短期债务集中在年内到期，大批的墨西哥国内商业银行因无力清偿外债以及无法按期收回到期债务，濒临破产倒闭，墨西哥的金融体系面临全面崩溃的危险。为了避免墨西哥的金融危机向外蔓延，危及美国自身的长远战略利益，美国联合加拿大发起耗资 500 亿美元的国际援墨行动，以帮助墨西哥弥补巨额外贸赤字，增强外国投资者的信心。最终墨西哥的金融危机得以控制，经济下滑的势头被阻止。墨西哥步入正常发展轨道的同时，北美自由贸易区也开始了蓬勃发展。

北美自由贸易区建立后，根据三国的比较优势，美加将向墨西哥出口更多的资本、技术密集型产品，同时从墨西哥进口更多更便宜的劳动密集型产品，美加之间则通过进一步分工获得规模经济的好处，扩大工业品的双向贸易。根据《北美自由贸易协定八周年》总结报告，1993~2001 年，贸易区内的贸易翻了一番，加拿大向美、墨两国的出口额增长了 95.7%，向区外国家的出口额仅增长了 5%。2001 年，墨西哥向美、加两国的出口额为 1390 亿美元，比 1993 年增加了 225%，同期墨向区外国家出口额的增幅为 93%。2001 年美国向加、墨两国的出口额比 1993 年增长了 86.6%，也明显高于美国向区外国家出口 44% 的增幅。在投资方面，1994~2000

年，流入北美自由贸易区的外国直接投资占同期全世界外国投资总额的 28%，其中，美国每年吸收 1102 亿美元的外国直接投资。加拿大的年均吸收外资额达到 214 亿美元，比《北美自由贸易协定》生效前 7 年的总额多了两倍。对墨西哥的投资也大幅增长。到 1997 年底，美国在墨西哥的直接投资接近 300 亿美元，占墨西哥吸收外国直接投资总额的 60%。加拿大对墨西哥的投资也大幅增加。

北美地区蓬勃发展的出口贸易与外资的大量流入，增强了北美地区的经济活力，带动了三国的经济增长，尤其使墨西哥的国际地位迅速提升。比如，在美国的支持下，1994 年 5 月，墨西哥以北美自由贸易区成员国的身份加入了 OECD，成为 OECD 的第 25 个同时也是第一个发展中国家成员国；在 1993 年 11 月的 APEC 西雅图会议上，墨西哥被接纳为正式成员国，也是加入 APEC 的第一个拉美国家；北美自由贸易区建立以后，愈来愈多的拉美国家认识到墨西哥所取得的特殊地位，积极发展同墨西哥的经贸关系。哥伦比亚、委内瑞拉、玻利维亚和哥斯达黎加、尼加拉瓜、危地马拉、洪都拉斯和萨尔瓦多等拉美国家先后同墨西哥签署了双边自由贸易协定。国际地位的提升给墨西哥带来了重大经济利益，仅从外国直接投资的流入量来看，1994 年以来，墨西哥年均吸收外国直接投资额都在 100 多亿美元，2002 年更创下了 136 亿美元的纪录。

10.3.3　亚洲经贸合作

相对于欧洲和北美，亚洲的区域经贸合作进程相当滞后，至今还没有形成统一的架构。

（1）亚太经合组织（APEC）

APEC 成立于 1989 年，是由各成员方外交部长和主管经济和贸易的部长参加的开放的区域性组织，现有 21 个成员方：澳大利亚、文莱、加拿大、中国、中国香港、中国台北、印度尼西亚、日本、韩国、马来西亚、墨西哥、新西兰、菲律宾、新加坡、泰国、美国、巴布亚新几内亚、智利、俄罗斯、越南和秘鲁，每年召开一次部长级会议和非正式首脑会议，主要目标是建立亚洲太平洋地区自由贸易投资区。

由于 APEC 是一个自愿的合作组织，不具有强制性，所以其合作模式的基本特点就是自愿、协商和非约束性，即以磋商代替协定，避免高度强制性对各方造成约束，由此形成独特的"亚太经合组织方式"，具体而言就是：充分尊重各成员的多样性，承认成员之间发展水平和发展阶段的差异以及由此形成的不同利益和需求；强调灵活性、渐进性和开放性的统一；尊重平等互利、协调一致、求同存异和自主自愿的原则，单边行动和具体行动相结合。

APEC 的具体任务之一是贸易投资自由化，即各成员通过协商和协调一致的方法根据 WTO 的基本原则逐步取消 APEC 区域内的贸易和投资障碍，实现区域内货物、服务和资本的自由流动。基本原则是必须通过协商来完成；协商方式必须符合 WTO 和开放的地区主义原则；充分认识到各成员经济发展水平的不同。《大阪行动议程》提出了贸易和投资自由化的领域和具体行动要求：①关税：不断降低关税并保证税制的透明性；②非关税措施：不断降低非关税保护措施并保持透明度；③服务贸易：不断减少对外国企业进入通讯、交通、能源、旅游等行业的限制，为外国企业提供最惠国待遇和国民待遇；④投资：逐渐实现投资的自由化；⑤标准和统一化：保证标准的公开性、一致性以及和国际标准的统一性，降低贸易的技术壁垒；⑥海关程序：简化和统一海关程序；⑦知识产权：加强对知识产权的保护；⑧竞争政策：实行充分有效的法律制度，以创造良好的竞争环境；⑨政府购买：建立一个共同的政府采购政策、制度和行为，实行政策采购的自由化；⑩政府管制：促进政府管制的透明度；⑪原产地规定：按公正、透明以及中立的原则来制定原产地规定；⑫纠纷调解：鼓励成员以合作的态度尽早提出和解决可能出现的贸易纠纷；⑬商业人员流动：加强从事贸易和投资人员的流动；⑭乌拉圭回合结果的执行：在已允诺的时间内全面有效地落实乌拉圭贸易谈判成果；⑮信息收集与分析：及时收集分析贸易投资数据。

APEC 的另一项具体任务是经济技术合作。1996 年苏比克会议通过的《加强经济技术合作框架宣言》明确指出，经济技术合作的目的是缩小成员经济发展水平的差距，保持亚太地区的持续增长和均衡发展，基本原则是相互尊重和平等、互利互助、建设性的与真诚的伙伴关系以及协商一致。合作的具体内容包括：人力资源开发、产业科学技术、中小企业、基础建设、能源、交通、电信通讯与信息、旅游、贸易和投资数据、促进贸易发展、海洋资源保护、渔业和农业技术。

(2) 东盟自由贸易区 (AFTA)

东南亚国家联盟 (东盟, ASEAN) 于 1967 年 8 月 8 日成立, 初始 5 个成员国为印度尼西亚、新加坡、泰国、菲律宾和马来西亚, 1984 年文莱加入, 1995 年越南加入, 1997 年缅甸、老挝加入, 1999 年柬埔寨加入, 目前共 10 个成员国。东盟 10 国总面积为 450 万平方公里, 2008 年人口 5.12 亿, GDP 为 1.5 万亿美元。

为了增强东盟地区作为单一生产单位的竞争优势, 通过减少成员国之间的关税和非关税壁垒, 创造出更大的经济效益、生产率和竞争力, 加强东盟区域一体化和促进盟区内贸易与投资, 1992 年 1 月, 印度尼西亚、马来西亚、菲律宾、新加坡、泰国、文莱等东盟 6 国在新加坡举行的东盟贸易部长会议上签署了设立 "东盟自贸易区" (ASEAN Free Trade Area, AF-TA) 的协议。旋即, 签署了自贸区建设的纲领性文件 "东盟自由贸易区共同有效普惠关税方案协议 (CEPT)", 约定各会员国选定共同产品类别, 具体排定减税的程序及时间表, 并自 1993 年 1 月 1 日起, 在 15 年内逐步将关税全面降低至 0~5%, 即在 2008 年前实现成立东盟自由贸易区。1995 年召开的东盟首脑会议决定加速 AFTA 成立的时间表, 即将原定的 15 年时间计划缩短为 10 年, 即在 2003 年前成立东盟自由贸易区。1999 年 9 月, 第 13 届东盟自贸区理事会议决定 6 个原创始国于 2002 年内、越南于 2003 年内、缅甸及老挝于 2005 年内对 CEPT 清单内产品关税全部调降至 5% 以下。同年 11 月, 第二届东盟非正式首脑会议再度宣布 6 个创始国于 2010 年免除所有产品关税, 实现完全自由化, 而越、老、缅、柬亦于 2015 年达成自由化目标。

进入 21 世纪后, 东盟开始加紧与东亚大国的区域经济合作步伐。2002 年 11 月, 与中国签署了《中国—东盟全面经济合作框架协议》, 决定在 2010 年建成中国—东盟自贸区; 2004 年 11 月签署自贸区《货物贸易协议》, 于 2005 年 1 月实施; 2007 年 1 月, 双方又签署了自贸区《服务贸易协议》, 并于当年 7 月实施。受此鼓舞及压力, 日韩加快了东盟的自贸区谈判。2008 年东盟—日本自贸区协定生效, 2009 年 5 月韩国—东盟服务贸易协定生效、次年货物贸易协定生效, 2010 年东盟—印度自贸区协定生效。东亚之外, 东盟与澳大利亚及新西兰的自贸区协定也于 2010 年 1 月生效。表 10.2 显示了东盟向 WTO 通报的已签署并生效的区域贸易协定。其中，区域贸易协定类型中，PTA 指优惠贸易安排协定；FTA 指自由贸易区协定，仅包括货物贸易自由化；EIA 指经济一体化协定，包括服务贸易在内的自由贸易协定。

表 10.2　　　　　　　东盟已签署并生效的区域贸易协定

RTA 名称	范围	类型	生效日期
东盟自贸区（AFTA）	货物	FTA	1992-1-28
东盟—中国	货物、服务	FTA & EIA	2005-1-1 货物贸易 2007-7-1 服务贸易
东盟—日本	货物	FTA	2008-12-1
韩国—东盟	货物、服务	FTA & EIA	2009-5-1 服务贸易 2010-1-1 货物贸易
东盟—澳大利亚—新西兰	货物、服务	FTA & EIA	2010-1-1
东盟—印度	货物	FTA	2010-1-1

资料来源：www.wto.org，RTA Database。截至 2012 年 1 月 15 日。

（3）日本的区域经济合作

1997 年亚洲金融风暴之后，东亚地区掀起一轮谈判并缔结自由贸易协定的热潮。

日本在《1999 年通商白皮书》中首次对欧美迅速发展的区域贸易合作给予了肯定的评价，旋即发起第一个、与新加坡的自由贸易区谈判，2002年 1 月两国签署"日本—新加坡新时代伙伴协定"，并于当年 11 月 30 日生效。同年 1 月，日本首相小泉纯一郎提出所谓"小泉构想"，就是以"日本—新加坡新时代伙伴协定"为蓝本，与东盟在包括自由贸易在内的更广泛领域缔结一揽子经济伙伴协定，并在此基础上联合中国、韩国及澳大利亚和新西兰，建立一个共同行动共同发展的东亚"共同体"。10 月，日本外务省发布"日本自由贸易协定战略"，开始全面推进以东亚为核心的区域经济合作。

继日新合作协定之后，在东亚日本陆续与马来西亚、菲律宾、泰国、文莱、印尼、签署了区域合作协定。继中国和东盟签订自由贸易区协定后，2008 年日本与东盟也签署了《东盟—日本全面经济伙伴关系协定》，正式启动建立日本—东盟自由贸易区的进程。在东亚之外，日本首先推进的是与北美自由贸易区成员墨西哥的合作，2004 年两国签署《日本—墨西哥经济伙伴协定》，2005 年 4 月 1 日生效。2006 年 9 月两国又就市场进入条件进行了修订，新协定于 2007 年 4 月生效。打入北美自由贸易区经济圈，日本的钢铁和汽车等工业品获益良多，作为回报，削减了来自墨西哥的农产品的进口关税。当然减免税的农产品的覆盖面不大，对日本农业不会带来实质冲击。日本与智利以及谈判中的与澳大利亚的经济合作体现了日本的能源资源战略。

日本已签署的区域合作协定均是"经济伙伴协定（Economic Partnership Agreement，EPA）"，从内容上看，不仅包含货物贸易自由化，还包括服务和投资领域自由化等更广泛的合作内容。除了表 10.3 中已经签署的协定外，日本正在加紧与澳大利亚、印度、海湾合作委员会的自贸区谈判。日韩自贸区谈判一度成为热点，现谈判陷于停滞状态。

表 10.3　　　　　日本签署并生效中的区域经济合作协定

RTA 名称	范围	类型	生效日期
日本—新加坡	货物、服务	FTA & EIA	2002 – 11 – 30
日本—墨西哥	货物、服务	FTA & EIA	2005 – 4 – 1
日本—马来西亚	货物、服务	FTA & EIA	2006 – 7 – 13
日本—菲律宾	货物、服务	FTA & EIA	2008 – 12 – 11
日本—智利	货物、服务	FTA & EIA	2007 – 12 – 3
日本—泰国	货物、服务	FTA & EIA	2007 – 11 – 1
日本—文莱	货物、服务	FTA & EIA	2008 – 7 – 31
日本—印尼	货物、服务	FTA & EIA	2008 – 7 – 1
日本—东盟	货物	FTA	2008 – 12 – 1
日本—瑞士	货物、服务	FTA & EIA	2009 – 9 – 1
日本—越南	货物、服务	FTA & EIA	2009 – 12 – 1

资料来源：www. wto. org，RTA Database。截至 2012 年 3 月 30 日。

（4）韩国的区域经济合作

为了增强韩国企业进入全球市场的竞争优势，并通过向竞争对手开放国内市场来提高国内经济发展水平，韩国自 2003 年启动了区域贸易合作进程。2004 年与智利签署的自由贸易协定是韩国发起的第一个区域经济合作谈判。2005 年签署韩国—欧洲自由贸易联盟协定，2006 年签署韩国—新加坡自由贸易协定、韩国—东盟（泰国除外）自由贸易协定。

韩美于 2007 年 6 月 30 日正式签署自由贸易协定，这是韩国有史以来最大的自由贸易协定，也是美国自 1993 年与墨西哥达成北美自由贸易协定以来最大的贸易协定。协定内容包括货物贸易、服务贸易、电子商务、通讯、金融服务、竞争和知识产权等。协定一旦生效，两国需在 3 年内逐步取消近 95% 消费品和工业产品的贸易关税，韩国将取消大约 2/3 的美国农产品进口关税，美国则取消排气量小于 3 升的韩国汽车进口关税。由于有关汽车贸易的内容引起美国国会特别是民主党议员不满，导致协定一直未获得美国国会批准。而在韩国方面，当 2008 年达成韩国将对美国全面开放其牛肉市场的协议后，韩国民众举行了大规模抗议活动，抵制牛肉进口协定。最终韩国政府决定重新实施进口限制，只允许低于 30 月龄的美国牛肉进入韩国市场。由于汽车和牛肉贸易两大障碍，韩美自由贸易协定长期搁浅，直到 2012 年 3 月 15 日才正式生效。

表 10.4　　　　　　　韩国已签署并生效的区域经济合作协定

RTA 名称	范围	类型	生效日期
韩国—智利	货物、服务	FTA & EIA	2004 – 4 – 1
欧洲自贸联盟—韩国	货物、服务	FTA & EIA	2006 – 9 – 1
韩国—新加坡	货物、服务	FTA & EIA	2006 – 3 – 2
韩国—东盟	货物、服务	FTA & EIA	2009 – 5 – 1 服务贸易 2010 – 1 – 1 货物贸易
韩国—印度	货物、服务	FTA & EIA	2010 – 1 – 1
欧盟—韩国	货物、服务	FTA & EIA	2011 – 7 – 1
秘鲁—韩国	货物、服务	FTA & EIA	2011 – 8 – 1
韩国—美国	货物、服务	FTA & EIA	2012 – 3 – 15

资料来源：www. wto. org，RTA Database。截至 2012 年 3 月 30 日。

此外，2010 年年初，韩印自贸区生效，2010 年年中，韩欧自贸区和韩国—秘鲁自贸区生效。同时，韩国正在加紧与加拿大、墨西哥等区域的合作谈判。

韩美自贸协定生效后，与韩国签订 FTA 的国家将增至 19 个，与韩国签订 FTA 的国家的国内生产总值总和将占全球国内生产总值的 60%，韩国与这些国家相互消除关税壁垒，有利于市场的融入。此外，韩国成为唯一一个与美国和欧盟都签订 FTA 的国家，韩国产品将凭借零关税或低于中日两国产品的关税而提升在美国和欧盟市场的占有率，一般认为，这对贸易依存度极高的韩国经济持续稳定发展具有积极意义。

⠿ 10.4　中国的区域经济合作

1991 年，中国参加了亚太经合组织（APEC），这是中国参加的第一个区域经济论坛，也是中国参与区域经济合作的开端。2001 年，中国加入现更名为《亚太贸易协定》的《曼谷协定》，这是中国参与的第一个区域贸易安排。2003 年，签署《内地与香港更紧密经贸关系安排（CEPA）》，虽然是中央政府与特别行政区政府签署的经贸安排，但中国内地与香港在 WTO 是两个独立的关税区，所以 CEPA 也是向 WTO 通报的自由贸易安排。中国对外签署的第一个真正意义上的自由贸易区协定是 2004 年 11 月与东盟 10 国签署的自贸区《货物贸易协议》。

2007 年 10 月，中共十七大报告第一次明确提出实施自由贸易区战略。自贸区建设已经成为中国加入 WTO 后，以开发促改革、促发展的新平台和新方式。

专栏 10.2　　　中国重视区域经济合作的原因

第一，"周边外交"战略的形成。冷战结束以后，国际局势发生了重大变化，两大阵营的国际格局被打破，美国成为唯一的超级大国，在国际事务中发挥着首要作用。适应国际格局的变化，中国逐渐形成了以对美外交关系为重点的"大国外交"战略。随着中国经济实力的不断提升，在实施大国外交战略时，中国也逐渐认识到其国际地位的不足，与其他们大国相比，中国虽然只是一个区域性的大国，但缺乏一个稳定良好的周边环境，通俗地说，是一个没有"后院"的大国。这一缺陷大大制约了中国在实施大国外交时的回旋余地。因此，中国逐渐形成了"大国外交"与"周边外交"并重的外交战略。加强与周边国家的经济贸易合作，特别是建立起制度性的区域合作机制是周边外交的重要内容。

第二，区域经济一体化的国际浪潮。20 世纪 90 年代以来，在欧盟与北美自由贸易区的示范与刺激下，区域经济一体化的浪潮方兴未艾。到 2004 年 2 月底，WTO 累计收到了 293 个区域贸易协议的通报（包括新成立的 RTA 与接受新成员），在各种区域贸易安排下进行的国际贸易超过全球国际贸易的 50%。相形之下，东亚地区的区域自由贸易安排发展严重滞后，到 2000 年，世界上没有参加任何制度性区域安排的主要经济体仅有中国、日本、韩国等几个东亚国家。

区域贸易安排除了具有贸易创造与贸易转移效应外，还会出现所谓"轴辐"（axle - spoke）结构。成为多个 RTA 成员的国家，就像车轮的"轴"，而只参加很少 RTA 的国家，则像车轮的"辐"。理论与实证研究均表明，能够成为"轴"，则可以从 RTA 中受益较多。在这三种效应的共同作用之下，尽管参加 RTA 会带来国内产业结构的调整、对部分原有产业的冲击等成本，但越来越多的国家开始对 RTA 采取更积极的态度。而周边国家在建立 RTA 的每一个进步，都会刺激相邻国家采取更积极的措施，因此，在区域贸易安排的建立中，产生了一种"多米诺骨牌"效应。处于区域一体化浪潮的之中的中国，直接或间接受到这些 RTA 效应的冲击。中国宣布与东盟建立自由贸易区的决定后，大大激发了日本等东亚国家对区域贸易安排的重视，由此掀起的东亚地区区域一体新进展，反过来进一步推动中国更加重视 RTA。

第三，亚洲金融危机的影响。亚洲金融危机的爆发，使中国进一步认识到了区域经济合作的重要性。1998 年金融危机从泰国开始，并很快席卷了东亚大部分经济体。在金融危机爆发前的繁荣岁月，由于东亚国家普遍以美欧为主要市场，因此，对区域合作的重视不够。亚洲金融危机中国际社会令人失望的表现，使包括中国在内的东亚各国认识到了加强区域合作的重要性与迫切性。

第四，中国外部经济环境的变化。自从 20 世纪 90 年代以来，中国的外部经济环境发生了显著的变化。其一，中美关系的不稳定性加剧。冷战结束使构成中美蜜月期基础的共同敌人消失了，中美关系步入了一个不稳定时期。尤其是中国作为美国贸易逆差最大来源国，成为美国贸易保护针对的主要对象。对美政治与贸易关系的不稳定，促使中国政府努力推行出口市场多元化战略，但效果一直不彰。东亚地区是经济最具活力的地区，区域贸易发展活跃，如果能够与周边国家建立RTA，当然有利于中国降低出口市场过于集中的风险。

其二，中国出口产品的海外市场环境日益严峻。由于大量外国投资者来华投资，中国出口竞争力大幅提高，出口迅猛增长，导致了中国出口产品市场环境的日益严峻。中国已经成为受到反倾销调查案件数最多的国家，而且在中国加入WTO的议定书规定，在中国加入WTO后的15年内，贸易伙伴在对华进行反倾销调查时，中国将被作为"非市场经济"，受到歧视性待遇。议定书还规定，在中国加入WTO后12年内，贸易伙伴有权对进口的中国产品实行特殊保障条款。除此之外，中国出口产品还越来越多地受到技术性贸易壁垒（TBT）等限制。建立RTA有利于消除针对中国的歧视性条款，改善中国出口产品在其他成员国的市场环境。

其三，消除国际社会流行的"中国威胁论"的需要。中国经济的崛起，受到国际社会越来越多的关注。近年来，"中国威胁论"愈演愈烈。一种是中国经济崩溃论，认为中国金融体系脆弱、收入差距扩大、失业压力、腐败等内部问题最终将导致中国经济崩溃，从而秧及国际社会。另一种则认为中国的强大将挑战现有国际秩序，挑战国际格局，中国被视为美国未来最大的竞争对手。一些发展中国家也将中国视为贸易与投资机会的竞争者。中国经济的持续繁荣，使前一种"中国威胁论"不攻自破，影响式微。但后一种"中国威胁论"仍然有很大市场。国际社会存在的这种论调，对于中国自身的发展及其国际关系具有广泛的负面影响，消除"中国威胁论"最好的办法，就是让其他国家能够最大程度地分享中国经济增长带来的机会。而建立RTA无疑是一条有效途径。

其四，中国经济发展对海外资源与能源的依赖程度日益上升。中国是一个经济资源不丰富的国家，很多重要的战略性资源需要从国外进口，才能满足经济的持续发展。自 1993 年中国成为石油的净进口国后，2004 年中国进口了价值 445 亿美元的石油及相关产品、250 亿美元的金属矿砂及金属废料。为此，中国政府提出建设节约型社会的发展新理念，这无疑有利于缓解进口外部资源的增长速度，尽管如此，随着中国经济的继续发展，中国需要进口的战略资源的种类和数量都将增加。与资源输出国建立自由贸易安排，将有利于增强海外资源供应的稳定性。

其五，中国加入世界贸易组织。经过 15 年的谈判，中国终于在 2001 年 12 月 11 日正式成为世界贸易组织的一员。在加入 WTO 的议定书中，中国就开放商品市场与服务市场、保护知识产权、提高透明度、放开贸易权以及给予外国投资者国民待遇等做出了广泛的承诺。加入世界贸易组织无疑会给中国经济带来相当大的调整成本，但是，市场开放与竞争的加剧，也将会大大提高中国经济的国际竞争力。更重要的是，市场的大幅度开放及取得的成效，中国连续几年的出口大幅增长，增强了中国对开放市场的信心，对外开放进一步成为国内的主流意识，大大消除了进一步对外开放的国内阻力，从而为建立 RTA 创造了重要的国内条件。

资料来源：摘自"中国的区域经济合作政策"，中国发展高层论坛 2005 年年会发言，有删减。

各地方政府，尤其是沿边各省区政府也参与了次区域经济合作，例如，云南、广西参与了大湄公河次区域经济合作，新疆参与了中亚区域合作，吉林、内蒙古参与了大图们江开发合作。

表 10.5　　　　　中国已签署并生效的区域经济合作协定

RTA 名称	范围	类型	生效日期
加入亚太贸易协定	货物	PTA	2002 – 1 – 1
中国—中国香港	货物、服务	FTA & EIA	2004 – 1 – 1
中国—中国澳门	货物、服务	FTA & EIA	2004 – 1 – 1
东盟—中国	货物、服务	FTA & EIA	2005 – 1 – 1 货物贸易 2007 – 7 – 1 服务贸易

续表

RTA 名称	范围	类型	生效日期
中国—新加坡	货物、服务	FTA & EIA	2009 – 1 – 1
巴基斯坦—中国	货物、服务	FTA & EIA	2007 – 7 – 1 货物贸易 2009 – 10 – 10 服务贸易
智利—中国	货物	FTA	2006 – 10 – 1
中国—新西兰	货物、服务	FTA & EIA	2008 – 10 – 1
秘鲁—中国	货物、服务	FTA & EIA	2010 – 3 – 1
中国—哥斯达黎加	货物、服务	FTA & EIA	2011 – 8 – 1

资料来源：www. wto. org，RTA Database。截至 2012 年 3 月 30 日。

10.4.1 《内地与香港、澳门关于建立更紧密经贸关系安排 (CEPA)》

2003 年 6 月 29 日商务部代表中央政府与香港特别行政区共同签署了《内地与香港关于建立更紧密经贸关系的安排》。总体目标是逐步减少或取消双方之间实质上所有货物贸易的关税和非关税壁垒；逐步实现服务贸易的自由化，减少或取消双方之间实质上所有歧视性措施；促进贸易投资便利化。

CEPA 协议分 6 章 23 条，另有 6 个附件，主要涵盖货物贸易、服务贸易和贸易投资便利化等三大范畴。按照协议，货物贸易方面，由 2004 年 1 月 1 日起，273 个内地税目涵盖的香港产品，只要符合原产地规则，都可享有零关税优惠。这些产品包括部分电机及电子产品、塑料产品、纸制品、纺织及成衣制品、化学制品、药物、钟表、首饰、化妆品及金属制品等；最迟于 2006 年 1 月 1 日前，只要符合 CEPA 的原产地原则，香港厂商都可经申请享有零关税优惠。香港特区同意在协议下对所有原产于内地的货品维持零关税，并且不会对该等货品实施限制性贸易法规。服务贸易方面，协议规定 17 个服务行业获得放宽准入；至于贸易投资便利化方面，双方同意在 7 个范围内加强合作，包括：贸易投资促进、通关便利化、商品检验检疫、电子商务、法律透明度、中小企业合作、中医产业合作。

2003 年 10 月 17 日，商务部代表中央政府与澳门特区政府正式签署了《内地与澳门关于建立更紧密经贸关系的安排》及其六个附件文本。双方就全部内容达成一致，主要包括货物贸易和服务贸易的自由化以及贸易投资便利化三个方面。

CEPA 自 2003 年签署至今，已经签署了七个补充协议，涉及的范围由货物贸易扩展至专业服务行业，不断放开港澳进入医疗、金融、旅游服务业的门槛。

2010 年 6 月 29 日，两岸海协会和海基会领导人签订《海峡两岸经济合作框架协议》，2010 年 8 月 17 日，台湾立法机构通过，标志两岸经济合作步入快车道。

10.4.2　中国—东盟自由贸易区（CAFTA）

东盟是东南亚囊括人口众多的国际组织，近来已成为周边大国"争相合作的伙伴"，不仅中国，日本、印度，甚至遥远的美国，都不愿放弃在此进行的经济博弈。随着中国经济的崛起，中国在世界经济中特别是亚洲经济中的影响日益增强。自 1995 年以来，中国与东盟的双边贸易额年增长速度均超过 15%。特别是 1997 年东南亚爆发金融危机时，中国人民币不贬值的努力使得中国、东盟之间的经济联系变得更加紧密，彼此也更加信任。

2000 年，中国和东盟开始探讨建立自由贸易区的可行性，2001 年宣布用 10 年时间建成自由贸易区，2002 年 11 月 4 日，双方正式签署了《中国—东盟全面经济合作框架协议》，决定在 2010 年建成中国—东盟自贸区，并正式启动了自贸区建设的进程。2004 年 1 月 1 日，自贸区的先期成果——"早期收获计划"顺利实施，从 2004 年 1 月 1 日起对 500 多种产品（主要是《税则》第一章至第八章的农产品，还包括少量其他章节的产品）实行降税，到 2006 年 1 月 1 日，以上产品的关税全降为零；东盟新成员可以较晚实现早期收获产品的零关税：越南的早期收获产品从 2004 年开始降税，至 2008 年取消关税；老挝和缅甸的早期收获产品自 2006 年开始降税，至 2009 年取消关税；柬埔寨的早期收获产品从 2006 年开始降税，至 2010 年取消关税。当年早期收获产品贸易额增长 40%，超过全部产品进出口增长的平均水平。

2004 年 11 月，双方签署自贸区《中国—东盟自贸区原产地规则》、《争端解决机制协议》和《货物贸易协议》，2005 年 1 月 1 日生效。从

2005 年 7 月开始相互实施全面降税。根据协定，双方货物分为正常产品和敏感产品两类，分别实施不同的自由化进程。正常产品最终实现零关税。其中一轨正常产品约为 7000 种，占全部产品的 90% 以上。中国和东盟六国的一轨正常产品自 2005 年 7 月开始降税，2007 年 1 月 1 日和 2009 年 1 月 1 日各再进行一次关税削减，至 2010 年 1 月 1 日实现零关税，共进行 4 次降税。东盟新成员从 2005 年 7 月起开始降税，2006、2007、2008 和 2009 年的 1 月 1 日各进行一次关税削减，之后隔一年降一次，至 2015 年将关税削减为零，共进行 8 次降税。双方分别将不超过 150 个六位税目的产品列为二轨正常产品。二轨正常产品可以在更长的时间内继续保持 5% 的税率。中国和东盟老成员 5% 的税率可以保持到 2012 年 1 月 1 日，之后实现零关税；东盟新成员可以继续保持 5% 的税率到 2018 年 1 月 1 日，之后实现零关税。

双方的敏感产品不必实现零关税。双方可以将部分产品列为敏感产品：中国和东盟老成员敏感产品的数目不超过 400 个（六位税目），进口额不超过进口总额的 10%；东盟新成员敏感产品的数目不超过 500 个六位税目，不设进口额上限。其中一般敏感产品，中国和东盟老成员应不迟于 2012 年 1 月 1 日将其关税削减至 20% 以下，2018 年 1 月 1 日进一步削减至 5% 以下；东盟新成员应不迟于 2015 年 1 月 1 日将其关税削减至 20% 以下，2020 年 1 月 1 日进一步削减至 5% 以下。对于高度敏感产品，中国与东盟六国应不迟于 2015 年 1 月 1 日将其关税削减至 50% 以下，东盟新成员则不迟于 2018 年 1 月 1 日将其关税削减至 50% 以下。

2007 年 1 月，双方又签署了自贸区《服务贸易协议》，并于当年 7 月顺利实施。协议规范了中国与东盟服务贸易市场开放和处理与服务贸易相关问题，包括与东盟 10 国开放服务贸易的第一批具体承诺减让表。2009 年 8 月，双方签署了《投资协议》，包括 27 个条款，目的在于通过双方相互给予投资者国民待遇、最惠国待遇和投资公平公正待遇，提高投资相关法律法规的透明度，为双方投资者创造一个自由、便利、透明及公平的投资环境，并为双方的投资者提供充分的法律保护，从而进一步促进双方投资便利化和逐步自由化。《投资协议》的签署标志着中国—东盟自贸区主要谈判已经完成。

经过 10 年努力，涵盖 19 亿人口、6.25 万亿美元国民生产总值、4.5

万亿美元贸易额的中国—东盟自由贸易区于 2010 年 1 月 1 日全面建成。中国—东盟自贸区是仅次于欧洲经济区和北美自由贸易区的世界第三大自由贸易区。中国—东盟自贸区启动后，中国与东盟双方约有 7000 种产品将享受零关税待遇，实现货物贸易自由化。其中，中国和东盟 6 个老成员之间将有超过 90% 的产品实行零关税。中国对东盟平均关税从之前的 9.8% 降到 0.1%，东盟 6 个老成员对中国的平均关税从之前的 12.8% 降到 0.6%。东盟 4 个新成员也将在 2015 年实现 90% 零关税的目标。

10.4.3　中日韩自由贸易区

中日韩自由贸易区这一设想于 2002 年首次被提出，中日韩三国领导人首先同意开展相关民间研究。在之后的约 7 年时间里，中日韩三国研究机构对建立中日韩自由贸易区的可行性进行了大量分析研究，并初步得出积极结论。

中日韩经济总量分别位居亚洲第二、第一和第四。中日韩双边贸易总额约 2000 亿美元，其中，中国是日本和韩国的第一大贸易伙伴，日本是韩国的第二大贸易伙伴，双边贸易占各自贸易总额的比重呈逐年攀升的态势。一定程度上三国也满足适合区域经济合作的条件：规模大；经贸联系紧密；原有壁垒高；地理位置靠近。据测算，自贸区成立后将给中国带来 47 亿~64 亿美元的收入，推动 GDP 增长 1.1%~2.9%；给日本带来 67 亿~74 亿美元的收入，推动 GDP 增长 0.1%~0.5%；韩国受益最为明显，给韩国带来 114 亿~263 亿美元的收入，推动 GDP 增长 2.5%~3.1%。中日韩任何两国自由贸易区的经济收益都小于中日韩自由贸易区的效果。

在 2009 年 10 月举行的第二次中日韩领导人会议上，中日韩领导人达成尽快启动中日韩自由贸易区政府·企业·学界联合研究的共识。同年 10 月，中日韩在泰国举行的第六次中日韩商务部部长会议发表联合声明，提出中日韩将于 2010 年上半年启动中日韩自由贸易区政府·企业·学界联合研究。2010 年 5 月 30 日，中日韩自由贸易区政府·企业·学界联合研究第一轮会议在韩国首都首尔举行，中日韩领导人表示将努力在 2012 年前完成中日韩自由贸易区政府·企业·学界联合研究。

参考文献

[1] Andriamananjara, S.. On the Size and Number of Regional Integration Arrangements: A Political E-conomy Model. University of Maryland, mimeo, 1999 (8): 234 – 241.

[2] Auty, Richard M. , 1993 "Sustaining Development in Mineral Economies: The Resource Curse Thesis" London: Routledge.

[3] Auty, Richard M. , 1998, "Social sustainability in mineral – driven development", *Journal of international development* 10, 4: 484 – 500.

[4] Baldwin , R. E.. A Domino Theory of Regionalism [D]. In Baldwin , Richard E. , P. Haaparnata and J. Kiander , ed. Expanding Membership of the European Union. Cambridge, UK: Cambridge University Press, 1995: 25 – 53.

[5] Bhagwati, J.. Regionalism and Multilateralism: An Overview . In J. de Melo and A. Panagariya , eds. , New Dimensions in Regional Integration. Cambridge: Cambridge University Press, 1993: 22 – 51.

[6] Bhagwati, J.. The World Trading System at Risk. Princeton [M]. NJ: Princeton University Press, 1991.

[7] Bond , E. W. , C. Syropoulos , and L. Alan Winters. Deeping of Regional Integration and Multilateral Trade Agreements. *Journal of International Economics*, 2001 , (41): 411 – 438.

[8] Bond, E. W. and C. Syropoulos. The Size of Trading Blocs , Market Power and World Welfare Effects. *Journal of International Economics*. Vol. 40 (3 – 4), 1996: 411 – 437.

[9] Coe, David T. and Elhanan Helpman, 1995, "International R&D Spillovers," *European Economic Review*, May, 39 (5), 859 – 887.

[10] Corporations," *Journal of Political Economy*, 451 – 471.

[11] Dunning J. Multinational Enterprises and the Global Economy. Reading: Addiaon – Wesley. 1993.

[12] Esty, D. C. and Geradin, D. , 1997, "Market Access, Competitiveness and Harmonization: Environmental Protection in Regional Trade Agreements" *The Harvard Environmental Law Review* 21 , 265 – 336.

[13] Falvey, R. E. (1981), "Commercial Policy and Intra – industry Trade," *Journal of International Economics*, 11, 495 – 511.

[14] Feenstra, R. C. and Chang Hong, "China's Exports and Employment", 2007, *NBER Working Paper*, No. 13552.

[15] Galor, O. and Mountford, A., (2006) "Trade and the great divergence: The family connection", *American Economic Review* 96, 2: 296 – 303.

[16] Greenaway, 1995, "Vertical and Horizontal Intra – Industry Trade: A Cross Industry Analysis for the United Kingdom," *Economic Journal*, Vol. 105.

[17] Grossman, G. M. and Krueger, A. B., 1995 "Economic Growth and the Environment," *Quarterly Journal Economics* 110, 353 – 377.

[18] Grossman, Gene M and Elhanan Helpman, 1991, *Innovation and Growth in the Global Economy*, Cambridge: MIT Press.

[19] Grossman, G. and Helpman, E., 1991, Innovation and Growth in the Global Economy, Cambridge, Mass: MIT Press.

[20] Grubel, H. G. and Lloyd, P. (1975) *Intra – Industry Trade: The Theory and Measurement of International Trade in Differentiated Products*, London: Macmillan.

[21] Gylfason, T., 2001, "Natural resources, education, and economic development," *European Economic Review* 45 (4 – 6): 847 – 859.

[22] Head, K. and Ries, J., 1999) 'Rationalization effects of tariff reductions', *Journal of International Economics* 47, 2: 295 – 320.

[23] Helpman, E. and Krugman, P. (1985) Market Structure and Foreign Trade: *Increasing Returns, Imperfect Competition and the International Economy*, Brighton: Wheatsheaf Books.

[24] Helpman, E., 1981, "International Trade in the Presence of Product Differentiation, Economies of Scale and Monopolistic Competition", *Journal of International Economics*, 11.

[25] Helpman, E., 1987, "Imperfect competition and international trade: Evidence from fourteen industrial countries", *Journal of the Japanese and International Economies* 1, 1: 62 – 81.

[26] Helpman, Elhanan and Paul R. Krugman, 1985, *Market Structure and Foreign Trade*. Cambridge: MIT Press.

[27] Helpman, Elhanan, 1984c, "A Simple Theory of International Trade with Multinational

[28] Hettige, H., Lucas, R., Wheeler, D. 1992, The Toxic Intensity of Industrial Production, *American Economic Review*. 82 (2): 464 – 468.

[29] Hirschman, A. O., The Strategy of Economic Development, Yale University Press, 1958.

[30] Imad, A. and Moosa (1999): "Is the Export – led Growth Hypothesis Valid for Australia?" Applied Economics, Vol. 31, pp. 903 – 906.

[31] Jeffrey Sachs and Howard Shatz, 1994, "Trade and Jobs in U. S. Manufacturing." Brookings Papers on Economic Activity, I

[32] Krishna, P., 1998, Regionalism and Multilateralism: A Political Economy Approach. *Quarterly Journal of Economics*, Vol. 113 (1): 227 – 251.

[33] Krugman, P. 1990, Is Bilateralism Bad?, in E. Helpman and A. Razin, eds., International Trade and Policy, MIT Press.

[34] Krugman, P. R. and Obstfeld, M. (2006) *International Economics: Theory and Policy*, Boston, San Francisco: Addison Wesley.

[35] Krugman, P. R., (1979) "Increasing Returns, Monopolistic Competition, and International Trade", *Journal of International Economics* 9, 4: 469 - 479.

[36] Krugman, P. R., (1980) 'Scale economies, product differentiation, and the pattern of trade', *American Economic Review* 70, 5: 950 - 959.

[37] Krugman, Paul R., 1984, "Import Protection as Export Promotion: International Competition in the Presence of Oligopoly and Economics of Scale", in Henryk Kierzkowski, ed. *Monopolistic Competition and International Trade*. Oxford: Oxford University Press.

[38] Krugman, P., 1994, Myth of Asia's Miracle, *Foreign Affairs*.

[39] Lancaster, K. (1980) "Intra - industry Trade under Perfect Monopolistic Competition", *Journal of International Economics*, 10.

[40] Leontief, Wassily, W., "Domestic Production and Foreign Trade: The American Capital Position Re - examined," Proceedings of the American Philosophical Society, 97, September, 1953, pp. 332 - 349.

[41] Levy, P. 1997. A Political - Economic Analysis of Free - Trade Agreements. *American Economic Review*, Vol. 87 (4): 506 - 519. Bank Kansas City, (9): 295 - 301.

[42] Lopez, R. 1994, The environment as a factor of Production: the effects of economic growth and trade liberation, *Journal of Environmental Economics and Management*, 27: 147 - 162.

[43] Markusen, James R. and Anthony J. Venables, 1998, "Multinational Firms and The New Trade Theory," *Journal of International Economics*, 46, 183 - 203.

[44] Markusen, James R., 1984, "Multinationals, Multi - Plant Economies, and the Gains from Trade," *Journal of International Economics*, 16, 205 - 226.

[45] Melitz, M. J. (2003) 'The impact of trade on intra - industry reallocations and aggregate industry productivity', *Econometrica* 71, 6: 1695 - 1725.

[46] Pack, H., 2001, Technological Change and Growth in East Asia: Macro versus Micro Perspectives, in J. S iglitz and S. Yusuf (editors) Rethinking the East Asian Miracle, Oxford, Oxford University Press for the World Bank.

[47] Patrie, A., 1994, The Regional Clustering of Foreign Direct Investment and Trade, Transnational Corperation, DEC.

[48] Richardson, M.. Endogenous Protection and Trade Diversion. *Journal of International Economics* 34, 1993: 309 - 24.

[49] Riezman, R.. Can Bilateral Trade Agreements Help Induce Free Trade. *Canadian Journal of Economics* (32), 2000: 751 - 766.

[50] Spencer, Barbara and James A. Brander, 1983, "International R&D Rivalry and Industrial Strategy", *Review of Economic Studies* 50, 707 - 722.

［51］ Stiglitz，J. E. , 2003，From Miracle to Crisis to Recovery：Lesson from Four Decades of East Asian Experiences ，Chapter 13 in Rethinking The East Asian Miracle.

［52］ Summers，L. 1991，Regionalism and the World Trading System. In Policy Implications of Trade and Currency Zones. Symposium sponsored by Federal Reserve

［53］ Tinbergen，J. (1962) *Shaping the World Economy*：*Suggestions for an International Economic Policy*，New York：Twentieth Century Fund.

［54］ Trefler，D. 2004 'The long and short of the Canada – U. S. Free Trade Agreement'，*The American Economic Review* 94，4：870 – 895.

［55］ Vernon，R. , 1966，International Investment and International trade in the product cycly，*Quarterly Journal of Economics* 80，190 – 207.

［56］ Viner. The Customs Union Issue ［M］. New York：Carnegie Endowment for International Peace，1950.

［57］ World Bank：From Miracle to Crisis to Recovery：Lesson from Four Decades of East Asian Experience，2000.

［58］ World Bank：The East Asian Miracle：Economic Growth and Public Policy，World Bank Policy Research Reports，1993.

［59］ 戴斯勒著，王恩冕、于少蔚译. 美国贸易政策. 北京：中国市场出版社，2006

［60］ 符大海，张莹. 区域主义与多边主义的关系：文献综述. 中南财经政法大学研究生学报，2007（2）

［61］ 傅京燕. 环境规制对贸易模式的影响及其政策协调. 暨南大学博士学位论文，2006

［62］ 傅自应. 中国对外贸易三十年，北京：中国财政经济出版社，2008

［63］ 洪银兴. 从比较优势到竞争优势——兼论国际贸易的比较利益理论的缺陷. 经济研究，1997（6）

［64］ 胡汉昌，郭熙保. 后发优势战略与比较优势战略. 汉江论坛，2002（9）

［65］ 关志雄. 摆脱重商主义——反思中国的对外开放政策. 国际贸易，2003（3）

［66］ 郭克莎. 中国改革中的经济增长与结构变动. 上海：上海三联书店，1993

［67］ 郭克莎. 结构优化与经济发展. 广州：广东经济出版社，2001

［68］ 刘刚. 社会主义经济理论研究集萃 2010——加快转变经济发展方式. 北京：经济科学出版社，2011

［69］ 李桂芳. 中国企业对外直接投资分析报告 2007. 北京：中国经济出版社，2007

［70］ 李斯特著，邱伟立译. 政治经济学的国民体系. 北京：华夏出版社，2009

［71］ 林毅夫. 发展战略、自生能力和经济收敛. 经济学（季刊），2002 年第 1 卷第 2 期

［72］ 林毅夫，李永军. 比较优势、竞争优势与发展中国家的经济发展. 管理世界，2003（7）

［73］ 林毅夫，任若恩. 东亚经济增长模式相关争论的再探讨. 经济研究，2007（8）

［74］ 鲁桐. 中国企业跨国经营战略. 北京：经济管理出版社，2003

［75］ 江时学. 韩国与巴西工业化道路比较. 当代亚太，2002（4）

[76] 江小涓. 中国对外经贸理论前沿. 北京：社会科学文献出版社，2003

[77] 马亚明，张贵岩. 策略竞争与发展中国家的对外直接投资. 南开经济研究，2000（4）

[78] 迈克尔·波特著，李明轩、邱如美译. 国家竞争优势. 北京：华夏出版社，2002

[79] 庞明川. 技术追随、策略互动与市场势力：发展中国家的对外直接投资. 财贸经济，2009（12）

[80] 世界银行. 1987 年世界发展报告. 北京：中国财政经济出版社，1987

[81] 斯蒂格利茨. 中国新经济增长的制度模式. 贵州大学学报（社会科学版），2007（11）

[82] 陶涛，麻志明. 中国企业对外直接投资的动因分析. 改革与战略，2009（2）

[83] 王允贵. WTO 与中国贸易发展战略. 北京：经济管理出版社，2002

[84] 吴彬，黄韬. 二阶段理论：外商直接投资新的分析模型. 经济研究，1997（7）

[85] 吴敬琏. 当代中国经济改革. 上海：上海远东出版社，2003

[86] 吴庆. 外贸对我国经济增长贡献被严重低估. 上海证券报，2010 - 1 - 14

[87] 冼国明，杨锐. 技术积累、策略竞争与发展中国家对外直接投资. 经济研究，1998（11）

[88] 邢建国. 对外直接投资：战略抉择. 北京：经济科学出版社，2003

[89] 张夏准著，严荣译. 富国的伪善，北京：社会科学文献出版社，2009

[90] 中华人民共和国商务部. 2008 年对外直接投资统计公报

[91] Greenaway, D., Gullstrand, J. & Kneller, R.. Exporting May not Always Boost Firm Level Productivity. University of Nottingham, GEP Reaserch Paper. 2003.

[92] Greenaway, D. & Yu, Z.. Firm – level Interactions between Exporting and Productivity：Industry – Specific Evidence. Review of World Economics. 2004（140）. 376 – 392.

[93] Girma, S., Greenaway, D. & Kneller, R.. Does Exporting Increase Productivity? A Microeconometric Analysis of Matched Firms. Review of International Economics. 2004（12）. 855 – 866.

[94] Hahn, C.. Exporting and Performance of Plants：Evidence from Korean Manufacturing. NBERWorking Paper. 2004.

[95] Hansson, P. &Lundin, N.. Exports as an Indicator on or Promoter of Successful Swedish Manufacturing Firms in the 1990s. Review of World Economics. 2004（140）. 415 – 445.

[96] Isgut, A.. What's Different about Exporters? Evidence from Colombian Manufacturing. Journal of Development Studies. 2001（37）. 57 – 82.

[97] Mayer, T. &Melitz, M.. Market Size, Competition and the Product Mix of Exporters. National Bureau of Economic Research, Working Paper. 2002.

[98] Melitz, M.. The Impact of Trade on Intra – industry Reallocations and Aggregate Industry Productivity. National Bureau of Economic Research, Working Paper. 2002.

[99] van Biesebroeck, J.. Exporting Raises Productivity in Sub – Saharan African Manufacturing Plants. NBER Working Paper. 2003.

[100] Wagner, J.. Export and Productivity：A Survey of the Evidence from Firm Level Data. University of Luneburg, Working paper. 2005.

［101］邹武鹰，亓朋，许和连．出口贸易对我国技术创新的影响效应研究．湖南大学学报，2008
（22）

［102］李平，田硕．出口贸易对技术创新影响的研究：水平溢出与垂直溢出——基于动态面板数
据模型的实证分析．世界经济研究，2010（2）

［103］李平，张庆昌．工资上涨与全要素生产率的相对下降：1952－2008．南开经济研究，2010
（3）

［104］李春顶，石晓军，邢春冰．出口—生产率悖论：对中国经验的进一步考察．经济学动态，
2010（8）

［105］戴觅，余淼杰．企业出口前研发投入、出口及生产率进步——来自中国制造业的证据．经
济学，2012（1）

［106］王华，许和连，杨晶晶．出口、异质性与企业生产率——来自中国企业层面的证据．财经
研究，2011（6）

［107］王跃生，陶涛．再论后发大国模式：基础、优势与条件．国际经济评论，2011（6）

后　记

一直打算将自己对中国对外贸易与直接投资的研究成果付梓出版。

写作本书的另一个动力来自于给研究生讲授国际贸易课程时的讨论甚至争论所碰撞出的火花。这些课堂内外活泼开放式的广泛讨论不仅带给我启发、唤起我思考，也激发了学生们对运用理论解释中国模式的兴趣，尤为期待我出版一本专著来系统解答他们苦苦思索的问题。能用自己的理论与实证研究成果回馈他们的希冀与信任，这不得不说是件令人兴奋的事。所以，本书的出版既是对自己长期以来的学术研究成果做一个阶段性的总结，也是对学生们热情期待的一个交代，更是对自己在学术研究上不懈努力的最好激励。

本书从理论研究和实证分析两个方面回答这样几个问题：中国对外贸易的模式与结构是在什么样的内外条件下形成并一直受其影响的？中国对外贸易的模式与结构是如何制约中国的经济增长与发展的？中国在国际经济及国际经济体系中的突进是否会改变中国未来的经济局面？希望本书的研究能给关注这些问题的人以启发性的思考。

感谢曾经激励我完成本书的朋友们；感谢给本书的研究与思考带来启发的同事与学生们；感谢助教孙露莹同学为本书进行的文字校对。

最后，特别感谢中国发展出版社的尚元经老师和李莉老师为我迟迟未能如期完稿而给予的宽容，感谢他们对本书出版所提供的支持和帮助！

陶　涛

2012 年 7 月